Prologue

1039 après Jésus-Christ
Karnak, sur le Nil, à cent lieues d'Alexandrie

Il s'appelait Ragnar Casse-Têtes. Son bateau, le *Kraka*, portait le nom de la jeune fille née des amours d'une Walkyrie et d'un chef viking, dont l'effigie sculptée ornait la proue, paupières closes sur un sommeil peuplé de songes, corps nu drapé dans ses longs cheveux. Kraka, comme sa mère, possédait, disait-on, le don d'interpréter les rêves et de prédire l'avenir. Ragnar priait ardemment le ciel qu'il en soit vraiment ainsi et qu'elle saurait une fois de plus le conduire à bon port par la vertu de ses prophéties, car il remontait depuis dix jours un fleuve apparemment sans fin et traversait depuis ces cinq derniers jours une contrée qui, en dépit de sa chaleur accablante et de son soleil implacable, ne pouvait être que Niflheim, le sombre pays des morts, figé dans la glace éternelle.

Ragnar était le cousin et le meilleur guerrier de Harald Sigurdsson, chef de la garde impériale varègue à Miklagard, la Ville aux grands murs – Constantinople, comme l'appelaient les gens du lieu. Avant de quitter cette fabuleuse cité des confins de la terre, il avait fait le serment à Harald de ne pas revenir avant d'avoir découvert les mines secrètes du célèbre roi des temps anciens et de s'être emparé de leurs prodigieuses richesses.

S'il échouait, il ne pourrait en tout cas incriminer ni son bateau ni son équipage. De la plate-forme de pilotage surélevée où il se tenait, il parcourut le *Kraka* d'un regard rempli de fierté.

Le navire mesurait vingt-cinq mètres de sa figure de proue à la courbe élégante de son étambot, cinq mètres en largeur et à peine deux de hauteur entre ses plats-bords et sa quille renforcée. Sa coque en chêne massif des pentes douces du fjord Flensburg était faite de planches fixées à clin par cinq mille rivets aux lourdes membrures, les joints calfatés avec de l'étoupe goudronnée. Ses bordages, qui s'affinaient en montant vers les plats-bords, assuraient au bateau légèreté, résistance et souplesse. Manœuvré à la rame, le *Kraka* pouvait aborder au rivage dans les eaux les moins profondes avec sa carène de moins d'un mètre sous la ligne de flottaison.

Sur mer, sa grande voile lui permettait de naviguer facilement à dix nœuds et de parcourir en un seul jour plus de cinquante lieues. Ici, sur ce fleuve aux eaux de nuit peuplées d'une étourdissante variété de monstres aquatiques, c'était tout juste s'il pouvait couvrir six ou sept lieues à une allure de deux nœuds avant que ses trente-deux rameurs ne commencent à peiner.

De son poste près de la barre, Ragnar regarda avec tendresse ses hommes assis à leurs bancs de nage. Ils étaient torse nu, comme lui, et les muscles saillants de leur dos et de leurs épaules luisaient de sueur tandis qu'ils propulsaient le navire à travers les flots sinistres en tirant sur les lourds avirons de six mètres. À l'instar de Ragnar, chacun d'entre eux s'était couvert la tête à la mode autochtone d'un linge maintenu par des bandes de tissu.

À la proue, debout sur une plate-forme plus petite que celle de Ragnar, se tenaient l'étrange esclave noir dignitaire de la cour dont Harald lui avait imposé la présence ainsi que son non moins étrange serviteur, un colossal eunuque nommé Barakah, chargé de veiller au confort de son maître et de noter la position du bateau grâce à des croquis, des dessins et des cartes extraordinairement précises qu'il établissait sur son ordre. L'homme à la peau noire s'appelait Abdul Al-Rahman, et c'était sur son conseil que Ragnar et son équipage avaient adopté la coiffure locale, après que deux guerriers s'étaient effondrés sur leur rame, assommés par le soleil de plomb.

Juste devant la plate-forme de pilotage, Aki, le dernier rameur sur tribord, donnait la cadence en scandant un chant ancien émaillé de *kenningar* imagés :

Chacun sait que sous ce cairn
Repose de longue date Gunnbjorn,
Le plus vaillant capitaine
Qui jamais courut les plaines humides d'Endil.
Que les skalds chantent avec fierté ses glorieux exploits
Jusqu'au jour où Njörd, dieu des Océans,
Submergera la terre.

Ragnar se tourna vers son timonier, Hurlu, un robuste gaillard qui tenait déjà la barre du *Kraka* longtemps avant que lui-même n'en prenne le commandement.

« Depuis combien de temps est-ce que les hommes rament ? lui demanda-t-il.

— Depuis le point du jour », répondit Hurlu.

Plissant les paupières, il leva les yeux vers le soleil, presque au zénith à présent, avant d'ajouter : « Au moins six heures. Beaucoup trop. »

Ragnar hocha la tête. Il avait assez souvent souqué dur pour connaître le poids des pelles que l'on plonge dans l'eau. Il lui suffisait d'évoquer ce souvenir pour avoir les épaules endolories.

« Mieux vaut accoster pour les laisser se reposer, dit-il.

— C'est aussi mon avis », approuva Hurlu.

Ragnar ne releva pas. Dans la bouche d'un marin plus novice, la remarque du timonier aurait constitué une marque d'insubordination, mais Hurlu était aussi vieux que les bordages du *Kraka* et pilotait déjà des bateaux à l'époque où Ragnar jouait encore avec des pelotes de laine sur les genoux de sa mère.

« Il nous faudrait de l'ombre », se contenta-t-il d'observer.

Il scruta les deux rives du fleuve, arides et désolées : rien que des rochers nus et de hautes crêtes de grès cuisant au soleil. Hurlu cracha par-dessus bord avec une expression de dégoût.

« Demande à ton singe apprivoisé, là-bas, suggéra-t-il en désignant du menton la plate-forme de proue. Lui saura peut-être où en trouver. »

Même devant son capitaine, le vieux marin ne craignait pas d'afficher la méfiance superstitieuse que lui inspirait l'homme noir.

Ragnar siffla pour attirer l'attention d'Al-Rahman, puis lui fit signe de le rejoindre à la poupe. Al-Rahman parla brièvement à son serviteur Barakah, qui acquiesça, puis, descendant de sa petite plate-forme, il parcourut l'étroite passerelle centrale faite de planches qui courait d'un bout à l'autre du navire, sa longue robe blanche tournoyant élégamment autour de ses chevilles.

S'il se déplaçait avec une légèreté de danseuse, l'homme n'avait rien d'un *rassragr* alangui, comme Ragnar avait pu le constater à Alexandrie, où ils embarquaient des provisions. Le gracieux Al-Rahman s'était instantanément mué en un guerrier aussi leste que féroce quand une bande de coupe-jarrets menaçants s'en était pris à lui dans une ruelle en exigeant un droit de passage. En moins de temps qu'il n'en faut pour le dire, Al-Rahman avait brutalement taillé en pièces les quatre loqueteux à l'aide d'un court *saïf* à lame recourbée sorti comme par enchantement de sous sa robe virevoltante.

« *As-salâm 'aleïkoum*, Ragnar. Tu désirais me parler ?

— *Wa-aleïkoum as-salâm, Abdul* », répondit Ragnar, utilisant l'expression qu'Al-Rahman lui avait apprise.

Comme prévu, Hurlu fronça les sourcils et cracha de nouveau par-dessus le plat-bord. Le capitaine sourit. Il adorait faire enrager le vieil homme quand l'occasion s'en présentait. Le visage artistement tatoué d'Al-Rahman s'éclaira également d'un sourire. Il avait très bien saisi l'intention du grand Danois blond. Ragnar et Al-Rahman formaient une bien étrange paire : le premier épais comme un chêne, le second fin comme un saule, mais tous deux d'une force égale, chacun à sa façon. S'ils étaient trop différents pour jamais nouer une amitié véritable, une confiance et un respect mutuels s'étaient forgés entre eux au fil du temps qu'ils avaient passé ensemble.

« Mes hommes sont en train de se faner comme des fleurs, Abdul, continua le capitaine. Il nous faut rapidement de l'ombre et de l'eau fraîche. Sais-tu où trouver ça, dans cette fournaise ?

— Des fleurs ! Ha ! grommela Hurlu.

— Après cette crête, le Grand Serpent tourne brusquement, répondit Al-Rahman en désignant l'endroit du doigt. Dans la courbe, tu trouveras une oasis que les anciens Grecs appelaient Chenoboskion.

— Une oasis ? répéta Ragnar.

— Un point d'eau dans le désert, un refuge, expliqua Al-Rahman.

— Combien de temps pour y arriver ?

— À cette vitesse, peut-être une heure.

— Tu as entendu, timonier ? dit Ragnar en se tournant vers Hurlu. On dirait bien que nous ne sommes pas encore morts.

— Morts, non, mais au moins aussi desséchés que les vieux cadavres que les gens brûlaient pour cuire leur tambouille dans cette ville crasseuse, là-bas en aval.

— Al-Qahira, dit Ragnar, se rappelant le nom de la localité pouilleuse, qui, ironiquement, signifiait "la victorieuse".

— Ouais, ça doit être ça, dit Hurlu. Utiliser les corps de ses ancêtres comme du petit bois ! On aura tout vu !

— À part ça, tu penses que nos fleurs fanées tiendront encore une heure, Hurlu ? »

Le vieil homme cracha une nouvelle fois.

« S'ils tiendront ? s'exclama-t-il, avant de se tourner vers le rameur qui donnait la cadence. Aki ! Un chant de guerre pour notre seigneur et maître ! Vitesse de combat ! »

Le *Kraka* bondit en avant, traçant un sillage blanc bouillonnant sur les flots noirs tandis que les rames mordaient sans à-coup la surface.

Il ne leur fallut que la moitié du temps prévu par Al-Rahman pour parvenir en vue de leur objectif. L'oasis se composait de quelques cabanes de torchis rudimentaires blotties dans l'ombre protectrice d'un bosquet de palmiers dattiers dont les larges feuilles haut perchées brillaient d'un vert lumineux dans le soleil éblouissant. Les ouvertures sombres des cabanes, tels des yeux décavés et aveugles, témoignaient d'un long abandon.

Une main en visière, Ragnar scruta la rive. Quelques pêcheurs avaient peut-être vécu ici, mais, comme toujours dans ce pays perdu, cela devait faire une éternité. Les cabanes ne devaient plus abriter que des scorpions et des araignées en quête d'un peu d'ombre, comme l'équipage du *Kraka*. Sans doute issu d'une source cachée au milieu des arbres, un ruisseau coupait la berge en pente douce pour se jeter dans le fleuve. Au pays, sur les rivages du fjord Flensburg sillonnés de torrents, personne n'aurait seulement remarqué ce filet d'eau ; ici, il représentait le salut.

Hurlu poussa avec un léger ahanement le long aviron-gouvernail contre le courant, et les hommes n'eurent même pas besoin d'ordre pour souquer vers la rive. D'après Al-Rahman, le fleuve était en crue en cette saison et les eaux étaient hautes. Quelques instants plus tard, filant sur son erre, le *Kraka* s'échoua en glissant sur la berge plate. Les deux rameurs de tête soulevèrent l'ancre de bois lourde comme une pierre et la jetèrent par-dessus bord pour empêcher le bateau d'être emporté par le courant. L'équipage ayant effectué cette manœuvre des centaines de fois dans des centaines de lieux différents, l'accostage se fit en silence et en douceur, presque machinalement. Une fois leur tâche accomplie, néanmoins, les hommes, disciplinés à l'extrême, restèrent assis à leur poste en attendant les ordres de Hurlu : ils avaient peut-être la gorge sèche et les lèvres crevassées, mais le navire passait avant tout.

« Levez rames ! » cria Hurlu.

Dans un bruit de grincement, les marins dégagèrent les trente-deux rames de leurs trous doublés de cuir et les dressèrent à la verticale au-dessus des plats-bords, tels les arbres d'une forêt.

« Désarmez ! »

Commençant à la proue, les rameurs basculèrent leurs avirons vers l'intérieur du bateau avant de les laisser tomber dans les fourches avant et arrière où reposaient déjà le mât abattu, les voiles ferlées, les bômes ainsi qu'un jeu complet de rames de rechange. Par mauvais temps, les éléments ainsi chargés sur les fourches pouvaient servir de faîtière à la tente que l'on dressait au-dessus des provisions pour les garder au sec.

« À terre, les gars ! »

Manifestant leur approbation par des cris affaiblis qui tenaient du croassement, les marins gagnèrent la proue, d'où ils sautèrent sur la grève bourbeuse parsemée de galets. Habituellement, si l'eau était peu profonde, ils y sautaient directement depuis leur banc de nage. Mais pas ici.

Car ils avaient tous vu les énormes créatures écailleuses aux longues mâchoires qui peuplaient les eaux sombres du Grand Serpent et avaient regardé avec horreur deux d'entre elles emporter un veau qui se désaltérait tranquillement au bord du fleuve, non loin de la ville qu'Al-Rahman appelait Al-Qahira. Les deux monstres, agissant de concert, avaient presque coupé en deux la pauvre bête avant de l'entraîner, tandis qu'elle poussait des meuglements lamentables, vers les eaux plus profondes, où ses cris avaient fini par se noyer.

Quand tous les hommes eurent quitté le *Kraka* pour disparaître en titubant sous les arbres à la recherche de la source, Hurlu se tourna vers Ragnar.

« Satisfait ?

— Satisfait », acquiesça le capitaine avec un hochement de tête.

Hurlu sauta de la plate-forme de pilotage, parcourut de son pas lourd la passerelle centrale et enjamba à son tour le plat-bord. Enfin, Ragnar et Al-Rahman descendirent eux aussi à terre, suivis par le silencieux Barakah.

La source du ruisselet se présentait comme une grande vasque remplie d'une eau incroyablement fraîche qui scintillait sous les frondaisons des palmiers. Certains des marins se laissaient tomber à plat ventre pour plonger leur tête sous l'eau tandis que d'autres se débarrassaient de leur tunique et de leur pantalon avant de se jeter tout nus dans le bassin.

Après avoir étanché leur soif – quoique avec un peu plus de dignité –, Ragnar et Al-Rahman observèrent les matelots.

« L'homme réclame, Odin pourvoit, comme disait ma mère », commenta Ragnar en s'esclaffant.

Al-Rahman sourit.

« Ce bassin ne doit rien à Odin, ni à aucun autre dieu, répondit-il. Il n'est que l'œuvre du temps.

— Je croyais que tu avais foi en ton propre dieu, Allah ? observa le capitaine.

— J'ai foi dans les enseignements de son grand prophète Mahomet, béni soit-il, mais Allah est bien au-delà des connaissances et de la compréhension humaine. C'est pour cela que les Hébreux se refusent même à prononcer le nom de leur dieu à eux.

— Et les *kuffar* dans notre genre – les infidèles –, qu'en faites-vous ? demanda le robuste Danois, se souvenant du terme que lui avait enseigné Al-Rahman.

— Mahomet nous commande d'avoir pitié de vous et de vous enseigner le Bon Chemin », répondit ce dernier avec une mimique amusée.

S'éloignant du bassin, ils se promenèrent sous les arbres. Ici, dans l'herbe haute, les dattes tombées au sol avaient germé pour donner naissance à de nouvelles pousses vertes. Pour la première fois depuis des jours, Ragnar se sentait détendu. À l'orée du bosquet, là où commençaient les sables infinis du désert, ils découvrirent une grande dalle de pierre à demi enfoncée dans le sol. Elle était noire et aussi lisse que du verre, à l'exception des endroits où des traits et des images y avaient été profondément gravés. Certains dessins représentaient des hommes, d'autres des animaux bien étranges : des bœufs aux cornes démesurées, des gazelles insolites au cou si long qu'elles dominaient toutes les autres figures, des bêtes aux oreilles immenses, dotées de pattes grosses comme des troncs d'arbre et de deux cornes qui leur sortaient de la bouche, et diverses créatures plus petites au nombre desquelles un chat muni de crocs énormes. De courtes hachures évoquaient des herbages, et les ondulations d'un épais serpent noir – qui ne pouvait être que le fleuve – soulignaient l'ensemble.

« Un de vos ancêtres qui aura voulu reproduire ce qu'il avait vu en rêve ? suggéra Ragnar en caressant les marques du bout des doigts.

— Ou ce qu'il avait vu tout court, répondit Al-Rahman. Qui sait ? Peut-être cette région était-elle jadis un paradis de verdure foisonnant de gibier. Peut-être le bassin où se baignent vos hommes est-il rempli d'une eau de pluie tombée il y a dix mille ans et qui ressurgit là pour nous rappeler le passé…

— Comment un paradis peut-il se changer en désert ?

— Comment la civilisation qui a construit les grandes pyramides et les temples devant lesquels nous sommes passés a-t-elle pu disparaître ? Rien n'est impossible. Tout s'efface. »

Ragnar tourna la tête et contempla le fleuve à travers les arbres.

« Penses-tu que notre quête soit raisonnable ? demanda-t-il. Que nous trouverons vraiment les mines du roi Salomon ?

— Les Romains croyaient bien en leur existence. Et puis, d'autres récits l'attestent. Il y avait jadis un grand roi du nom de Sogolon Djata qui pourrait être le Salomon dont parle ton cousin Harald. Les enfants de ce roi sont devenus si riches que leurs maisons étaient en or, prétend-on. On parle aussi de leur grande cité du désert, Tombouctou, qui abrite d'immenses richesses, et un ensemble de connaissances encore plus considérable.

— Crois-tu vraiment qu'une telle ville existe ?

— C'est ce que nous saurons bientôt, je pense, Ragnar, répondit en riant Al-Rahman, qui donna une claque sur l'épaule du Danois. Et peut-être même aurons-nous la chance de revenir, toi et moi, pour raconter notre aventure. »

1

« D'accord, nous avons fait une incursion en Libye – plutôt déplaisante d'ailleurs – pour secourir ma chère cousine Peggy, mais ça ne signifie pas que l'Afrique soit vraiment mon truc. Je serais plutôt branché "preux chevalier" ou "Empire romain", si vous voyez ce que je veux dire, déclara le colonel Peter "Doc" Holliday.

— Oui mais là, c'est autre chose », répondit Raffi Wanounou.

Les deux hommes étaient installés dans le salon de l'appartement clair et spacieux de l'archéologue situé rue Ramban, dans le quartier Rehavia, à Jérusalem. De la cuisine leur parvenaient les parfums du poulet aux amandes et champignons noirs, du *kung pao* de bœuf et du canard au soja achetés au traiteur chinois casher et que Peggy était en train de disposer sur des assiettes pour le déjeuner. Selon la jeune femme, choisir le restaurant où l'on commandait son repas nécessitait davantage de savoir-faire que de le cuisiner soi-même – une philosophie qu'elle avait mise en pratique dès ses années de lycée.

« Écoutez, je ne voudrais pas être désagréable, mais pourquoi irais-je sacrifier six mois de ma vie à courir l'Éthiopie, le désert soudanais et la jungle congolaise avec vous et Peggy alors que l'académie militaire de l'Alabama me propose un poste parfaitement acceptable qui me permettra en prime d'écrire enfin mon bouquin sur la guerre de Sécession ?

— Parce que Mobile est une véritable étuve en été, cria Peggy de la cuisine.

— Et parce que personne n'a vraiment besoin d'un livre de plus sur la guerre de Sécession, ajouta Raffi en souriant de toutes ses dents.

— Bon, admettons. Mais, en dehors de la malaria, des serpents venimeux de tous poils et des hordes de terroristes assoiffés de sang, qu'est-ce qui pourrait bien m'inciter à vous accompagner en Afrique ?

— Ce qui pourrait vous y inciter ? répéta Raffi. Un type qui s'appelait Julien de La Roche-Guillaume. Un moine cistercien. Templier de surcroît.

— Jamais entendu parler.

— Ça ne m'étonne pas ; ce n'était pas un personnage de premier plan. »

Raffi prit une bouchée vapeur, qu'il mâcha pensivement un instant avant de reprendre : « Dans les rares textes qui font référence à lui, on parle de La Roche-Guillaume comme du "templier perdu". L'histoire n'a pas retenu grand-chose de lui, et quand son nom apparaît dans une note de bas de page, il est présenté comme un lâche qui a abandonné ses glorieux compagnons.

— De quoi tourner un nouvel Indiana Jones ! commenta Peggy.

— Qu'est-ce que tu lui trouves, à la fin, à cet Indiana Jones ? dit Raffi. Vu ses techniques de fouille, il est aussi archéologue que je suis toréador !

— Tu n'y es pas, répondit Peggy, malicieuse. Ce n'est pas à Indiana Jones que je trouve quelque chose, c'est à Harrison Ford.

— Parlez-moi un peu de ce "templier perdu", dit Holliday.

— Plutôt un lettré qu'un véritable chevalier du Temple. Il a fait partie de ceux que l'on a sollicités pour évaluer l'intérêt des rouleaux de la bibliothèque d'Alexandrie et autres confiés aux Templiers lors de la chute de Jérusalem. C'était apparemment un esprit brillant. Il savait lire et parler plus d'une douzaine de langues.

— Un type intéressant, on dirait. Mais quel rapport entre lui et l'Éthiopie ?

— C'est là que je l'ai trouvé. J'ai découvert sa tombe, datée de 1324, au cours de mes fouilles au lac Tana, l'an dernier, pendant que vous et ma femme adorée étiez en train de papillonner à Washington et de vous attirer toutes sortes d'ennuis.

— Papillonner n'est pas vraiment le mot, remarqua Peggy, qui était entrée avec les assiettes et les disposait sur la table à l'autre bout de la pièce. Nous cherchions à sauver notre peau, ce qui est tout à fait différent. »

Elle regarda sa montre puis alla jusqu'au buffet d'époque victorienne allumer les deux bougies du shabbat. Cela fait, elle passa doucement sa main au-dessus des flammes et récita la bénédiction :

« *Barukh atah Adonai Eloheinu, melekh ha'olam, asher kid'shanu b'mitzvotav v'tzivanu l'hadlik ner shel Shabbat.*

— Vous avez entendu ? demanda Raffi, tout fier, comme ils se levaient pour aller prendre place à table.

Elle est plus juive que moi ! Elle fait le *licht tsinden* et la bénédiction comme une vraie pro.

— Qui l'eût cru ? s'exclama Peggy en s'asseyant. Quand je pense que mon grand-père était pasteur baptiste !

— 1324 ? dit Holliday. Plus de quinze ans après l'arrestation des Templiers par Philippe le Bel ? Comment est-il parvenu à s'échapper ?

— Il était resté à Chypre après la chute de Saint-Jean d'Acre plutôt que de rentrer en France. Ce n'était pas un sot et il voyait très bien la tournure que prenaient les choses : à faire imprudemment étalage de leur richesse et de leur puissance sous le nez du roi de France et du pape, les Templiers se condamnaient eux-mêmes à plus ou moins brève échéance. Plutôt que de sombrer avec le navire, si j'ose dire, La Roche-Guillaume s'est enfui en Égypte. À Alexandrie, pour être exact, où il est devenu le précepteur des fils des sultans mamelouks.

— Alexandrie est loin de l'Éthiopie, observa Holliday.

— Décidément, tu n'as pas une once de fantaisie, Doc ! intervint Peggy en piquant de sa fourchette un morceau de canard. C'est juste une *histoire* que Raffi te raconte !

— Tu as raison. Excuse-moi.

— La Roche-Guillaume était historien, comme vous, Doc, et un peu archéologue en plus, comme moi, reprit Raffi. On pourrait même dire qu'il avait des points communs avec Peggy, puisqu'il illustrait tous ses écrits avec des dessins. Des centaines de dessins, sur parchemin pour la plupart. Et il ne manquait pas de fantaisie, lui : avec le temps, il avait acquis la certitude que la reine de Saba avait bien eu une aventure avec Salomon, et que c'était elle qui lui avait montré l'emplacement des fameuses mines. Il professait aussi l'opinion plutôt mal vue que la reine de Saba était noire. Et même noire comme l'ébène.

— Vous me chambrez ! s'exclama Holliday en riant. *Les Mines du roi Salomon* sont une pure fiction inventée par Rider Haggard dans les années 1880. Il s'agit purement et simplement d'un mythe !

— Il n'empêche que Salomon a bien existé, de même que Saba. C'est historiquement prouvé. Certains pensent que le royaume de Saba était une partie de l'Arabie, peut-être le Yémen. Pour ma part, étant donné ce que j'ai découvert, je parierais plutôt pour l'Éthiopie, du moins comme point de départ de toute l'affaire.

— Pour quelle raison ?

— À cause de Marc Antoine.

— Le Marc Antoine de Cléopâtre ? Celui qui dit "Je viens ensevelir César, non le glorifier" dans la pièce de Shakespeare ?

— Lui-même.

— Il a joué un rôle dans cette histoire ?

— Un rôle majeur. Nous sommes en 37 avant Jésus-Christ et Marc Antoine n'a plus d'argent. Jusque-là, Cléopâtre a financé ses guerres, mais ses caisses sont vides et les ennemis se rapprochent.

— Marcus Vipsanius Agrippa et ses copains. Je connais cet épisode, Raffi. J'ai fait cours dessus pendant des années à West Point.

— Donc, Marc Antoine a une armée à entretenir, mais il est fauché comme les blés et sa maîtresse le harcèle sans arrêt. Alors que fait-il ?

— Ne me faites pas languir !

— Il envoie une légion remonter le Nil à la recherche des trésors de Saba et des mines du roi Salomon.

— Quelle légion, exactement ?

— La Legio nona Hispana, répondit Raffi en enroulant autour de sa fourchette une feuille de chou *bok choy* cuit à la vapeur. La neuvième.

— La "légion disparue" ? Allons donc ! s'exclama en riant Holliday, qui comprenait de moins en moins. Elle a été massacrée par les Pictes non loin du mur d'Hadrien.

— Ce n'est qu'une des théories. Selon une autre, elle aurait été envoyée en Afrique après avoir subi de lourdes pertes. Et là, rebaptisée dix-huitième légion Lybica, elle aurait servi sous les ordres de Marc Antoine lui-même et d'un général plutôt louche nommé Lucius Gellius Publicola, qui avait tendance à retourner sa veste au gré des circonstances.

— Quelle source historique corrobore tout cela ?

— Julien de La Roche-Guillaume, le templier devenu précepteur de gosses de riches. Pendant son séjour à Alexandrie, il est tombé sur les archives de cette légion, où étaient répertoriés dans le détail ses ordres de mission, son armement, son approvisionnement et tout ce qui s'ensuit. Comme les Allemands plus tard, les Romains de l'Empire gardaient scrupuleusement une trace écrite de tout ce qu'ils faisaient. Or il n'est mentionné nulle part que cette légion soit revenue. Elle s'est purement et simplement volatilisée quelque part sur le Nil.

— En cherchant les mines du roi Salomon ?

— Apparemment.

— Un véritable épisode d'*Alice au pays des merveilles* ! commenta Holliday avant de croquer dans un rouleau de printemps trempé dans de la sauce soja. Qu'allez-vous me servir ensuite ? Le Chapelier fou ?

— Mieux que ça ! » dit Peggy avec un grand sourire.

Dehors, une légère brise agitait les feuilles des oliviers qui ornaient la cour. On entendait au loin les craquements arthritiques du vieux moulin à vent en pierre qui avait jadis produit de l'électricité pour le voisinage.

« Mieux que ça ? répéta Holliday.

— Harald Sigurdsson, déclara Raffi.

— Le Viking ? Celui qu'on surnommait "Harald Hardrada", "Harald le Dur" ? Là, nous commençons à nager en plein délire !

— Entre autres choses, Harald Sigurdsson commandait la garde varangienne de l'empereur romain d'Orient, à Constantinople. Il a guerroyé à la tête de ses troupes en Afrique du Nord, en Syrie, en Palestine et en Sicile, rapportant à chaque fois un butin. Pendant qu'il était occupé à piller Alexandrie et à violer les habitantes, l'histoire de la légion perdue lui est venue aux oreilles et il a ordonné à l'un de ses meilleurs guerriers, Ragnar Casse-Têtes, de remonter le Nil en bateau à sa recherche.

— Quand cela se passait-il ?

— En 1039, soit environ deux siècles avant La Roche-Guillaume.

— Et qu'est-il arrivé à ce Ragnar Casse-Têtes, si je ne suis pas trop indiscret ?

— Il a disparu à son tour. Comme la légion romaine.

— Ce qui nous mène où ?

— Ragnar avait emmené un érudit pour tenir le journal de bord de l'expédition. Une sorte de La

Roche-Guillaume avant la lettre qui s'appelait Abdul Al-Rahman – un esclave byzantin de haut rang qui avait soif d'aventure et de voyage. Al-Rahman servait aussi d'interprète et avait à son service un eunuque nommé Barakah, un dessinateur de talent chargé de croquer sur le vif tout ce qu'il voyait... Une sorte de Peggy du XIe siècle, en somme.

— Sauf que je ne suis pas un eunuque, mon doux chéri, dit l'intéressée en boxant l'épaule de son mari.

— Et ces types cherchaient aussi les mines du roi Salomon, j'imagine ? demanda Holliday.

— Ils n'ont pas fait que les chercher ; ils les ont trouvées. Ragnar est mort de la malaria sur le chemin du retour, mais Al-Rahman a survécu et il est parvenu jusqu'en Éthiopie. Quand La Roche-Guillaume était lui-même en Éthiopie, il a trouvé le journal de voyage d'Al-Rahman sur une île oubliée du lac Tana. Il a recopié tous les parchemins, qui ont ensuite été enterrés avec lui.

— Qu'est-ce qui atteste que La Roche-Guillaume n'a pas tout inventé pour raconter une belle histoire ? Une sorte de poème épique à la Homère ? Où sont les preuves concrètes ? »

Raffi se leva et alla jusqu'au buffet sur lequel brûlaient les bougies. Il en sortit un vieux coffret de bois, orné de caractères profondément gravés, qu'il revint poser avec précaution au centre de la table. Les signes sculptés semblaient être des runes vikings.

« Ouvrez-le », dit-il.

Holliday souleva le simple couvercle de bois sombre. La boîte renfermait un fragment de quartz de la taille d'une balle de golf, affectant grossièrement la forme d'un cœur. L'extrémité de la pierre était ceinte d'une large veine de matière jaune qui ne pouvait être que de l'or.

« C'était dans la tombe de La Roche-Guillaume, reprit Raffi. Si les malfrats du Département central d'enquêtes d'Addis-Abeba apprenaient que j'ai sorti ça du pays, je serais probablement arrêté.

— Pour quelques milligrammes d'or dans une matrice de quartz ?

— Ce n'est pas du quartz. C'est un diamant sans défaut de 664 carats, de qualité VVS1, selon le terme consacré. J'ai interrogé un ami qui s'y connaît. D'après lui, c'est le dixième plus gros diamant au monde. Valeur marchande : vingt millions de dollars. Valeur historique : inestimable.

— Et il proviendrait des mines du roi Salomon ? demanda Holliday en contemplant le fabuleux minéral.

— Si l'on en croit le journal d'Al-Rahman recopié par La Roche-Guillaume, il existerait une montagne de gemmes identiques. Des tonnes.

— Où exactement ?

— C'est là que le bât blesse. À ce que j'ai cru comprendre, les mines se situent dans ce qui est maintenant le district du Kukuanaland, en République centrafricaine.

— Oh, mon Dieu ! Le général Salomon Kolingba.

— Kolingba le cannibale, précisa Peggy, qui venait d'avaler sa dernière bouchée de poulet aux amandes. Le seul dictateur africain qui possède son assortiment personnel de couteaux de cuisine Ginsu pour découper ses ennemis en rondelles. »

2

Au volant du Land Rover rayé jaune et noir, le docteur Oliver Gash fonçait à cent vingt kilomètres-heure sur la piste poussiéreuse qu'il suivait depuis Bangui, climatisation à fond, les huit haut-parleurs Bose de la stéréo hurlant *Rip It Up* de Little Richard. Il n'avait croisé aucun véhicule depuis qu'il avait franchi la frontière de l'ex-district centrafricain du Kukuanaland devenu République démocratique du Kukuanaland. Tous les villages qu'il traversait semblaient déserts, tout comme les échoppes obscures au bord de la route, dont les volets étaient baissés.

Le jeune Noir n'en était pas surpris. Cette atmosphère désolée le faisait même sourire : elle était la marque de la peur, et la peur n'était-elle pas l'alliée du pouvoir ? L'emblème royal de Kolingba s'étalait sur les portières du Land Rover tigré comme une guêpe et les nouvelles circulaient vite, dans le Kukuanaland nouveau, concernant tout ce qui touchait de près ou de loin au général Salomon Bokassa Sesesse Kolingba.

Le docteur Gash occupait les fonctions de ministre de l'Intérieur de la jeune République démocratique indépendante du Kukuanaland, et aussi celles de ministre des Finances et des Affaires étrangères. Oliver Gash n'était pas plus son véritable nom qu'il n'était docteur ès quoi que ce soit. Il s'appelait en réalité Olivier Hakizimana Gashabi, né au Rwanda, et avait fui son pays avec sa sœur aînée, Éliane, pendant le génocide de 1994. Après avoir traversé la République démocratique du Congo, le frère et la sœur s'étaient finalement établis à Bangui, la capitale de la Centrafrique.

Ils vivaient là depuis trois ans quand un Américain de Baltimore nommé Arthur Andrew Hartman avait choisi Éliane comme « promise par correspondance » sur le catalogue d'un site de rencontres en ligne. Éliane, alors âgée de dix-neuf ans, avait consenti au mariage à condition que Hartman adopte officiellement son petit frère de onze ans.

Hartman n'était pas en position de refuser les exigences d'Éliane. Introverti, criblé de traces d'acné, sexuellement déficient, réformé P4 en son temps pour une pathologie non spécifiée, ex-employé des postes vivant d'une pension pour invalidité psychiatrique, Arthur Andrew Hartman n'avait que peu d'occasions – voire aucune – de rencontres avec la gent féminine et craignait bien trop les maladies vénériennes pour chercher remède à sa solitude dans des amours tarifées.

Trois ans plus tard, Arthur Andrew Hartman fut retrouvé dans une ruelle, derrière un supermarché du quartier de Gardenville, à Baltimore, pantalon sur les chevilles, gorge et organes génitaux tranchés. On soupçonna du meurtre le fils adoptif de Hartman mais, les preuves manquant pour l'inculper, le procureur de l'État ne poussa pas l'affaire plus loin. Ce fut à l'occasion de cet homicide réussi sur la personne d'un père de substitution méprisé qu'Olivier Gashabi fit ses premiers pas dans l'univers du crime. Ce ne furent pas les derniers.

Avec l'argent de l'assurance-vie de Hartman et celui qu'avait rapporté la vente de la maison d'Asbury Avenue qu'il possédait, Éliane acquit la moitié des parts d'un salon de manucure. Quant à Olivier Gashabi, qui avait légalement pris le nom d'Oliver Gash, il investit dans deux kilos de cocaïne la prime que lui versa sa sœur pour l'assassinat de son mari. Cela se passait en 2001. Dix années plus tard, Éliane Gashabi était propriétaire à part entière de quatre salons de manucure et son frère avait multiplié par cent son investissement d'origine. Ce faisant, le jeune homme s'était attiré bon nombre de solides inimitiés tant dans l'administration judiciaire et la police de Baltimore que dans les vastes réseaux criminels qui couvraient le terrain entre Washington, Baltimore et New York. À vingt-cinq ans, le petit entrepreneur du crime fut soudain saisi d'un désir irrésistible de renouer avec ses racines et, avec son passeport états-unien parfaitement authentique, il retourna en Centrafrique.

Constatant que la criminalité organisée de Bangui était déjà sous le contrôle de divers gangs ethniques qui faisaient la loi à coups de machettes, Gashabi-Gash décida d'entreprendre son propre voyage au cœur des ténèbres et remonta en bateau à vapeur la rivière Kotto jusqu'à Fourandao, la capitale du Kukuanaland, aux confins du pays.

Fourandao était une ancienne ville coloniale française principalement connue pour les plantations de cacaotiers et de caféiers gérées par la vieille famille portugaise qui lui avait donné son nom. L'agglomération, un ensemble de bâtiments d'un étage ou de plain-pied en briques de terre crue coiffés de toits en tôle ondulée, s'étalait anarchiquement sur sept ou huit cents mètres le long de la rivière Kotto, débordant sur la jungle environnante en direction des lointaines collines de Bakouma qui formaient les frontières avec le Tchad et le Soudan.

Oliver Gash débarqua un beau matin sur les quais de Fourandao et trouva la bourgade en pleine révolution armée. Avant même le début de l'après-midi, voyant dans quelle direction soufflait le vent, il s'était rallié à l'ANRK, l'Alliance nationale révolutionnaire du Kukuanaland, commandée par un petit lieutenant arriviste des Forces armées centrafricaines, Salomon Kolingba. Le gouverneur en titre du district, un médecin de formation nommé Amobe Limbani, avait déjà fui, disparaissant dans la jungle sans laisser de trace.

Oliver Gash fut bombardé colonel en fin d'après-midi par l'autoproclamé général Kolingba et, quand minuit sonna, les deux hommes célébraient la naissance de la nation du Kukuanaland autour d'une bouteille de veuve-clicquot, au bar de l'hôtel Trianon, sur la place centrale de la ville pompeusement rebaptisée place de la Révolution-du-Général-Kolingba.

Le jour suivant, Gash et Kolingba se mirent aux choses sérieuses. Conséquence des soulèvements politiques, des guerres de toute nature et des restructurations en cours dans le monde criminel au niveau mondial, les habituels circuits de distribution de l'héroïne à ses divers stades de raffinement n'étaient plus opérationnels. S'appuyant sur ses contacts aux États-Unis, Gash suggéra à Kolingba de faire du Kukuanaland une plaque tournante du trafic de stupéfiants haut de gamme, à l'image de ce qu'avait été Marseille en son temps. Il s'agirait ensuite de diversifier ses activités entre contrebande d'armes légères, terrorisme contractuel, commercialisation de « diamants du sang », blanchiment d'argent à grande échelle et autres industries lucratives sinon honorables qui transformeraient la bonne ville de Fourandao en multinationale du crime : le Chicago des années 1930 transposé au XXIe siècle. Le rêve américain en pleine jungle équatoriale africaine.

Les résultats dépassèrent les plus folles espérances d'Oliver Gash. Fourandao et ses environs prospérèrent au-delà de toute prévision. L'aéroport fut rénové, ses pistes allongées pour recevoir des jets privés, et les soldats en haillons de l'armée révolutionnaire furent équipés d'armes et d'uniformes flambant neufs généreusement fournis par la Direction générale de l'armement de la République populaire de Chine. Les Chinois dotèrent également Fourandao d'une station d'épuration digne de ce nom et goudronnèrent les routes avoisinantes. Oliver Gash s'était découvert un talent étonnant pour la politique et la diplomatie… qui se révélèrent avoir plus d'un point commun avec le crime. Chez les politiciens africains comme chez les autres, la corruption et la rapacité étaient une seconde nature, avec cette différence qu'en Afrique on acceptait le fait comme allant de soi.

Le Land Rover atteignit enfin le port délabré de Fourandao, où des dockers étaient en train de charger sur des barges les fruits, ballots de caoutchouc et diverses marchandises propres à dissimuler les chargements de drogue, d'armes et autres produits illicites qui voyageaient quotidiennement sur la rivière depuis ce coin de jungle hostile. En amont des barges était amarré l'unique bâtiment de la marine du Kukuanaland, un patrouilleur de dix mètres, don de la République de Djibouti, pourvu d'un moteur Evinrude de cinquante chevaux, d'une cabine qui prenait l'eau et, pour tout armement, d'une mitrailleuse lourde Kord qu'une délégation russe avait réussi à refiler à Kolingba au début de son règne. Quand le général était d'humeur sportive, il utilisait le patrouilleur pour aller pêcher et chasser le crocodile à la mitrailleuse en compagnie de Gash et de quatre gardes du corps.

Tout en longeant les quais, Gash réfléchissait avec quelque inquiétude à une entrevue qu'il avait eue récemment avec un des banquiers les plus corrompus de Bangui. L'homme lui avait demandé comment il envisageait son avenir si Kolingba cessait d'être un élément déterminant. Le message était clair : Gash était-il prêt à prendre la place du général si celui-ci était éliminé ? Gash avait éludé la question, qui pouvait très bien être un piège tendu par Kolingba lui-même, mais il n'avait pas arrêté d'y penser depuis. Il n'avait pas survécu jusque-là sans avoir un minimum de jugeote et, sachant parfaitement que l'espérance de vie d'un dictateur africain n'excédait pas celle d'une mouche drosophile, il se demandait si le temps n'était pas venu de se ménager une porte de sortie pour le cas où les choses tourneraient mal. Il avait mis sur pied à coups de pots-de-vin un réseau serré d'informateurs dans l'entourage direct de Kolingba, mais peut-être devait-il aller plus loin.

Il vira dans la rue qui menait au centre de la ville, longeant les baraques au toit de tôle et les échoppes qui vendaient un peu de tout, depuis des bicyclettes jusqu'à des sacs à main contrefaits en passant par des tee-shirts grande taille à l'effigie des Chicago Bulls.

Parvenu à la place centrale, il tourna en direction de la résidence close qui avait appartenu à la famille Fourandao et servait à présent de palais présidentiel. Un palais que Kolingba aurait préféré qualifier de « royal », mais Gash lui avait opportunément rappelé qu'outre le titre de roi il portait aussi celui de président, et que la communauté internationale le prendrait davantage au sérieux s'il ne se prévalait que du second.

La résidence n'était ni plus ni moins qu'un fort entouré de hauts murs de pisé recouverts de stuc jaunissant et couronnés de chemins de ronde en bois. Une lourde porte en chêne à deux battants en commandait l'entrée. À l'intérieur, le palais présidentiel proprement dit était adossé au mur de gauche, une caserne à celui de droite, et un bâtiment contenant un réfectoire, une armurerie et des cellules au mur du fond. Les deux sentinelles qui montaient la garde devant l'entrée portaient des pistolets-mitrailleurs Chang Feng à la ligne trapue. Gash savait que les armes n'étaient pas chargées : aucune ne l'était, à l'intérieur de l'enceinte, sauf celles de Kolingba et de ses deux gardes du corps, qui n'étaient autres que ses frères cadets.

À l'approche du Land Rover, les sentinelles se mirent instantanément au garde-à-vous et les portes s'ouvrirent comme par magie. Un coup de téléphone passé depuis les entrepôts du port avait dû avertir les deux hommes de son arrivée, et ils se tenaient prêts. Pour n'avoir pas ouvert les portes assez vite, un de leurs camarades s'était un jour retrouvé sur l'échafaud qui avait remplacé la statue de bronze d'Ambrosio Fourandao au centre de la Grand-Place. Là, sous les yeux de toute la population contrainte d'assister au spectacle, il avait subi le supplice du garrot, qui consiste à placer autour du cou du condamné une corde que l'on passe ensuite dans deux trous du poteau auquel il est adossé et que l'on serre par-derrière à l'aide d'un tourniquet de fer, entraînant une mort lente et douloureuse par étranglement.

Depuis le chemin de ronde de sa résidence, Kolingba avait regardé pendant plus d'une heure le bourreau serrer et desserrer la corde pour faire durer le plaisir, avant de lui ordonner par un signe de tête de mettre fin aux tourments du malheureux. C'était le genre de chose qui faisait froid dans le dos à Gash mais, étant donné les sommes qu'il gagnait, il aurait eu tort de se plaindre. Encore une année et il aurait amassé assez d'argent pour échapper aux griffes de Kolingba et disparaître à jamais. Certes, le roi du Kukuanaland était un psychopathe de la pire espèce capable de lui sauter à la gorge sans crier gare comme une bête sauvage. Côtoyer ce genre de type équivalait à traverser les chutes de Niagara sur un fil, mais quel paquet de pognon il se mettait dans les poches !

Après avoir garé le Land Rover devant le palais, Gash gravit les trois larges marches qui menaient à la véranda. Celle-ci fleurait encore nettement l'époque coloniale, avec ses fauteuils en osier où les planteurs devaient s'installer le soir venu pour profiter de la fraîcheur, un verre de gin à la main, en se plaignant du climat tropical et de l'absence de passe-temps civilisés.

Les deux gardes en faction devant la double porte claquèrent instantanément les talons, les yeux agrandis par la terreur. Gash monta à l'étage par le grand escalier et se rendit au cabinet de travail de Kolingba, qui donnait sur la cour du fort.

Assis à son immense bureau comme à son habitude, Kolingba méditait, sa grosse main posée sur un document quelconque. Il était en uniforme d'apparat : culotte de cheval bleu marine à liseré rouge, chemise bleu ciel à épaulettes noir et or, impressionnant placard de médailles sur la poitrine. Devant lui, entre deux serre-livres en fer forgé figurant des têtes de lions, trônait un énorme exemplaire relié de l'Ancien Testament, à fermoirs d'acier ; à sa gauche, un casque de tankiste chromé de la Seconde Guerre mondiale occupait un coin du meuble ; à portée de sa main droite était posé un Colt.45 automatique de collection, en plaqué argent ouvragé. Un pistolet identique était glissé dans le holster qu'il portait à la ceinture. Un étroit élément de bibliothèque fixé à l'un des murs contenait presque exclusivement des monographies sur le général George S. Patton. Il y avait même à côté du rayonnage une photo de l'acteur George C. Scott dans le rôle du célèbre homme de guerre. Quand Gash entra, Kolingba leva son énorme tête et lui adressa un regard entendu.

« Le poids de l'or qui parvenait à Salomon en une année était de six cent soixante-six talents, sans compter les redevances des explorateurs et des commerçants qui en rapportaient. Tous les rois d'Arabie et les gouverneurs du pays apportaient de l'or et de l'argent à Salomon, dit-il.

— Des paroles d'une grande vérité, Votre Majesté », murmura Gash, qui ne comprenait pas un mot de ce que racontait le mastodonte, mais supposait qu'il citait la Bible.

— La Bible parle de mon ancêtre avec vénération, reprit Kolingba de sa voix rocailleuse qui évoquait le grondement sourd d'une grosse bête mal domestiquée.

— Bien entendu, Votre Majesté.

— Nous devons agir sans tarder, Gash, avant qu'il ne soit trop tard.

— C'est certain, Votre Majesté. »

Ce qui était certain, c'est que Salomon Kolingba était mûr pour l'asile.

3

« Hérodote a écrit que l'Égypte était un cadeau fait aux hommes par le Nil, un héritage, dit Holliday en contemplant depuis la banquette arrière du vieux Land Cruiser Toyota le paysage aride des hauts plateaux éthiopiens.

— Héro-qui ? demanda Peggy, assise à l'avant près de Raffi, qui conduisait.

— Comment un estimable archéologue juif comme vous a-t-il pu épouser une telle ignorante ? » s'exclama Holliday en allongeant une petite tape derrière la tête à sa cousine.

Raffi s'esclaffa.

« Je vous ferai remarquer qu'elle fait partie de votre famille !

— Peut-être, mais c'est votre femme.

— L'un de vous deux pourrait-il être assez aimable pour répondre à ma question ? intervint l'intéressée.

— Je parlais d'Hérodote, un auteur grec de l'Antiquité que l'on surnomme parfois "le père des historiens", répondit Holliday. Il a parcouru en tous sens le monde de son époque en recueillant des anecdotes sur tous les pays qu'il traversait.

— On l'a aussi appelé "le père des menteurs", ajouta Raffi. Il consignait autant de fables et de légendes que de faits avérés.

— Comme celle des mines du roi Salomon ?

— Il n'en a pas vraiment parlé, mais il aurait pu, comme il a parlé du mystérieux pays de Pount, dit Raffi.

— Le pays du Schpountz ?

— De Pount ! rectifia Holliday. Personne n'a jamais vraiment réussi à le localiser.

— Et tous ces transports de troupes russes, que font-ils là ? s'enquit Peggy, désignant du menton un BTR 60 incendié en train de rouiller au bord de la route comme les innombrables véhicules du même type qu'ils avaient vus depuis leur départ d'Addis-Abeba.

— Des souvenirs de la guerre civile éthiopienne, expliqua Holliday. Près de vingt années de massacres et de chaos qui n'ont abouti à rien du tout. Une lutte pour le pouvoir entre deux factions marxistes qui n'a enrichi que les marchands d'armes. Résultat final : corruption et pauvreté généralisées. Ça s'est terminé en 1991 et pas grand-chose n'a changé depuis. »

Ils passèrent à cet instant devant un panneau indiquant BAHIR DAR 20 km. Ils avaient presque atteint leur destination : le lac Tana, la source du Nil.

Archibald, dit « Archie », Ives épongea avec un tee-shirt la sueur qui ruisselait sur son front puis prépara son bâton d'explosif, introduisant précautionneusement les fils du détonateur dans la pâte à consistance de mastic qui remplissait l'ouverture du tube de dix-huit centimètres. Trente mètres en contrebas, au pied de la colline, le filet d'eau qu'était encore à cet endroit la rivière Kotto coulait en gargouillant à travers la verdure tropicale.

Ives avait pénétré au Kukuanaland par la petite porte, amené du Tchad en hélicoptère. Cela faisait près d'une semaine qu'il parcourait cet enfer miniature à la recherche de sites possibles parmi ceux que répertoriait le fichier de photographies aériennes établi pour le compte de la compagnie un an plus tôt. C'était le dernier jour de sa mission. Le lendemain, il gagnerait le point prévu pour l'exfiltration et, douze heures plus tard, il serait installé devant une bière fraîche dans l'un des trois bars de l'hôtel Burj Al-Fateh, à Khartoum.

Il passa une main sur sa joue parcheminée par le soleil et sentit sous ses doigts les poils blonds grisonnants de sa barbe crasseuse et mal rasée. À soixante-trois ans, il n'avait vraiment plus l'âge de crapahuter dans la jungle. Mais, bien sûr, la retraite coûtait cher, raison pour laquelle il avait forcé la main de son employeur afin que son contrat contienne cette fois une clause de partage des bénéfices. Il en avait plus qu'assez d'engraisser des nababs comme sir James Matheson qui le payaient avec un lance-pierres.

Ives laissa tomber le bâton d'explosif dans le trou qu'il avait percé à la tarière dans le sol, le recouvrit d'une motte de terre argileuse qu'il tassa bien, puis remonta jusqu'à sa position en haut de la colline en déroulant derrière lui les fils du détonateur. Il s'assit par terre en tailleur et relia les fils à un boîtier USB qu'il brancha sur son ordinateur portable. Il alluma l'appareil, fit les réglages nécessaires et jeta un dernier coup d'œil alentour. Rien au sol, aucun avion dans les airs – non qu'il y ait grand-chose à craindre de ce côté, les forces aériennes du Kukuanaland se résumant à un unique hélicoptère d'attaque Mi-24 soviétique des années 1970 que personne ne savait piloter. Kolingba, le fou qui dirigeait le pays, possédait un monomoteur Cessna 70 encore plus ancien qu'il lui arrivait de piloter lui-même mais, apparemment terrifié à l'idée d'être abattu par un missile sol-air tiré d'un des États limitrophes, il volait rarement.

Posant le portable sur ses genoux, Ives frappa la touche « entrée ». Il ne se produisit rien pendant une fraction de seconde, puis une détonation sourde se fit entendre en même temps que le sol tremblait l'espace d'un court instant. Après un nouveau temps d'attente, les données commencèrent à s'inscrire sur l'écran.

« Nom de Dieu ! » souffla le géologue.

Il vérifia les informations pour s'assurer qu'elles n'étaient pas erronées, posa l'appareil à côté de lui et se leva. Descendant jusqu'au bas de la pente, il s'accroupit près du ruisseau pour réfléchir posément. Il s'aspergea le visage d'eau en prenant bien garde de ne pas en avaler, peu désireux de contracter la bilharziose, le choléra, la typhoïde ou n'importe laquelle de la douzaine de maladies endémiques de la région. Puis, après s'être essuyé les mains et le visage avec son tee-shirt, il se releva et alluma une cigarette. Il toussa une fois, cracha, aspira une longue bouffée.

Il s'était attendu au mieux à voir s'afficher sur l'écran quelques taches circulaires signalant la présence des habituelles cheminées de kimberlite caractéristiques d'un gisement potentiel. Mais ce qu'il avait pu observer était tout autre : le nombre de taches était tel que celles-ci se rejoignaient pour ne former qu'une énorme cheminée unique, ce qui signifiait que la colline sur laquelle il se trouvait n'était pas une colline, mais un gisement fabuleux, d'une taille surpassant tout ce qu'il avait pu connaître jusqu'ici, aussi important sinon plus que celui découvert à Venetia, en Afrique du Sud, en 1992. En outre, les mesures suggéraient l'existence autour de la kimberlite d'un conglomérat de métaux précieux assez dense pour comporter de l'or, ou peut-être même du platine. Ces dernières données lui avaient fait lever les sourcils. Elles étaient plus encourageantes que toutes les autres réunies. Ou plus désespérantes, selon le point de vue qu'on adoptait.

Ives demeura là un moment, débattant avec lui-même. Il avait le choix entre trois solutions : faire part de sa découverte à ses employeurs, la garder pour lui ou, et Dieu lui vienne en aide, aller tout raconter à Kolingba, le gisement se trouvant après tout sur son territoire. Son débat intérieur fut de courte durée. S'il révélait sa trouvaille à ses patrons, il avait peut-être une chance d'en tirer quelque profit. S'il conservait le secret, il ne pourrait exploiter lui-même sa découverte qu'au prix d'un investissement considérable. S'il allait voir Kolingba, ce dingue lui promettrait monts et merveilles, puis lui trancherait la gorge dès qu'il connaîtrait l'emplacement du gisement. Il nota mentalement les repères qui lui permettraient de retrouver le site, tout en sachant que le positionnement par satellite serait sûrement plus efficace. Des trois collines, la plus haute était celle où il se tenait. Il remarqua qu'il tournait le dos à la rivière et qu'il pouvait entendre le bruit des trois cascades formant les chutes de Kazaba, environ quinze cents mètres en amont. Mille ans plus tôt, avec son incomparable richesse en eau et en nourriture, l'endroit avait dû être un paradis pour la tribu autochtone des Yakimas. Mais, dépourvue des ressources qui auraient pu en justifier sa mise en valeur, la région végétait depuis des temps immémoriaux, déserte et inexplorée, objet de légendes et de tabous. En sango, on l'appelait *Guda Kwa Zo*, le pays des morts.

Avec un soupir, Ives détacha le téléphone satellite qu'il portait à la ceinture. L'appel qu'il s'apprêtait à passer allait détruire à jamais ce qui pouvait rester de ce paradis des temps anciens. Il composa un numéro privé à Londres et écouta les bourdonnements mystérieux précédant l'établissement de la connexion. Quelqu'un décrocha à la deuxième sonnerie.

« Quadrant gardénia. Primevère sept par magnolia quatre », annonça-t-il.

Le code était celui qu'utilisait la Royal Navy quand elle faisait la chasse aux sous-marins allemands pendant la Seconde Guerre mondiale. Une ineptie digne d'un film de James Bond, selon lui.

« Oui ?

— Westminster », répondit Ives.

Un long silence, puis :

« Quel genre ?

— Chambre des Lords, pour le moins. Chambre des Communes également.

— Vous en êtes sûr ?

— Absolument.

— Dieu tout-puissant !

— C'est le mot.

— J'informe Sa Majesté. »

La communication fut coupée.

« C'est ça, mon grand, informe-la, Ta Majesté ! » marmonna Ives.

Il remonta au sommet de la colline pour rassembler son matériel et décamper du Kukuanaland au plus vite.

Il avait déjà dans la bouche le goût de sa première gorgée de bière fraîche.

Michael Pierce Harris – ex-sous-directeur du service opérations à la CIA, d'où il avait été contraint de démissionner pour ne pas finir ses jours en prison – était installé dans un des fauteuils club en cuir qui meublaient le bureau du responsable des dossiers spéciaux à la Matheson Resource Industries. Il dégustait un scotch pur malt dans un verre de cristal massif tout en tirant entre deux gorgées sur son cigare cubain El Rey del Mundo Gran Corona. Les hautes fenêtres sur sa droite donnaient sur l'imposant bâtiment de brique du St James's Club, de l'autre côté de l'étroite et discrète ruelle en cul-de-sac de Park Place.

Allen Faulkener, major (à la retraite) du régiment de fusiliers « The Rifles », raccrocha le téléphone qui trônait sur son bureau XVIIe au plateau recouvert de cuir. En tant que responsable des dossiers spéciaux de la MRI, son rôle consistait à gommer les aspects parfois « humainement déplaisants » des activités de l'énorme entreprise minière bien avant que la première tonne de minerai ne soit extraite d'un site.

La MRI était la deuxième compagnie minière mondiale par ordre de taille, juste derrière le géant canadien Barrick Gold. À l'instar de Barrick, la MRI était officiellement domiciliée dans une des anonymes tours grises de Bay Street, à Toronto, où elle ne menait aucune activité réelle, se contentant de profiter des avantages qu'offrait la législation canadienne, très libérale en matière d'exploitation minière.

C'était à Londres que se traitaient véritablement les affaires de la MRI, qui avait des intérêts dans le monde entier : Papouasie-Nouvelle-Guinée, États-Unis, Canada, République dominicaine, Australie, Pérou, Chili, Russie, Afrique du Sud, Pakistan, Colombie, Argentine et Tanzanie. Depuis quelque temps, la société étudiait le potentiel géologique du Kukuanaland en vue d'y lancer une opération.

« Eh bien, où en sommes-nous ? s'enquit Harris après avoir posé son scotch sur le dessous de verre en argent qui protégeait la laque de la table basse chinoise Art déco.

— Nous avons apparemment le feu vert de Sa Majesté », répondit Faulkener en regardant d'un air songeur l'aquarelle plutôt sinistre pendue au mur devant lui.

Le tableau, intitulé *Le Baroud d'honneur d'Isandhlwana*, montrait un régiment d'habits rouges britanniques à cheval en train de se faire massacrer par une bande de guerriers zoulous déchaînés.

L'Afrique n'avait jamais été le champ de bataille préféré de Faulkener, mais c'était là que se trouvait la grosse galette, à l'heure actuelle.

« Le moment est venu de nous montrer de quoi vous êtes capable, Harris, dit-il. Ce qui vous attend ressemble aux besognes dans lesquelles vous excelliez, vous et vos camarades de la CIA.

— Dites-moi tout.

— Cette fois, ce sera l'Afrique, je le crains. Un fichu trou paumé qui s'appelle le Kukuanaland.

— Ah, Salomon Kolingba ! acquiesça Harris. Un authentique fêlé, celui-là.

— Il possède une chose que nous désirons acquérir. Il faut que nous trouvions un moyen de nous l'approprier.

— Je lève mon verre à cette louable entreprise, dit Harris, joignant le geste à la parole.

— Vous boiriez à n'importe quoi », répliqua Faulkener.

Il alla jusqu'au buffet se verser un verre du même pur malt que buvait Harris, puis resta là un moment, le regard de nouveau attiré par l'aquarelle du massacre d'Isandhlwana.

« Il y a autre chose, grommela-t-il. Un petit détail à régler, rien de plus.

— Ah ?

— Êtes-vous déjà allé à Khartoum, monsieur Harris ? »

4

La barque de pêche progressait en gargouillant sur l'immensité lisse du lac Tana, propulsée par le moteur hors-bord le plus petit et le plus ancien que Holliday ait jamais vu. D'après Raffi, il s'agissait d'un Evinrude Mate modèle 1939 d'un cheval et demi. Dieu seul savait comment l'engin était arrivé en Éthiopie et entre les mains du clan Halebo, qui en prenait le plus grand soin. Halebo Iskinder, chef de la famille et propriétaire actuel du bateau et du moteur, n'avait accepté de louer l'un et l'autre à Raffi qu'après avoir fait subir à l'archéologue un examen rigoureux pour voir s'il était capable de manœuvrer cette fragile merveille. La mécanique faisait le même bruit que des billes agitées dans une boîte en fer-blanc, mais poussait l'embarcation à une vitesse étonnante.

« Je suis surpris qu'on vous ait autorisé à faire des fouilles ici, cria Holliday pour couvrir le vacarme du moteur, dont les fumées d'échappement bleu pâle restaient suspendues dans le sillage de la barque. Entre les communistes, les chrétiens orthodoxes et les musulmans, j'ai toujours imaginé l'Éthiopie comme un pays plutôt antisémite.

— Israël a toujours bouleversé la donne dans le coin, répondit Raffi, assis à la barre. Dans les années 1980, les États-Unis voyaient l'Éthiopie verser soit dans le communisme, soit dans l'islam radical. Avec la Somalie, l'Érythrée et le Soudan aux frontières et le Yémen de l'autre côté de la mer Rouge, il y avait des "observateurs" cubains dans tous les coins. L'Éthiopie était un point chaud qu'il fallait refroidir, donc nous livrions aux chrétiens pro-occidentaux des armes et tout ce qu'il leur fallait. Et il y a aussi eu l'opération Salomon, où nous avons soulagé les Éthiopiens de quinze mille Juifs falachas. C'est comme un mariage de raison, entre eux et nous : pas d'amour véritable, mais un *modus vivendi* qui arrange toutes les parties concernées. Quoi qu'il en soit, je n'ai pas eu d'autorisation pour fouiller ici.

— Vous avez agi sans l'accord des autorités ? Ça ne vous ressemble pas.

— Eh bien, ce ne sont pas vraiment des fouilles que j'ai menées. Disons que j'ai plutôt… farfouillé à droite et à gauche.

— "Farfouillé", répéta Peggy en pouffant de rire. Ça, au moins, c'est un terme scientifique ! »

Comme ils approchaient de l'île, la jeune femme se posta à la proue et commença à prendre des photos avec son Nikon numérique.

« La grande île sur notre droite est Tana Kirkos ; la petite, à gauche, est Daset T'qit, ce qui signifie précisément "petite île" en amharique. C'est dans celle-ci que nous allons, expliqua Raffi. Tana Kirkos est censée avoir abrité pour un temps l'Arche d'alliance, ajouta-t-il.

— Je vous en prie, ne me parlez plus d'arches ! dit

Holliday, qui avait eu son content de ce genre d'article avec la défunte sœur Meg et sa vipère de mère.

— Il y a des serpents venimeux, là-bas ? Des insectes ? demanda Peggy.

— Des dizaines, répondit Raffi. C'est d'ailleurs pour ça que tu portes un pantalon rentré dans des bottes montantes. Cobras cracheurs, mambas verts, scorpions, scolopendres, tout y est, même quelques crocodiles de passage. Il y a aussi des plantes toxiques, donc il ne faudra manger ni baies ni quoi que ce soit.

— Pour l'amour du ciel, Raffi, pourquoi me communiques-tu toujours ce genre d'information quand il est trop tard pour que je fasse machine arrière ?

— Mais... Pour que tu ne fasses pas machine arrière, justement », répondit l'archéologue avec un large sourire.

Ils étaient à présent très près de la petite île et Raffi réduisit les gaz. Ils ralentirent, continuant d'avancer en glissant sur l'eau noire et parfaitement immobile. L'île était entièrement couverte d'une végétation drue qui commençait à la limite même de l'eau. Les seuls signes de civilisation visibles parmi cet enchevêtrement de buissons, d'arbres et de lianes étaient les ruines d'un débarcadère en pierres taillées et, en retrait, celles d'un édifice qui semblait être une tour de guet.

« On se croirait dans un film d'Indiana Jones, remarqua Peggy. Je ne serais pas surprise de voir Harrison Ford arriver en faisant claquer son fouet et en agitant son chapeau.

— Si quelqu'un a jamais vécu sur Daset T'qit, c'était il y a très longtemps, dit Raffi, qui coupa le moteur et laissa la barque dériver en direction du port minuscule.

— Pourquoi avez-vous choisi de fouiller ici ? s'enquit Holliday.

— Ce n'était pas un choix délibéré, répondit l'archéologue tout en guidant le bateau entre les deux petites jetées de pierre qui formaient le débarcadère et dans lesquelles étaient taillées des marches usées dont les plus basses disparaissaient sous l'eau. J'effectuais des recherches sur les Falachas et la première colonie qu'ils avaient fondée sur Tana Kirkos, la grande île. Un jour, j'ai interrogé sans intention particulière un de mes traducteurs sur Daset T'qit et je l'ai vu blêmir. Il m'a expliqué que la petite île était taboue et qu'on la surnommait Maqbar Aswad Muslim – la Tombe du musulman noir.

— Ça nous ramène à Ragnar Casse-Têtes et à son ami mahométan, non ? remarqua Holliday.

— À Abdul Al-Rahman, tout à fait, confirma Raffi.

— Mais n'avez-vous pas dit que c'était la sépulture de La Roche-Guillaume qui se trouvait ici ?

— Elle s'y trouve, en effet », répondit Raffi avec un grand sourire.

Peggy attacha le cordage qu'elle trouva à l'avant du bateau à une bitte d'amarrage en pierre qui semblait être là depuis mille ans, puis elle sauta sur les marches qu'elle gravit au petit trot. Holliday et Raffi la rejoignirent au sommet de l'étroite jetée.

« Comme c'est beau ! s'exclama la jeune femme. On dirait un tableau de ce peintre français… Vous savez, l'employé des douanes…

— Le Douanier Rousseau », dit Holliday.

Elle avait raison. Les feuillages exotiques luxuriants qui s'offraient à leur vue se découpaient avec la même précision que ceux peints par l'artiste dans ses étranges et merveilleuses scènes de jungle. Ils présentaient toutes les nuances possibles de vert, du plus glauque au plus vif en passant par l'émeraude et le céladon, sans compter les innombrables variétés de roses, de rouges et de jaunes éclatants. De l'enchevêtrement de feuilles de toutes formes, lisses et dentelées, grandes et petites, s'échappaient des spirales de lianes sinueuses qui escaladaient les troncs des grands arbres ou se lovaient autour d'énormes racines surgissant de la lourde terre noire tels les doigts tâtonnants de géants ensevelis. Il ne manquait que les lions à l'affût et les femmes en tenue d'Ève. De loin au-dessus de leurs têtes leur parvenaient des piaillements de singes et des protestations criardes d'oiseaux en colère.

Mais l'atmosphère avait aussi quelque chose de sinistre, et cela était si palpable que Holliday se surprit à regretter de ne pas avoir d'arme sur lui. Depuis son arrivée au Vietnam, à peine six mois après son dix-huitième anniversaire, jusqu'à ses séjours en Afghanistan et en Somalie, il avait pratiqué bon nombre d'endroits dangereux au cours de son existence, mais ce qu'il ressentait ici ne s'apparentait à rien de ce qu'il connaissait. Il avait la conviction que pénétrer dans cette forêt reviendrait à mettre le pied hors du monde, et qu'une fois au milieu de cette jungle il pourrait ne jamais trouver le chemin du retour. Il se rappela soudain une citation de *Au cœur des ténèbres*, de Joseph Conrad, qu'il avait apprise par cœur au lycée mais ne comprenait qu'à présent : « Et cela aussi a été l'un des lieux ténébreux de la terre. »

Il lui était plus d'une fois arrivé de se trouver dans des endroits où passé et présent lui donnaient le sentiment, presque la sensation physique, de se rejoindre dans le même espace. Il avait expérimenté cela, par exemple dans la rue de Rivoli, à Paris, qui semblait toujours résonner du pas martelé des SS défilant chaque jour à midi pendant l'Occupation, ou sur le champ de bataille d'Antietam, dans le Maryland, où les cris des vingt-deux mille hommes tombés au combat et l'odeur écœurante de la poudre saturaient encore l'air. Dans cette catégorie entrait également le bois Belleau, une petite forêt de Picardie dont le sang de dix mille marines et d'un nombre indéterminé de leurs adversaires allemands avait abreuvé la terre sombre et grasse.

Mais jamais autant que sur cette île Holliday n'avait éprouvé cette impression. Il avait la certitude absolue que ce lieu allait les aspirer tous dans un univers de déraison au sein duquel, tel un monstrueux tam-tam, battait le véritable cœur des ténèbres. Il frissonna malgré la chaleur écrasante et, en dépit de ses efforts pour le chasser, son malaise persista. Chaque parcelle de sa chair lui enjoignait de fuir sans se retourner.

« Prenez garde aux singes, recommanda Raffi. Ils prennent un malin plaisir à bombarder les gens avec leurs excréments.

— Génial ! grommela Peggy. Des serpents venimeux et des macaques lanceurs de crottes ! »

Ils pénétrèrent sous les arbres.

Au bout de quelques pas, il leur parut évident qu'ils suivaient une piste souvent empruntée. Des lianes et des branches avaient été coupées, et récemment, à en juger par leur aspect. Le sentier était par ailleurs jonché de morceaux d'écorce mâchonnés et de fruits à demi mangés qui pourrissaient sur le sol.

« Les singes ne mangent pas très proprement, à ce que je vois, commenta Peggy.

— En tout cas, ce ne sont pas eux qui ont tracé la piste, dit Holliday, qui croyait revoir la jungle tenue par le Viêt-Cong autour du camp américain de Bu Prang. Qui l'entretient ?

— Peut-être le fantôme du templier perdu ? suggéra Peggy en riant.

— Rien de si angoissant, assura Raffi, qui ouvrait la marche. C'est Halebo Iskinder. Il vient ici de temps en temps débroussailler le chemin.

— Je croyais que l'île était taboue, remarqua Peggy.

— L'argent que je donne à Iskinder ne l'est pas, lui ! Et puis notre ami est ravi de connaître un secret que les autres passeurs du lac ignorent.

— Quel secret ?

— Celui-ci », répondit Raffi comme ils débouchaient dans une petite clairière naturelle.

Abrité sous les branches d'un unique baobab se dressait un édifice de pierre sans fenêtre qui ressemblait à une petite chapelle, ou à un mausolée de grande taille. Le gros œuvre était fait du même basalte brun qui avait servi à construire les monastères et les églises coptes jalonnant les rives du lac Tana. Sur le plein cintre au-dessus de la porte à larges pentures en bois sombre, encore clairement visible malgré l'usure du temps, figurait un blason « à sept fasces au lion rampant côté dextre ».

Peggy braqua aussitôt son appareil pour prendre une douzaine de clichés de l'écu armorial.

« Indiana Jones et la tombe du templier perdu, dit-elle.

— Ça ne vous agace jamais, Raffi, cette fixation

qu'elle fait sur Indiana Jones ? demanda Holliday en levant un sourcil.

— Oh, j'ai l'habitude ! répondit Raffi. Ça glisse sur moi comme l'eau sur les plumes d'un canard. Que voulez-vous, Peggy sera toujours Peggy… La première fois que je suis venu, la porte était scellée avec de la poix, reprit-il quand ils furent près de la construction, en montrant du doigt des résidus d'une sorte de goudron noirâtre encore discernables autour du chambranle.

— Scellée ? » répéta Holliday.

Il passa ses mains sur la surface du battant, qui était en bois-de-fer extrêmement dur et très vieux.

« Hermétiquement scellée, confirma l'archéologue.

— Pour quoi faire ? Même si la porte ne laisse rien passer, il devait bien y avoir des échanges d'air à travers les murs ou le sol.

— Attendez, vous allez comprendre. »

Raffi plaça son épaule contre le bois et poussa. Rien ne bougea. Holliday se joignit à lui et la porte s'ouvrit enfin, comme à regret, laissant entrer un long rayon de soleil qui éclaira de façon spectaculaire l'objet qui occupait le centre de la pièce.

Il s'agissait d'un sarcophage d'environ deux mètres cinquante sur un mètre vingt, fait de grandes dalles polies de basalte noir, dont les flancs s'ornaient d'extraordinaires scènes gravées : un bateau viking attaqué par des crocodiles, un défilé de légionnaires romains levant haut leurs enseignes, des esclaves au travail, dos courbés sous le poids de lourdes panières, enchaînés les uns aux autres par les chevilles. Sur le couvercle, plus banal, était sculpté le gisant d'un chevalier en cotte de mailles tenant à deux mains son épée, autour de laquelle s'enroulait un serpent. L'homme portait à un bras un bouclier de pierre décoré d'une incrustation de basalte plus foncé où l'on reconnaissait la forme familière de la croix des Templiers. Le tombeau reposait sur les dos de six lions accroupis, sculptés dans la même pierre noire que la croix.

« La tombe de Julien de La Roche-Guillaume », j'imagine, dit Holliday d'une voix altérée par l'émotion.

S'approchant du sarcophage, il effleura sur toute sa longueur l'épée du chevalier. L'arme sculptée ressemblait beaucoup à celle en acier damassé qu'il avait trouvée dans la maison de son oncle à Fredonia, dans l'État de New York, et qui avait été à l'origine de ses tribulations dans l'univers des Templiers – un monde parallèle de complots imbriqués courant de siècle en siècle jusqu'à aujourd'hui.

« Et vous n'avez pas tout vu », répondit Raffi.

Tournant le dos au tombeau, il se dirigea vers le fond de la chambre funéraire. Pour la première fois, Holliday remarqua que les murs étaient dissimulés derrière des bâches vertes suspendues à des cordes par des anneaux, à la manière de rideaux de douche. Sans marquer de pause pour ménager un quelconque effet dramatique, Raffi écarta un des pans de toile.

« Oh, la vache ! » souffla Peggy, ouvrant des yeux ébahis.

5

Une vision paradisiaque s'offrait à leur vue. « Le jardin d'Éden », murmura la jeune femme, oubliant son Nikon.

À mesure que Raffi écartait les bâches, se révélait un vaste panorama dont le sarcophage occupait le centre. L'artiste avait représenté en perspective cavalière et dans le moindre détail un paysage de jungle entourant une triple chute d'eau cernée de collines. Chaque arbre, chaque branche, chaque feuille, chaque anfractuosité ou saillie rocheuse était restitué dans des tons chatoyants où se mêlaient verts, ocres, bleus, jaunes lumineux et nuances de blanc. Le splendide arc-en-ciel que formait l'eau écumante des trois cascades en s'écrasant au fond de la gorge en contrebas était peint avec une précision photographique.

En regardant de plus près, Holliday s'aperçut que la jungle, débordante de vie, était peuplée d'oiseaux et de bêtes. Il vit des serpents suspendus à des branches, un jaguar à l'affût, à demi caché dans l'ombre, parfaitement proportionné, et, descendant la colline du milieu, une colonne sinueuse de minuscules silhouettes humaines noires portant sur la tête ou les épaules des corbeilles d'osier qu'elles chargeaient au pied de la pente dans des pirogues étranges qui attendaient sur la rivière. Un véritable chef-d'œuvre, une splendeur, de quoi nourrir jusqu'à la fin des temps les rêves du chevalier qui dormait là dans son tombeau.

« C'est magnifique, dit Holliday. Qui a bien pu peindre ça ?

— Sans doute La Roche-Guillaume lui-même, répondit Raffi. Le style est tout à fait comparable à celui des dessins qu'il a faits au cours de ses autres voyages.

— Il aurait décoré sa propre tombe ? demanda Peggy en fronçant les sourcils. Plutôt malsain, tu ne trouves pas ?

— À ce que j'ai pu comprendre, l'île était probablement son lieu de résidence. Le mausolée est dans le même style que les monastères coptes au bord du lac, on peut donc imaginer qu'il a engagé des maçons et des carriers du coin pour le construire selon des plans qu'il avait lui-même établis. Le raisonnement vaut aussi pour le sarcophage. Ce genre de sépulture réservée aux grands de ce monde est typiquement européen. Ici, on enterre les gens bien plus simplement : on momifie le corps et on l'ensevelit avec des dizaines d'autres dans une crypte ou une grotte. Il me semble évident que La Roche-Guillaume a conçu lui-même son tombeau. Peut-être même en a-t-il supervisé l'exécution.

— Et les obsèques ? demanda Holliday.

— Payées d'avance. Il avait sans doute loué les services d'un prêtre du monastère de Tana Kirkos, la grande île que je vous ai montrée tout à l'heure.

— Ce n'est plus malsain, c'est carrément morbide,

commenta Peggy. Se préoccuper à ce point de sa propre mort tient du trouble obsessionnel compulsif !

— Je n'en suis pas si sûr, dit Holliday en contemplant la fresque. Le paradis a dû lui apparaître en rêve et il a voulu faire en sorte d'y demeurer pour l'éternité.

— Ce n'est pas une vision onirique qu'il a reproduite, mais un paysage bien réel, affirma Raffi. Situé à 10° 28' 36" de latitude nord par 23° 17' 48" de longitude est, pour être précis : l'emplacement exact des mines du roi Salomon.

— Vous êtes allé y voir ? demanda Holliday, sceptique. La Roche-Guillaume a peut-être essayé de les trouver, ces prétendues mines, mais ce que nous avons là n'est qu'un rêve, Raffi. Votre templier devait fumer un peu trop de bonne herbe éthiopienne. Cette fresque est un fantasme de drogué, comme la *Complainte du vieux marin*, de Coleridge.

— Comment expliquez-vous la présence du diamant que j'ai trouvé ici ?

— Il l'aura acheté à quelqu'un qui ne se doutait pas de sa valeur. C'était une sorte de souvenir, comme ces fanions aux couleurs d'une ville que les touristes achètent après une visite.

— Regardez ça », dit Raffi.

Allant jusqu'à un angle de la pièce, il fit signe à Holliday de le rejoindre puis sortit de sa poche son couteau suisse, dont il déplia la grande lame. Armé de cet outil, il entreprit de creuser le plâtre à la jointure des deux murs. Cela lui prit un bon moment en raison de l'épaisseur de l'enduit. Puis il s'écarta pour laisser la faible lumière du soleil éclairer le carré de cinq centimètres de côté qu'il avait dégagé.

Cela brillait.

« Qu'est-ce que… » commença Holliday en s'approchant.

Le petit espace dégarni n'était pas de la couleur brune du basalte qu'il s'était attendu à voir, mais d'un beau jaune profond. Il tendit son index et toucha la surface.

« Mais c'est du délire ! murmura-t-il.

— Pas du délire, corrigea Raffi. De l'or. Pur à quatre-vingt-dix-neuf pour cent. J'en ai fait expertiser quelques fragments à Jérusalem. Les quatre murs et le sol en sont tapissés. Sur près de trois centimètres d'épaisseur.

— Mais où a-t-il été fondu ? La Roche-Guillaume ne l'a quand même pas trouvé en plaques dans la jungle !

— Le revêtement est composé de panneaux de deux mètres sur soixante centimètres soudés entre eux à chaud. J'ai découvert un moule en basalte qui a servi à couler les plaques. Il était enterré dans la forêt, à quelques pas de la clairière.

— Et il a gardé tout ça secret ?

— Apparemment.

— Mais c'est une trouvaille extraordinaire, Raffi ! Pourquoi n'avez-vous rien dit, rien publié ?

— Le pays est depuis des années au bord d'une nouvelle guerre civile. L'instabilité règne. Le gouvernement éthiopien n'a pas pour priorité la protection de son héritage culturel, et il est aussi corrompu qu'on peut l'être dans une bureaucratie. Si quelqu'un avait vent de ce qu'il y a ici, le site serait envahi et pillé en quelques jours, sinon quelques heures, ou au moins transformé en attraction touristique. Dans tous les cas, il serait perdu pour l'archéologie. Non, je ne peux pas divulguer son existence. Du moins pas pour le moment… Et je ne vous ai pas tout montré.

— Parce qu'il y a encore autre chose ? s'exclama Holliday, stupéfait.

— Où en est votre niveau de latin ?

— Je n'ai pas tout oublié.

— Lisez l'inscription sur le sarcophage.

— Quelle inscription ?

— Sous le rebord du couvercle. »

Holliday vit alors qu'un long bandeau de texte gravé courait tout autour du grand cercueil de pierre, ce qu'il n'avait pas remarqué jusque-là. Il le traduisit à haute voix en même temps qu'il le déchiffrait.

« “Mon passé est mon bouclier, ma croix mon avenir. Ici gisent, chacun devant son dieu, les… les dépouilles du chevalier Guillaume et du *servus*…” Que signifie *servus*, déjà ?

— Esclave.

— “Et de l'esclave et grand découvreur Abdul Al-Rahman. *Requiescant in pace in aeterno*. Qu'ils reposent en paix pour l'éternité.” Cela veut dire que les ossements d'Al-Rahman sont aussi dans le cercueil ?

— Sans doute, ou alors le mausolée a été édifié sur le site de la tombe d'Al-Rahman.

— “Mon passé est mon bouclier, ma croix mon avenir.” Qu'est-ce que ça peut bien signifier ?

— Moi non plus, je ne comprenais pas, au début.

— Qu'y a-t-il à comprendre ?

— Appuyez sur la croix du bouclier. »

Holliday s'approcha du gisant, plaça sa main au centre de la croix et fit ce que Raffi suggérait. Rien ne se passa.

« Appuyez un peu plus fort. »

Holliday obéit. Il y eut alors un raclement, et de la paroi du sarcophage surgit une languette de basalte que Raffi tira vers lui, révélant un tiroir en pierre dont un mécanisme intégré au tombeau avait dû commander l'ouverture. Le tiroir contenait apparemment un livre relié en cuir. En bon archéologue, Raffi sortit l'objet de son logement avec d'infinies précautions pour le poser sur le gisant, puis, tout doucement, il desserra la lanière qui maintenait close la couverture du volume.

Il déploya ensuite soigneusement les épais feuillets de papyrus pliés en accordéon qui tenaient lieu de pages, les étalant sur le couvercle du tombeau. Holliday se pencha sur l'ouvrage. Émaillée de simples dessins à l'encre, chaque page était couverte d'une écriture minuscule en lignes serrées à peine lisibles.

« Il y a un texte latin et un texte français en regard, remarqua-t-il. Qu'est-ce que c'est ?

— J'ai baptisé ça *Le Codex du templier*, répondit Raffi. C'est une traduction par La Roche-Guillaume du récit qu'a laissé Al-Rahman de sa découverte des mines et de son voyage de retour vers la civilisation. »

L'archéologue désigna du doigt une illustration montrant une scène immédiatement reconnaissable malgré la très petite taille de l'image : un navire viking en flammes ne contenant qu'un bûcher funéraire sur lequel était allongé un corps.

« *A priori*, ce que nous voyons là doit avoir un rapport avec la mort de notre ami Ragnar Casse-Têtes… »

Raffi s'interrompit un instant, manifestement saisi d'émotion à la vue du manuscrit vieux de sept cents ans.

« Comme je le disais, reprit-il, La Roche-Guillaume était historien. Il voulait que sa chronique lui survive, ainsi que celle d'Al-Rahman, et c'est ce qui s'est produit.

— Il y a des gens qui débourseraient des millions pour acquérir ça, j'imagine, remarqua Peggy.

— Au bas mot, acquiesça Raffi. Le manuscrit est inestimable, sans parler de ce qu'il révèle.

— Cela est plus qu'une question de prix, observa Holliday en secouant la tête. Certaines personnes seraient prêtes à tuer pour ce livre.

— Sa place est au musée, dit Raffi. La question est de savoir comment l'y faire parvenir.

— Quelle est la situation aux frontières ?

— Cela dépend de laquelle. Les douaniers kenyans sont shootés au khat et totalement imprévisibles. Les Érythréens sont armés jusqu'aux dents. Quant à la frontière soudanaise, parfois on tombe sur un troupeau de chèvres, parfois c'est la ligne Maginot. Et pour ce qui est de la Somalie, inutile d'y songer.

— Donc il serait trop risqué de passer le manuscrit en fraude.

— Alors que faire ? demanda Peggy.

— Je veux au moins en avoir une trace photographique, dit Raffi.

— Si ce n'est que ça, pas de problème, assura la jeune femme en brandissant son Nikon. Mais après ?

— Nous allons remettre le livre où nous l'avons trouvé, pour le moment. Ensuite, j'irai faire le tour des musées avec les clichés. Je pourrai peut-être convaincre quelqu'un de financer une expédition officielle.

— Où se trouve le poste-frontière le plus proche pour entrer au Soudan ? s'enquit Holliday.

— À Metema. De là, on peut se rendre à Khartoum *via* Al-Qadarif.

— Bon. C'est par là que nous passerons. Peggy, fais des photos du codex et de tout le reste, mets tout ça sur une carte-mémoire, puis change la puce de ton appareil. Comme ça, si un petit curieux demande à regarder tes photos de vacances, il verra des chèvres et des gamins qui rigolent. Je garderai sur moi la puce et la carte-mémoire, toi, tu joueras le rôle de la mordue de photos souvenirs, et Raffi paraîtra aussi innocent que l'agneau qui vient de naître.

— Lui innocent, c'est la meilleure ! C'est tout de même lui qui nous met dans ce bourbier ! s'exclama Peggy.

— Je suis navré, dit l'archéologue. Je n'ai pas réfléchi. Je voulais simplement vous montrer ce site, et le codex.

— De toute façon, ce qui est fait est fait, trancha Holliday. Prenez vite ces photos et tirons-nous d'ici le plus tôt possible ! »

Croyant percevoir du coin de l'œil un mouvement dans la jungle en bordure de la clairière, il se tourna brusquement vers la porte ouverte du mausolée et fixa longuement le point suspect. Rien ne bougea.

« Qu'y a-t-il ? demanda Peggy, reconnaissant l'expression tendue qu'elle avait si souvent vue sur le visage de son cousin.

— Rien, répondit lentement Holliday. Je dois être un peu nerveux, c'est tout. »

6

Archibald « Archie » Ives avait pratiqué l'Afrique pendant la plus grande partie de sa vie d'adulte. Fils d'un mineur de charbon gallois, titulaire d'un diplôme d'archéologie de seconde zone obtenu dans une université de troisième zone, il exerçait ses fonctions de prospecteur et d'analyste en métaux précieux entre la Colombie-Britannique et le Nevada quand une première mission en Sierra Leone pour un consortium canadien véreux de prospection de diamants lui avait fait découvrir sa véritable voie. Il n'avait trouvé aucune pierre précieuse cette fois-là, mais s'était aussitôt senti chez lui sur le continent noir.

Il avait consacré les trente-cinq années suivantes à sillonner l'Afrique en tous sens, parfois pour son propre compte, parfois pour celui de sociétés plus ou moins importantes. Parti de rien, il lui était arrivé cinq ou six fois d'atteindre une aisance relative grâce à ses découvertes, mais ce qui le motivait avant tout était la quête elle-même, le simple fait d'arpenter le désert ou la jungle, la mise au jour d'un éventuel gisement d'exception étant plutôt pour lui un prétexte qu'une fin en soi. Il n'avait pas remis les pieds en Angleterre depuis douze ans et n'avait aucune intention d'y retourner. C'était par l'antenne de Matheson à Bamako, au Mali, que sa mission actuelle lui avait été confiée.

Bien qu'il n'ait encore jamais travaillé pour elle, des rumeurs concernant les pratiques commerciales douteuses de cette société lui étaient venues aux oreilles, mais des rumeurs n'étaient jamais que des rumeurs, alors que la somme d'argent que lui avait versée Matheson était bien réelle. Si réelle, même, et si importante, qu'il en avait conçu des soupçons. Quoi qu'il en soit, « nécessité fait loi », selon le proverbe, et, avec moins de cent francs CFA en poche et une ardoise longue comme ça à l'hôtel Kempinski El Farouk de Bamako, il frisait bel et bien l'état de nécessité quand Matheson lui avait fait sa proposition. Mettant ses soupçons de côté, il avait donc pris l'argent et rempli la mission. De plus, à en croire le major (à la retraite) Allen Faulkener, des « Rifles », il allait se voir octroyer une prime qui le mettrait à l'abri du besoin jusqu'à la fin de ses jours. Tout ce qu'il avait à faire pour toucher le pactole était de rencontrer Faulkener à Khartoum, de lui remettre ses conclusions et de signer un accord de confidentialité. Simple comme bonjour.

Sauf qu'Ives ne croyait pas au Père Noël.

Au volant de son Land Rover, il roulait sur la route toute plate et monotone d'Al-Qadarif à Khartoum, climatisation au maximum. Il n'y avait rien d'autre à voir que le désert, à droite comme à gauche, et le ruban noir de la route devant lui. Il n'avait croisé aucun véhicule depuis deux heures. Le soleil tapait de toutes ses forces tel un gigantesque marteau brûlant. À part le Land Rover, rien ne bougeait dans le paysage. Tout ce qui pouvait se trouver dans le désert par cette chaleur était soit mort, soit en passe de l'être.

Ives alluma une cigarette. Le gisement qu'il avait découvert dans la jungle aux confins du Kukuanaland valait des milliards. Mais tout en présentant un intérêt inestimable, le seul fait d'en connaître l'existence était potentiellement dangereux. Faulkener allait-il simplement lui remettre sa prime et le laisser filer ? Peu probable. À en croire les cancans, Faulkener n'avait pas plus que lui fait partie des « Rifles » : il avait été, plus vraisemblablement, membre du SAS, voire du MI6. Dans le petit monde où évoluaient les hommes de ce genre, un type comme Archie Ives n'était rien de plus qu'un accessoire, une photo barrée d'un tampon « affaire réglée » sur une fiche au fond d'un classeur, une tache de sauce sur une cravate club qu'il convenait d'effacer comme un souvenir embarrassant.

Le bon sens lui commandait de passer Khartoum sans s'arrêter et de continuer jusqu'au Caire en suivant la transafricaine sud-nord. Mais serait-ce réellement du bon sens ? Prospecteur, il ne savait rien faire d'autre que prospecter. Et il ne connaissait rien en dehors de l'Afrique. Il pourrait se terrer quelque temps, mais, une fois son argent épuisé, il lui faudrait bien chercher de nouveau du travail. Il suffirait alors qu'il se présente dans les bureaux de n'importe quelle compagnie minière du continent pour que Faulkener et ses acolytes en soient aussitôt informés et lui collent aux basques comme la bouse au cul d'un dromadaire.

Il tira sur sa cigarette. Il était coincé, il le savait bien : toucher cette prime dont il avait absolument besoin reviendrait à signer son arrêt de mort. Après avoir inhalé une dernière bouffée, il écrasa son mégot dans le cendrier tout en soufflant la fumée contre le pare-brise. Un poteau indicateur devant lequel il passait annonçait : KHARTOUM 200 km. Il lui restait encore du temps pour goupiller quelque chose. Pour trouver un moyen de sauver sa peau.

Le poste-frontière soudanais de Gallabat était plutôt en mode « troupeau de chèvres » que « ligne Maginot », pour reprendre les images de Raffi. Un douanier soudanais en faction dans une paillote se contenta d'examiner leurs papiers d'un air las avant de tendre la main pour recevoir son bakchich, comme s'il n'y avait rien de plus normal, tout en lorgnant la Rolex de Raffi. Faisant comme s'il n'avait pas remarqué le regard appuyé du fonctionnaire, l'Israélien lui donna un billet de cent birrs éthiopiens – un peu plus de dix dollars –, ce qui sembla faire l'affaire. Le douanier était équipé d'un fusil d'assaut Type 56, la copie chinoise de l'AK-47 russe. Un outillage un peu excessif, songea Holliday, pour la surveillance d'un point de passage fréquenté davantage par les caprins que par les humains, mais, d'un autre côté, dans un pays comme le Soudan, en guerre perpétuelle depuis que Muhammad Ahmad ibn Abd Allah Al-Mahdi avait surgi du désert en se prétendant le sauveur attendu des musulmans, le surarmement devait être une seconde nature.

Le garde sortit avec eux de la paillote, arme suspendue en travers de sa poitrine, doigt près de la détente, regard toujours rivé sur la Rolex. Holliday ne quitta des yeux l'index du militaire que quand ils furent hors de portée.

« Plutôt marrant, comme expérience, non ? commenta Raffi.

— Ça t'apprendra à porter ta tocante de luxe en public ! répliqua Peggy. Je me demandais si le type allait te tirer dessus ou me proposer le mariage. »

Ils progressèrent vers l'ouest pendant une heure encore sur des pistes défoncées pour atteindre enfin les deux voies goudronnées de la transafricaine sud-nord. Rien d'autre ne s'offrait à la vue que le désert chauffé à blanc par le soleil aveuglant. Leur voiture fit une embardée lorsqu'ils montèrent sur la grande route. Ils prirent alors la direction du nord.

« Je commence à avoir des doutes sur toute cette histoire, déclara Holliday.

— Comment ça ? dit Raffi.

— Non contents de faire des cachotteries au gouvernement éthiopien, qui n'est pas une référence en matière de démocratie, nous allons devoir passer par le Soudan ou le Tchad si nous voulons entrer en douce chez Kolingba – or ni les uns ni les autres ne sont non plus des modèles d'ordre et de paix.

— Ce n'est pas comme si j'avais l'intention de voler quoi que ce soit, objecta l'archéologue. C'est de science qu'il s'agit, pas d'une chasse au trésor.

— Allez raconter ça à Kolingba ! répondit Holliday avec une grimace. Si je me souviens bien, son grand truc c'est la dénonciation des colons blancs et des Juifs pilleurs de l'Afrique, et plus particulièrement de son pré carré à lui. Amin entonnait le même refrain, en Ouganda, et on a vu où ça a mené.

— Alors on laisse tomber ? Vous voulez qu'on laisse tomber la plus grande découverte archéologique depuis Toutankhamon ? s'exclama Raffi avec aigreur.

— Non, on réfléchit, dit Holliday. On réfléchit aux enjeux. »

Ils poursuivirent leur chemin en silence, chacun plongé dans ses propres pensées.

« Je me demande parfois pourquoi il existe des pays comme celui-ci », soupira enfin Peggy, qui observait le paysage à travers les vitres.

Holliday regarda la route devant lui. Il y avait de la circulation au loin, à présent, signe qu'ils approchaient de Khartoum.

« Cette région n'a pas toujours été comme tu la vois, rappela Raffi. Il fut un temps où elle ressemblait au Kansas, ou à la savane du Kenya. Assez humide pour l'agriculture et l'herbe indispensable à de gros animaux comme les éléphants. Il y avait même des forêts.

— Ça paraît incroyable », commenta Holliday.

Ils se rapprochaient d'un Land Rover kaki tout cabossé qui semblait sortir d'un film sur la Seconde Guerre mondiale.

« Certains géologues voient le Sahara comme un être vivant qui se déplacerait lentement d'ouest en est et du nord au sud, continua Raffi. Il existe toute une théorie selon laquelle le Sahara suivrait un cycle, alternant périodes d'expansion et de recul depuis des millions d'années. »

À cent mètres devant eux, le Land Rover fit une soudaine embardée et alla percuter le garde-fou métallique d'un pont qui franchissait le lit assez profond d'un oued à sec.

« Nom de... » s'écria Peggy.

Le Land Rover escalada le garde-fou, se coucha sur le côté puis bascula dans le vide. Après avoir jeté un rapide coup d'œil dans le rétroviseur, Raffi freina alors qu'ils étaient déjà engagés de quelques mètres sur le pont.

« Son pneu a dû éclater, dit-il.

— Possible », répondit Holliday en regardant autour de lui.

Le seul point saillant dans l'étendue déserte était une barre rocheuse de faible hauteur, assez loin sur la droite.

« Qu'est-ce qu'on fait ? demanda Peggy.

— On va voir s'il y a des survivants. »

Holliday ouvrit sa portière et sortit sur la route, aussitôt assailli par la chaleur.

« Apportez une corde », ordonna-t-il à Raffi par-dessus son épaule.

Claquant la portière, il traversa en courant la chaussée jusqu'au parapet de pierre marquant l'entrée de l'ouvrage et plongea son regard dans la ravine. Le vieux Land Rover était renversé sur le dos comme une tortue. Un léger panache de vapeur et de fumée s'élevait de sa partie arrière. Holliday estima rapidement la distance entre le pont et le fond rocailleux de l'ancien cours d'eau : la voiture avait fait une chute d'au moins une douzaine de mètres. Dans cette partie du monde, la probabilité que le véhicule ait été équipé de ceintures de sécurité avoisinait le zéro, ce qui signifiait que son conducteur et ses éventuels passagers avaient dû être secoués comme des dés dans un gobelet. Il y avait peu de chance que quelqu'un ait survécu.

Raffi apparut avec un rouleau de cordage.

« Quelle longueur y a-t-il ? demanda Holliday.

— Vingt-cinq mètres.

— Ça devrait suffire. »

Holliday fit un nœud en double huit bien serré autour d'un des tubes de la rambarde, puis enjamba celle-ci et commença à se laisser glisser le long de la corde.

Les versants du ravin, composés d'un mélange friable de roche, de boue séchée et de sable, auraient rendu impossible toute descente par une autre voie. Parvenu au fond, il fit un pas en arrière et leva les yeux.

Raffi était déjà sur la corde, la trousse de secours du Land Cruiser suspendue à son épaule par la bretelle. Sans l'attendre, Holliday traversa la surface de boue sèche et craquelée qui le séparait du véhicule accidenté. La portière côté conducteur pendait sur ses gonds, vrillée. De la fumée s'échappait des tôles froissées du compartiment moteur.

Il s'accroupit près de la portière ouverte.

Le pare-brise avait volé en éclats, couvrant le conducteur d'un linceul scintillant. L'homme avait les yeux fermés, du sang s'écoulait de sa bouche et de son nez. Il y avait également sur le devant de sa chemise kaki une large tache rouge qui s'étalait de la partie supérieure gauche de sa poitrine à la ceinture de son short.

Il respirait encore, mais à peine. Holliday le tira avec précaution hors du Land Rover et l'étendit sur le sol. Ce fut alors qu'il remarqua le trou irrégulier dans le dossier du siège, et la blessure d'entrée que le conducteur avait dans le dos exactement à la même hauteur.

« Nous avons un problème, dit-il à Raffi, qui venait de le rejoindre. J'ignore qui est ce gars, mais il s'est fait tirer dessus. Une munition de gros calibre a transpercé le dossier de son siège et lui a traversé les poumons.

— Des brigands ? demanda l'archéologue, qui pâlit soudain et leva la tête vers le pont en hurlant : Peggy !

— Sûrement pas des brigands, dit Holliday. Le tir

est trop précis. C'est un assassinat. Il y a un pro caché par là, quelque part.

— Il faut vite emmener ce type à l'hôpital !

— Si on le déplace, il est mort », répondit froidement Holliday, qui avait trop souvent vécu ce genre de situation pour masquer la vérité en racontant des fadaises. La balle avait sûrement déchiqueté les organes internes à la manière d'une débroussailleuse.

« Mais pourquoi lui ? demanda Raffi en regardant avec effarement le blessé, dont la respiration hachée s'apparentait de plus en plus à un gargouillis.

— Prenez son portefeuille, nous verrons qui il est. »

Holliday entra à quatre pattes dans le Land Rover retourné. Deux choses avaient attiré son attention dans l'habitacle pendant qu'il en sortait le conducteur : un porte-documents en cuir râpé et la forme bien reconnaissable d'un étui pour fusil en toile. Il jeta le porte-documents à travers la portière, avança comme il put vers l'arrière, empoigna l'étui, puis, sans lâcher l'objet, s'extirpa à reculons du véhicule. Raffi était penché sur le blessé, une oreille tendue vers sa bouche. Comme Holliday ouvrait le rabat de la housse, il entendit la voix de Peggy, répercutée par l'écho.

« Qu'est-ce qui se passe, en bas ? »

Holliday leva les yeux et vit sa cousine penchée par-dessus la rambarde du pont, appareil photo autour du cou.

« Baisse-toi ! rugit-il.

— Peggy ! » appela en même temps Raffi, toujours accroupi près du moribond.

Il y eut un claquement métallique, immédiatement suivi du miaulement d'une balle ricochant sur un des poteaux de soutènement du pont, à quelques centimètres de l'endroit où se tenait la jeune femme. Le bruit du coup de feu retentit une fraction de seconde plus tard. Peggy se jeta en arrière avec un hurlement.

« Mets-toi derrière la voiture ! » cria Holliday.

Peggy ne se le fit pas dire deux fois et disparut du parapet. Holliday dégagea le fusil de son étui – une vieille carabine Winchester 76 équipée d'une lunette de visée télescopique Swift 687 m dernier cri et d'une bretelle en toile. Fouillant dans la housse, il trouva une poignée de cartouches. Si l'arme tirait à l'origine du 45-40, les munitions qu'il avait dans la main ressemblaient davantage à du 357 magnum. Il lui fallut une longue minute exaspérante pour glisser les balles dans la portière de chargement.

« Il est mort, annonça Raffi, les yeux rivés au corps du conducteur.

— Pas nous », répliqua Holliday.

Il passa la bretelle de la carabine sur son épaule, alla jusqu'à la corde et commença à grimper.

« Bougre de con ! » s'exclama Mike Harris, qui croyait vivre un cauchemar depuis qu'il avait vu le Land Cruiser s'arrêter et Holliday en descendre.

À plat ventre au sommet de la barre rocheuse qui dominait le pont, grosses jumelles Steiner braquées, il regardait ce qui se passait sur la route en contrebas.

« Qu'est-ce qu'il y a ? demanda le tireur, allongé à son côté – un ancien des escadrons de la mort sud-africains nommé Pieter Jonker, fourni par Faulkener. J'ai eu le vieux, non ?

— Vous avez manqué la fille, abruti !

— Attendez, je n'ai pas été recruté pour tirer sur

cette pétasse. Qu'est-ce que j'y peux, moi, si une bande de bons samaritains s'amène au mauvais moment ? »

Les yeux rivés aux jumelles, Harris vit Holliday sortir du ravin en rampant, un objet attaché sur son dos.

« Vous voulez que je le bute aussi, celui-là ? demanda Jonker, qui observait la scène à travers sa lunette de visée.

— Tirez, nom de Dieu ! » aboya Harris.

Jonker pressa la détente de son Truvelo CMS. La balle souleva un petit nuage de sable à quelques centimètres de la tête de Holliday.

« *Mutterficker !* » grogna le Sud-Africain.

Au bruit de la détonation qui lui vrillait les tympans, Harris avait fermé instinctivement les yeux. Quand il les rouvrit, Holliday s'était volatilisé.

« C'est pas vrai ! hurla-t-il. Encore raté !

— Allez vous faire foutre, l'Amerloque », siffla Jonker en montrant les dents.

Soudain, le sol sablonneux explosa tout près des deux hommes et un fragment de pierre fendit la joue de Harris. Dans la seconde qui suivit, ils entendirent une succession rapide de quatre ou cinq coups de feu. Abandonnant le fusil de précision, Jonker se mit aussitôt à ramper frénétiquement à reculons pour s'éloigner de la ligne de crête.

« Revenez ici ! ordonna Harris.

— J'ai signé pour tirer sur quelqu'un, pas pour me faire tirer dessus, répliqua Jonker sans cesser de battre en retraite. J'ai fait mon boulot. Le vieux est mort.

— Il me faut son porte-documents !

— Pas mon problème. »

À cet instant, un tir bien ajusté désintégra littéralement les jumelles, projetant alentour des éclats de verre et de plastique dont un, tranchant comme un rasoir, faillit crever l'œil de Harris. L'Américain décampa à la suite de Jonker.

Holliday avait pris le volant. Raffi était à l'avant avec lui, la serviette en cuir trouvée dans le Land Rover sur ses genoux. Peggy surveillait la route derrière eux. Ils avaient attendu près d'une heure, jusqu'à ce que Holliday soit certain que le tireur était parti. Dix minutes après les premiers tirs, ils avaient entendu un bruit de moteur au loin, puis plus rien. Avant de reprendre la route, Holliday avait pris soin de ramasser ses douilles et de bien essuyer la Winchester, qu'il avait ensuite jetée au fond du ravin. Il ne s'agissait pas d'être arrêté par une patrouille de l'armée soudanaise pour possession illégale d'arme.

« D'après son permis de conduire, il s'appelait Archibald Arthur Ives, dit Raffi, qui était en train de passer en revue ce que contenait le portefeuille du mort. Si j'en crois les documents qu'il transportait dans sa serviette, c'était un géologue indépendant qui travaillait pour une compagnie minière du nom de Matheson Resource Industries. Il y a aussi des cartes d'état-major, mais il faudra que je les étudie à tête reposée quand nous serons à Khartoum.

— Autre chose ?

— Un téléphone satellite.

— On pourrait peut-être regarder la liste des appels ? suggéra Holliday.

— Je ne te sens pas très enthousiaste, Doc, intervint Peggy sans quitter la route des yeux. Tu ne crois pas que nous ferions mieux d'aller tout raconter à la police ?

— Il me semble difficile de faire ça sans nous mettre dans un sérieux pétrin. Et puis, à quoi bon ? Nous nous sommes simplement trouvés au mauvais endroit au mauvais moment. S'il ne fait pas de doute que quelqu'un voulait la peau de ce gars-là, je n'ai pas la moindre idée du motif.

— Il a prononcé quelques mots avant de mourir, dit Raffi. Mais je ne sais pas ce qu'ils signifient.

— Quels mots ? demanda Holliday.

— "Limbani. Prévenez Amobe Limbani." »

7

« Qui est-ce, au juste ? » s'enquit Holliday. Peggy leva les yeux de son ordinateur portable. Elle avait passé la plus grande partie de l'après-midi à surfer sur Internet, profitant de la connexion wifi fournie par le Grand Holiday Villa Hotel de Khartoum, où ils avaient pris une suite. Pour un établissement construit en 1880, le Grand Holiday était d'une modernité remarquable. Et pratiquait des tarifs qui l'étaient tout autant.

« Docteur Amobe Barthélemy Limbani, soixante-trois ans à la date du coup d'État. Diplôme de médecine de l'université de Paris, spécialité maladies tropicales et infectieuses. Son père était, comme lui, médecin et gouverneur de la préfecture de Vakaga, dans ce qui était alors l'Afrique-Équatoriale française. Limbani faisait partie de la minorité yakima. Au décès de son père, dans des circonstances mystérieuses, il s'est présenté à l'élection pour devenir gouverneur et a été élu.

— Quelles sont les ethnies majoritaires ? s'enquit Raffi.

— Les Bayas et les Bandas. Ils composent soixante-cinq pour cent de la population. Dans la préfecture de

Vakaga, ce serait plutôt dans les quatre-vingt-cinq pour cent, et dix pour cent pour les Yakimas.

— Si les Yakimas sont minoritaires, comment se fait-il que Limbani ait obtenu assez de voix pour gagner l'élection ?

— Les Bandas et les Bayas sont des ruraux attachés au système tribal qui ne connaissent pas grand-chose au monde extérieur, dont ils n'ont que faire. Le taux d'alphabétisation est bien plus élevé chez les Yakimas, qui sont – ou du moins étaient – pour l'essentiel des boutiquiers et des commerçants.

— J'imagine que Kolingba est un Banda ou un Baya, dit Holliday.

— Un Banda. Un des privilégiés qui ont eu la chance d'être envoyés à l'école des missionnaires. Il s'est sauvé, s'est enrôlé dans l'armée… La suite, vous la connaissez. Il paraît qu'un de ses premiers hauts faits, après son coup d'État, a été de retourner à l'école des missionnaires et de couper les bonnes sœurs en morceaux à la machette.

— Et Limbani ? demanda Raffi.

— Soit il est mort en prison à Fourandao, soit il s'est enfui dans la forêt. Toutes sortes de bruits courent selon lesquels il aurait mis sur pied une armée rebelle à la Castro dans la jungle, mais il n'existe aucune preuve tangible qu'une rébellion existe. Les choses auraient même plutôt tendance à s'aggraver. Au cours des deux dernières années, Kolingba a étendu son pouvoir aux deux préfectures voisines de Vakaga : le Bamingui-Bangoran et la Haute-Kotto. Il règne à présent sur près des deux tiers du territoire centrafricain. Les frontières du Soudan et du Tchad sont grandes ouvertes. La région est un paradis pour les trafiquants d'armes, de drogue, d'esclaves ou de minéraux précieux, les escrocs de tous poils et les terroristes.

— Et que disent les cartes ? » demanda Holliday, se tournant vers Raffi.

L'archéologue avait étalé sur la table basse du salon le contenu du porte-documents d'Ives. Par la baie vitrée, on voyait le Nil Blanc qui coulait vers son confluent avec le Nil Bleu, son petit frère.

« La rivière Kotto prend sa source dans le massif des Bongos, non loin du Soudan. Ives a établi ces cartes lui-même. Je ne comprends rien à son quadrillage, mais ce qu'il a tracé correspond exactement aux images de Google Earth que j'ai pu rapprocher des dessins de la tombe du lac Tana : trois collines et une chute d'eau divisée en trois cascades. Il semble qu'Ives ait trouvé ce qu'il cherchait sur la plus grande des trois collines.

— Laisse-moi deviner, dit Peggy. Il a mis la main sur de l'or et des diamants. Les mines du roi Salomon !

— Il a effectivement trouvé de l'or et des diamants, confirma Raffi. Mais d'après ce que je vois ici, ce n'est pas ça qu'il cherchait.

— Explique.

— Ce qu'il cherchait – et qu'il a trouvé –, c'est un gigantesque gisement de néodyme et de tantale, des terres rares, à une concentration de presque sept mille parties par million.

— Et en clair, ça signifie quoi ? demanda Peggy, perplexe.

— Que Kolingba est assis sur un trésor bien plus précieux qu'une mine d'or ou même de diamants, répondit Holliday.

— Plus précieux que des diamants ? répéta la jeune

femme. Je ne comprends pas. Il faut croire que je suis restée trop longtemps hors circuit.

— Moi je comprends, dit Raffi. Le tantale provient pour l'essentiel des mines australiennes, mais on peut l'avoir pour beaucoup moins cher en l'achetant aux seigneurs de guerre du Congo. Quant au néodyme, il vient uniquement de Chine, or les Chinois en réduisent de plus en plus l'exportation depuis quelques années.

— Et alors ?

— Sans ces matériaux, pas de téléphones portables, de disques durs d'ordinateur, de réacteurs nucléaires ni de gadgets électroniques. Le tantale entre même dans la fabrication des moteurs d'avions. Si Kolingba apprenait qu'il a une montagne de ces trucs-là sous les pieds, le Kukuanaland deviendrait le carrefour stratégique du monde.

— La poudre magique du XXIe siècle, en somme, commenta Peggy.

— Bill Gates ne dirait pas autre chose, acquiesça Holliday.

— Et si Limbani avait eu vent de cette histoire le premier ? suggéra Raffi.

— Selon toute probabilité, Kolingba l'a fait tuer il y a des années, objecta Peggy en désignant son ordinateur. C'est du moins ce que la plupart des gens semblent croire.

— La plupart des gens, mais pas Ives.

— Raffi a raison, intervint Holliday. Un type à l'article de la mort n'affabule pas. Ives était de toute évidence un coureur de jungle. Il avait peut-être la preuve, lui, que Limbani était toujours vivant. Peut-être l'avait-il rencontré en personne, ou rencontré quelqu'un qui l'avait vu.

— Et l'idée d'Ives était que nous mettions Limbani au courant ? » demanda Peggy.

Raffi hocha la tête.

« Quelque chose comme ça, oui. Si Kolingba apprend l'existence de ces gisements, c'est le grabuge planétaire assuré. En revanche, si c'est Limbani qui en a le contrôle…

— Ça nous ramène à la question de savoir qui a tué Ives, observa Holliday après avoir réfléchi un moment. Sûrement pas des bandits soudanais armés d'escopettes. C'est avec un fusil de précision équipé d'une lunette de visée que nous a canardés le sniper qui l'a descendu. C'est un miracle que nous ne servions pas de dîner aux vautours à l'heure qu'il est.

— La société Matheson doit être impliquée d'une façon ou d'une autre, dit Peggy. C'est pour elle qu'il travaillait et, si j'en crois ce que j'ai lu sur Google, ce genre de méthode ne serait pas tout à fait étranger aux pratiques de M. Matheson. Dans les années 1970, il a acheté deux vieux bombardiers de la Seconde Guerre mondiale pour déverser du napalm sur des Jivaros et les forcer à déguerpir d'une zone pétrolifère qu'il voulait exploiter au Brésil. Cela au nom du progrès, bien sûr. Il est aussi fait état de transactions pas très claires entre lui et les Russes. »

Tournant son regard vers la fenêtre, Holliday s'absorba dans la contemplation du fleuve majestueux qui coulait au loin. Des Vikings avaient-ils vraiment remonté le Nil sur une telle distance, et même davantage, mille ans plus tôt ? Un chevalier du Temple avait-il suivi les traces de ces précurseurs, comme Holliday et ses compagnons suivaient la sienne ? Pendant un instant, il éprouva cette sensation étrange que le passé et l'avenir s'imbriquaient à la manière du Nil Blanc et du Nil Bleu qui mêlaient leurs eaux à quelques centaines de mètres en aval de l'endroit où il se trouvait. Il avait déjà eu cette impression, au lac Tana, de sentir sur lui le souffle glaçant de la mort alors qu'il naviguait sur un bateau au milieu d'une tempête. Il frissonna et s'efforça à nouveau de chasser son malaise. Pour la première fois depuis longtemps, il regretta d'avoir arrêté la cigarette.

« Ça commence à faire beaucoup de coïncidences, dit-il enfin. Je veux bien admettre qu'Ives et nous ayons pris la même route par hasard, au Soudan. Mais que faisait-il avant ça dans un coin de jungle reculé qui nous intéresse tout particulièrement ? Le Kukuanaland n'est pas ce qu'il convient d'appeler une destination touristique. Il doit nécessairement exister un lien entre la découverte de cette tombe par Raffi et l'envoi par Matheson d'un géologue précisément à l'endroit peint dans la fresque du mausolée. Il ne peut pas s'agir d'une simple coïncidence.

— Je ne vois pas quel lien il pourrait y avoir. Je suis archéologue alors que Matheson cherche des gisements de pétrole et de ressources minérales. Ça n'a aucun rapport, objecta Raffi.

— Avez-vous parlé de cette tombe à qui que ce soit ?

— Penses-tu ! Il ne m'en a même pas parlé à moi, sa tendre épouse et collaboratrice, intervint Peggy.

— Je n'ai mis personne au courant, je vous assure, insista Raffi. Je ne m'attendais pas à découvrir quoi que ce soit en Éthiopie, sinon des informations d'importance secondaire sur les Falachas ou, au mieux, quelques vieilles archives monastiques. La découverte de la sépulture m'a pris complètement au dépourvu. Je peux même affirmer qu'elle m'a fait flipper ! Je ne savais pas quoi faire. Je ne sais toujours pas, d'ailleurs.

— Comment avez-vous fait le rapprochement entre le paysage de la tombe et le site de la rivière Kotto ?

— J'ai fait une liste des détails caractéristiques de la fresque – la jungle, les trois grosses collines, la chute à trois cascades –, puis nous avons téléchargé un logiciel africain conçu sur le modèle de Google Earth. J'étais aussi sceptique que vous, Doc. Nous ne pensions pas vraiment trouver un lien.

— Nous ?

— Un copain à moi, du département de géologie. Yadin Isaacs, un géomorphologue. C'est lui qui s'occupait des ordinateurs.

— Vous lui avez dit que vous vouliez utiliser le logiciel africain ?

— Oui, je lui ai parlé en plaisantant d'une recherche sur les mines du roi Salomon et la reine de Saba. Il a bien ri.

— Aucun lien entre votre ami et Matheson ?

— Aucun à ma connaissance. »

Peggy tapa quelque chose sur le clavier de son portable, puis se redressa en secouant la tête.

« C'est écrit noir sur blanc sur son CV, annonça-t-elle. "Lauréat trois années consécutives du prix sir James Matheson récompensant des avancées exceptionnelles dans le domaine de la géologie."

— Bingo ! dit Holliday. Les gens comme Matheson

ont des antennes un peu partout. Votre copain qui n'est pas du genre à cracher dans la soupe transmet à son bienfaiteur des données potentiellement intéressantes sans penser à mal, et voilà. Ça s'est passé il y a combien de temps ?

— Sept mois.

— Plus de temps qu'il n'en faut pour envoyer Ives sur place. J'avais raison : il ne s'agissait pas d'une coïncidence... J'ai bien peur que nous n'ayons de la concurrence. Et une concurrence du genre mortifère. »

Debout au milieu de son cabinet de travail, sir James Matheson, neuvième comte d'Emsworth, présenté comme lord Emsworth of Huntington sur les rapports annuels de la Matheson Resource Industries, étudiait les cartes topographiques à grande échelle étalées devant lui sur une table de conférence en granit. Âgé d'une petite soixantaine, large front dégarni, cheveux gris peignés en arrière, Matheson offrait au regard le visage tanné et la couperose propres aux buveurs et fumeurs invétérés. Quand il parlait, on décelait de légères traces d'accent du Devon rural, mais c'était là l'unique indice d'une origine quelque peu éloignée des fastes seigneuriaux. À son côté se tenait le major Allen Faulkener, responsable des dossiers spéciaux de la compagnie.

« Quels choix possibles en matière de transport ? demanda Matheson. Le matériau ne vaut rien tant qu'il est au milieu d'une jungle.

— Nous ne disposons que de la rivière, pour le moment, répondit Faulkener en tapotant un point sur une des cartes. Par la Kotto, nous pourrions expédier le minerai par péniche jusqu'à Mbandaka *via* l'Oubangui.

— Puis lui faire descendre le Congo sous bonne garde jusqu'au chemin de fer à Brazzaville – chemin de fer qu'il nous faudrait probablement remettre à neuf pour ces peigne-culs.

— Tout à fait, monsieur.

— Et si nous avions notre propre unité de traitement sur place, avec une fonderie ?

— Dans ce cas, il suffirait de construire une piste d'atterrissage d'où nous pourrions expédier directement les produits finis par avion.

— Ce qui implique que ce dingue de Kolingba soit au courant.

— En effet, monsieur. Et aussi son CES.

— Je n'ai jamais été militaire, Faulkener. Des termes comme "CES" ne m'impressionnent nullement.

— Bien, monsieur.

— Je présume que vous faites allusion à son "commandant en second" américain ? Ce type qui s'appelle Gash ?

— Il est rwandais de naissance, monsieur. Mais il est vrai qu'il a vécu quelque temps aux États-Unis.

— Pouvons-nous traiter avec lui ?

— Peut-être plus tard. Pour l'instant, il demeure loyal à Kolingba. Sa poule aux œufs d'or, en quelque sorte.

— A-t-il été approché ?

— Seulement de façon indirecte. Il a rencontré il y a quelques jours, à Bangui, un de ses banquiers, qui travaille parfois pour nous. Le banquier lui a demandé si, à son avis, un changement à la tête de l'État ne pourrait pas se révéler plus… productif.

— Et ?

— Gash s'est contenté de répondre qu'"un tiens vaut mieux que deux tu l'auras". L'affaire en est restée là.

— Est-il possible de traiter avec Kolingba à un niveau ou à un autre ?

— J'en doute, monsieur. Kolingba est un adepte du bwiti.

— Le bwiti ?

— C'est une religion, monsieur. Il pense qu'il en est le grand prêtre. Il absorbe d'énormes doses d'une drogue tirée d'un arbre appelé *Tabernanthe iboga*. Cela lui donne des visions, et c'est sur elles qu'il fonde ses décisions politiques. Par exemple, il s'est vu un jour dans un de ces rêves en train de faire bouillir vivant un traître – un de ses cousins, en fait.

— Et il l'a fait pour de bon ?

— Dès le lendemain, monsieur. Le cousin et sa femme. Dans un fût de deux cents litres, si j'ai bien compris.

— Donc il est fou ?

— À lier, monsieur.

— Bon, eh bien, dans ce cas, j'imagine qu'il doit disparaître. Il n'y a pas d'alternative, dit Matheson, qui regarda fixement les cartes avant d'ajouter : À propos, et Harris ? Où en est-il ?

— Il s'est occupé d'Ives, mais, comme on dit familièrement, il s'est planté. Il y a eu des témoins dont il va falloir s'occuper aussi. Ironie du sort, il y a parmi eux l'archéologue israélien dont les recherches sont à l'origine de toute l'histoire.

— Nous ne pouvons plus trop compter sur Harris, donc ?

— Je crains que non, sir James, à moins qu'un coup de chance ne le remette en selle.

— Alors, trouvez-moi quelqu'un d'autre pour se charger de Kolingba. Et faites vite. Trop de gens sont déjà au courant de cette affaire.

— Bien, monsieur. »

8

Oliver Gash – ex-réfugié rwandais devenu successivement cheville ouvrière du narcotrafic de Baltimore et secrétaire d'État d'un roitelet africain détraqué – n'aurait pas accédé à ces hautes fonctions sans faire preuve de discernement. À l'époque où il dealait pour les gangs de McElderry Park, déjà, il connaissait la valeur d'un renseignement fiable. Les flics payaient-ils des informateurs ? Il en faisait autant, avec cette différence qu'il rémunérait les siens plus grassement. Avant même de devenir une autorité reconnue du secteur Baltimore-New York, il s'était converti au téléphone satellite crypté, au GPS et aux réseaux sociaux pour communiquer avec les informateurs rétribués qu'il possédait partout, du bureau du procureur au garage de la police. Si quelque chose se préparait, il tenait à en être averti avant le dernier moment. Et maintenant, en tant que bras droit de Salomon Kolingba, il voulait avoir connaissance des *pensées* d'éventuels fauteurs de trouble avant même qu'elles ne soient formulées.

Dès le début de sa collaboration avec Kolingba, l'affaire Limbani lui avait posé problème. Si le dictateur pouvait affirmer sans grand risque d'être contredit publiquement que Limbani était mort trois ans plus tôt dans sa cellule de la prison d'Ouanda Djallé, le bruit continuait à courir de façon persistante que le médecin avait survécu. Gash avait d'abord vu dans ces rumeurs les divagations de gens prenant leurs désirs pour des réalités, ou les signes d'un mythe en train de naître, mais ces interprétations lui semblaient de moins en moins crédibles. Pas plus tard que cet après-midi, Aristide Lundi, un de ses tuyauteurs, tenancier d'une baraque à bière de banane et vin de palme du village de Bangara, avait, selon ses dires, vu arriver dans son échoppe une demi-douzaine d'hommes sortis de la jungle en tenue de camouflage. Après quelques verres de trop, deux d'entre eux, espérant sans doute intimider Lundi et boire gratis, s'étaient vantés d'appartenir à l'ALCA, l'Armée de libération centrafricaine, commandée par Amobe Limbani. Lundi avait en outre affirmé que les six hommes étaient des Yakimas et parlaient le dialecte dendi propre à cette minorité.

Or, si le village de Bangara se trouvait à près de cent cinquante kilomètres de Fourandao, il se situait aussi sur la rivière Kotto, ce qui réduisait la distance de façon inquiétante. C'était la cinquième fois en dix mois que Gash entendait mentionner l'armée de libération fantôme, mais jamais encore le nom de Limbani n'y avait été associé.

Il écouta les ronflements qui provenaient du bureau voisin du sien. Kolingba faisait la longue sieste réparatrice qui lui permettait de disserter ensuite jusqu'à des heures avancées de la nuit sur des sujets aussi variés que les erreurs de calcul fondamentales de Galilée ou l'art de cuire la viande d'hyène. Ces soirées en compagnie du roi Kolingba étaient aussi épuisantes qu'assommantes, mais il fallait bien s'en accommoder. Gash se leva, ceignit le holster renfermant le 45 automatique fourni avec son uniforme de colonel puis se rendit à l'hôtel, de l'autre côté de la Grand-Place. Il avait besoin d'un remontant et d'un moment tranquille pour envisager toutes les éventualités concernant le docteur Limbani et son armée de libération.

Konrad Lanz descendit du taxi devant la maison dont on lui avait donné l'adresse, paya le chauffeur et suivit un instant des yeux la voiture qui repartait. Disposés dans les massifs ornementaux, des projecteurs orientés vers le haut éclairaient les quatre étages du manoir de Cheyne Walk. Son futur client ne manquait visiblement pas de moyens, ce qui était toujours prometteur. Lanz poussa la grille en fer forgé, monta les trois marches du perron puis pressa le bouton de la sonnette. Depuis l'intérieur lui parvenaient les échos assourdis du *Trio pour piano en do mineur, opus 101*, de Brahms. Un choix judicieux pour accueillir un mercenaire allemand. La porte fut ouverte par un majordome en livrée et la musique se fit plus audible. Il ne s'agissait à l'évidence pas d'un disque, mais d'un trio piano violon violoncelle jouant dans la maison même. Enfant, Lanz avait entendu un enregistrement de ce morceau interprété par son grand-père. Pour son malheur, le vieil homme avait été premier violon du Berliner Philharmoniker alors dirigé par le nazi Wilhelm Furtwängler. Il avait été tué lors d'un raid aérien en mars 1944.

« Monsieur ? dit le majordome.

— Le major Faulkener a demandé à me voir, répondit Lanz dans un anglais sans accent. Mon nom est Lanz.

— Tout à fait, monsieur. Le major est dans son bureau. Si vous voulez bien me suivre. »

Lanz pénétra dans le hall dallé de marbre. En arrière-plan sonore du trio de Brahms, il entendit une rumeur faite de conversations émaillées de tintements de verres suggérant qu'un cocktail était en cours dans une des pièces que desservait un couloir sur sa gauche. Le majordome contourna l'escalier central par la droite jusqu'à une porte close. Il frappa, ouvrit la porte et s'effaça pour laisser entrer Lanz dans une grande pièce à l'ambiance tout à fait masculine.

Sous un plafond à caissons de chêne sombre, des rayonnages intégrés couraient le long des quatre murs, interrompus sur un pan par deux hautes fenêtres et sur l'autre par une cheminée ouvragée. À gauche de cette dernière se trouvait un bureau Chippendale flanqué d'un secrétaire de même style converti en minibar. Un immense tapis d'Orient couvrait presque entièrement le sol. Le reste du décor était constitué de fauteuils et canapés en cuir vert foncé et de tableaux à cadres dorés, tous peints à l'huile, suspendus au-dessus des rayonnages. Lanz reconnut plusieurs toiles à caractère militaire, dont un portrait de Lawrence d'Arabie par Augustus John. L'argent allié au bon goût – une combinaison rare au XXIe siècle. Assis dans un des fauteuils club, un personnage en costume sombre, épaisse chevelure argentée et moustache soignée, fumait un cigare sans doute hors de prix. Un verre de cristal rempli de liquide ambré était posé près de lui sur une table basse en bois laqué. Lanz supposa qu'il s'agissait là du mystérieux major Faulkener qui lui avait envoyé dix mille euros pour l'inciter à quitter sa ferme de Toscane.

« Lanz, j'imagine ? demanda l'homme.

— Lui-même.

— Faulkener. Un verre ?

— Non, merci.

— Asseyez-vous. »

Lanz prit place en face de son hôte.

Le major Allen Faulkener jaugea rapidement du regard son vis-à-vis. Konrad Lanz était habillé comme le *gentleman-farmer* toscan qu'il prétendait être : chemise de lin légèrement élimée quoique de grande qualité, étroite cravate en daim, blouson d'aviateur en cuir marron craquelé qui semblait avoir été porté pendant des années, chaussures de prix, mais plus fonctionnelles qu'esthétiques avec leurs semelles épaisses.

Lanz avait le visage rude et hâlé d'un homme qui passe le plus clair de son temps en plein air – le fermier toscan typique. Sauf que ce n'était pas à l'aimable soleil italien qu'il devait ses rides et son bronzage persistant, mais à la lumière bien plus âpre de l'équateur, qui lui avait parcheminé la peau. Quant aux pattes-d'oie qui bordaient ses yeux bleu iceberg, elles résultaient de son habitude de plisser les paupières autour des lunettes de visée. Âgé d'une soixantaine d'années, il en paraissait à peine cinquante avec son cou musclé et son ventre qu'on devinait plat et ferme. Ses mains puissantes, couturées de cicatrices, semblaient assez dures pour casser des noix, ou des dents. D'après les renseignements pris par Faulkener, Konrad Lanz avait combattu comme mercenaire dans toutes les guerres africaines depuis la mutinerie de

Kisangani, au Congo, à la fin des années 1960, son premier engagement alors qu'il n'était encore qu'un gamin inexpérimenté de dix-huit ans avide d'aventure… et qui avait été comblé de ce côté-là.

« Comment trouvez-vous la Toscane ? demanda Faulkener, affable.

— Caniculaire.

— Vous y vivez depuis longtemps ?

— Oui. »

Sir James Matheson entra dans la pièce d'un pas énergique. Son visage avait le teint cramoisi et malsain caractéristique des hypertendus et des poches sombres soulignaient ses yeux. Il referma la porte à clé derrière lui. Lanz et Faulkener se levèrent.

« Monsieur Lanz, je vous présente… euh… M. Smith », dit le major.

Lanz tourna vers lui un regard las et agacé.

« Major Faulkener, pour votre gouverne, je suis lieutenant-colonel, et je n'ai pas fait huit heures de voyage depuis la Toscane pour m'entendre traiter comme un imbécile, déclara Lanz avant de poursuivre, à l'adresse de Matheson : je sais grâce à un annuaire inversé d'Internet que vous êtes sir James Matheson, neuvième comte d'Emsworth, actionnaire principal de la Matheson Resource Industries. Je sais aussi que vous ne m'auriez pas fait parvenir dix mille euros si vous n'étiez pas confronté à un sérieux problème nécessitant une solution militaire. Exact, lord Emsworth ?

— Tout à fait. Bravo, monsieur ! » répondit Matheson.

Il alla jusqu'au bar se verser un verre de pur malt Talisker sec et s'assit derrière le bureau. Lanz et Faulkener se rassirent. La musique de chambre continuait en sourdine. Le trio jouait maintenant le *Triple concerto en ut majeur, opus 56,* de Beethoven. Encore un compositeur allemand. Lanz se demanda si le choix de Matheson était délibéré. À regarder le personnage, il en doutait : l'industriel ne semblait pas vraiment enclin par tempérament à ce genre de subtilité.

« Le nom de Salomon Kolingba ne vous est pas inconnu, je pense, reprit l'entrepreneur.

— Le dictateur séparatiste de Centrafrique, acquiesça Lanz.

— Celui-là même. Son régime est-il stable, selon vous ?

— D'un point de vue politique ou militaire ?

— Les deux.

— Je n'en ai pas la moindre idée. Mais j'imagine qu'il suivra le même chemin que tous les arrivistes africains qui deviennent dictateurs : il aura son heure de gloire, mais, étant donné qu'il n'a même pas l'apparence de la santé mentale, il se fera renverser tôt ou tard à son tour. C'est inévitable.

— Renverser de l'intérieur ? demanda Matheson en dégustant son scotch.

— Comment pourrait-il en être autrement ? répondit Lanz, tout en sachant pertinemment où son interlocuteur voulait en venir.

— Par un coup d'État venu de l'extérieur, déclara sans détour l'industriel.

— Des mercenaires ?

— C'est la raison de votre présence ici, colonel Lanz », intervint Faulkener d'un ton cassant.

Il était évident que le major aux tempes argentées aurait volontiers remplacé le mot « colonel » par *Oberstleutnant* ou, mieux encore, *Obersturmbannführer.*

« J'ignore tout des capacités militaires de Kolingba, remarqua Lanz.

— Ce sont là des renseignements que nous pouvons vous fournir, assura Faulkener. Mais soyez assuré qu'il suffirait de tuer Kolingba et de neutraliser sa garnison pour que le coup d'État soit consommé. Son armée régulière n'est qu'une plaisanterie, des seigneurs de guerre à la petite semaine au mieux.

— Avez-vous quelqu'un à mettre à la place de Kolingba ?

— Plusieurs candidats. Son bras droit étant le meilleur choix.

— Il n'est pas loyal à Kolingba ?

— C'est surtout quelqu'un de très cupide. Il n'est loyal qu'à lui-même, répondit Matheson.

— À mon avis, une fois Kolingba éliminé, le reste se mettra en place tout naturellement.

— Si je dois être chargé de ce travail, major Faulkener, ce n'est pas votre avis qui importe, c'est le mien. »

Le visage de Faulkener s'empourpra, mais il garda le silence.

« Quelle est la première étape ? s'enquit Matheson.

— Reconnaître le terrain.

— À Fourandao ? La capitale ? demanda Faulkener.

— Certainement.

— Nous avons anticipé cela, dit Matheson.

— Nous avons prévu une couverture pour vous, ajouta Faulkener. Le Kukuanaland n'étant pas un pays où l'on rencontre beaucoup de touristes, nous avons fait de vous le responsable d'une ONG spécialisée dans l'aide internationale. Nous avons établi un passeport, une liste de contacts et tout un curriculum que vous pourrez faire valoir si vous êtes l'objet d'une enquête.

— Je n'ai aucune connaissance en matière d'aide internationale et aucune envie d'en acquérir, dit Lanz. Je suis soldat. Je m'occuperai de ma couverture moi-même. »

Faulkener piqua de nouveau un fard.

« Quel genre de couverture, si je puis me permettre ? demanda-t-il, de plus en plus exaspéré par ce vulgaire homme de main qui semblait avoir complètement pris le contrôle de la réunion.

— Trafiquant d'armes légères, répondit Lanz avec un sourire. Un point commun entre le général Kolingba et moi.

— Quand ? s'enquit Matheson.

— Le plus tôt possible.

— Excellent ! s'exclama l'homme d'affaires avant de terminer d'un trait son whisky. Combien ?

— Pour la mission de reconnaissance et mon rapport ?

— Oui.

— Cent mille euros. Cinquante mille à verser dès maintenant sur mon compte au Liechtenstein, le reste à la réception de mon rapport.

— Une addition un peu corsée, Lanz, vous ne trouvez pas ? remarqua Faulkener.

— Vous attendez de moi que je me jette dans la gueule du loup, major Faulkener. Mon prix me semble honnête. S'il ne vous convient pas, je peux toujours retourner en Toscane.

— Le prix est raisonnable, intervint Matheson. Allez à Fourandao et faites-moi parvenir ce rapport dès que vous le pourrez. »

9

En dépit de sa longue histoire sanglante, Khartoum est une ville relativement neuve. Fondée en 1823 par Méhémet Ali pour servir d'avant-poste à l'armée égyptienne, elle prit rapidement son essor comme plaque tournante du commerce des esclaves. Sa situation sur une péninsule au confluent du Nil Bleu et du Nil Blanc en faisait un camp retranché stratégique que le messie autoproclamé des Arabes – le Mahdi – assiégea en 1884, finissant par en massacrer la garnison anglo-égyptienne placée sous les ordres du général britannique Charles George Gordon. Les Britanniques obtinrent leur revanche treize ans plus tard, quand le général Herbert Kitchener mit en déroute les forces mahdistes à Omdurman, de l'autre côté du fleuve. Patriote à l'excès, lord Kitchener fit bâtir la nouvelle Khartoum selon un plan de rues calqué sur l'Union Jack.

À l'instar de nombreuses cités africaines, Khartoum a deux visages. La ville de la manne pétrolière, avec ses hôtels somptueux à l'architecture exotique et ses luxueux immeubles d'habitation, côtoie celle de la misère la plus extrême, de l'inflation galopante et du chômage, celle des souks où les gamins vendent des produits alimentaires périmés, une ville sans égouts ni réseau d'eau potable où prospèrent le marché noir et les trafics en tout genre, y compris la traite des femmes et des enfants.

« Ça ne peut pas être ici », déclara Peggy, qui scrutait les environs à travers la vitre sale du Land Cruiser.

Ils se trouvaient dans une zone industrielle miteuse du sud de Khartoum et suivaient une rue en terre bordée presque exclusivement de hangars bas aux murs de parpaings et toits de tôle mangés de rouille. La plupart de ces bâtiments semblaient abandonnés, les vitres de leurs rares fenêtres crasseuses et brisées. Une inondation déjà ancienne avait laissé la marque de ses plus hautes eaux clairement visible sur les constructions.

« C'est pourtant bien l'adresse indiquée sur le morceau de papier à lettres d'hôtel que nous avons trouvé dans la serviette d'Ives, observa Raffi. "Trans" – sans doute "transports" en abrégé – "Mutwakil Osman, bout rue Al-Hamdab, après voie de chemin de fer. Station-service Petronas désaffectée sur la gauche." La station-service est là, nous sommes au bout de la rue et nous avons franchi un passage à niveau il n'y a pas longtemps.

— Je ne vois rien d'autre que le Nil et quelques péniches », dit Holliday en arrêtant le 4 × 4.

Devant eux, la voie s'achevait en cul-de-sac face à un terrain vague envahi par les hautes herbes qui s'étendait jusqu'à la berge abrupte du fleuve. Un escalier de bois branlant donnait accès à un étroit quai en béton brut desservant quelques appontements de bois qui faisaient saillie sur l'eau calme, ridée par un vent léger. Plusieurs chalands énormes – des dragues pour la plupart – étaient amarrés aux pontons. Deux d'entre eux étaient surmontés d'abris en tôle préfabriqués Quonset en forme de tunnels, vestiges manifestes de la Seconde Guerre mondiale. Holliday sortit du véhicule, suivi par Peggy et Raffi. Il faisait chaud, mais la petite brise vaguement parfumée qui soufflait du fleuve rafraîchissait agréablement l'atmosphère.

« Il n'y est sûrement pas allé en bateau, dit Raffi en fronçant les sourcils.

— La Kotto est-elle un affluent du Nil ? demanda Peggy.

— Non, mais elle appartient au même bassin versant. Les Soudanais l'appellent Bahr al-Arab. Il n'est peut-être pas impossible d'y accéder en bateau, mais ça ne doit pas être facile.

— Des crocodiles ?

— Affamés ! répondit Raffi avec un sourire tout en enlaçant les épaules de la jeune femme.

— Allons quand même jeter un coup d'œil », proposa Holliday.

Il descendit les marches délabrées jusqu'au quai. Le vent soufflait plus fort au niveau de l'eau et il flottait dans l'air une odeur d'essence.

Quand Raffi et Peggy l'eurent rejoint, ils longèrent le quai jusqu'à la première barge coiffée d'un préfabriqué. Sur une porte ménagée dans le flanc du baraquement en berceau, un écriteau en carton collé avec du Scotch annonçait : transports aériens osman.

« Je ne vois pas de terrain d'atterrissage », dit Peggy.

Comme ils traversaient à la queue leu leu l'étroite passerelle qui menait à la péniche, un souïmanga du Nil aux couleurs chatoyantes passa au-dessus d'eux en direction de la rive. Holliday frappa à la porte, qui grinça sur ses gonds.

« Dakh al-tum ! cria à l'intérieur une voix étouffée, à demi couverte par un bruit répétitif évoquant celui d'un tour et par le ronflement assourdi d'un générateur.

— Ça veut dire "entrez" ou "fichez le camp" ? demanda Peggy.

— *Dakh al-tum !* signifie "Ouvrez la porte !", expliqua Raffi. C'est du soudanais. »

Holliday souleva le loquet et entra.

La partie antérieure du Quonset, plongée dans la pénombre, se partageait entre un atelier et un espace à vivre. D'un côté, un tour, une perceuse à colonne, un poste à souder avec tous ses accessoires et, posé sur des tréteaux, un curieux objet allongé en forme de banane peint au minium ; de l'autre, un lit étroit, une table de cuisine, quelques placards, un petit fourneau et un grand bac à lessive. L'arrière du hangar était caché à la vue par une cloison en contre-plaqué dont une porte de garage basculante occupait le centre.

Debout devant le fourneau, un homme ceint d'un tablier blanc s'employait à remuer le contenu d'une petite casserole en aluminium avec une cuiller en bois.

« Aasalaamu Aleikum, dit Raffi.

— *Wa-Aleikum Aassalaam*, répondit l'inconnu, qui désigna la casserole du bout de sa cuiller avant d'ajouter avec un sourire avenant : velouté de poulet Campbell avec des morceaux. Vous déjeunez avec moi ? »

De petite taille, mince et noir de peau, il était coiffé d'un *kufi* en forme de tambourin décoré de broderies très élaborées. Il pouvait avoir quarante et quelques années et parlait l'anglais avec un accent du sud des États-Unis.

« Monsieur Mutwakil Osman ? demanda Raffi.

— J'ai étudié à l'académie militaire de Riverside, à Gainesville, en Géorgie, répondit l'homme. Vous imaginez comment on peut être reçu, là-bas, quand on est affublé d'un nom comme Mutwakil ? Mes amis m'appellent Donny.

— Donny Osman ? dit Peggy en riant.

— Croyez-moi, c'est toujours mieux que Mutwakil !

— Vous êtes américain ? s'enquit Holliday.

— Né et élevé aux États-Unis, mais mes parents étaient tous les deux soudanais. Je vis ici depuis 2002. Il faut dire qu'en Amérique les choses ont changé, pour les musulmans, après le 11-Septembre… Surtout pour ceux qui gagnent leur vie, comme moi, en pilotant des avions. J'avais une petite société de transports aériens court courrier. Il ne m'a pas fallu six mois pour faire faillite. Enfin bref… »

Il versa sa soupe dans un bol qu'il transporta jusqu'à la table et commença à manger.

« Que puis-je faire pour vous, messieurs dame, reprit-il après avoir observé avec attention ses visiteurs, et plus particulièrement Holliday. Personne ne vient jusqu'ici par hasard.

— Archibald Ives, répondit sobrement Holliday.

— Archie ? Oui. Quoi ?

— Quels sont vos liens avec lui ?

— Ça vous regarde ?

— Nous avons trouvé votre nom dans ses effets personnels, dit Holliday sans détour, guettant une réaction.

— Ses effets personnels ?

— Il est mort. Assassiné. »

Le visage d'Osman se décomposa.

« J'en étais sûr, murmura-t-il.

— Sûr de quoi ?

— Sûr dès le début que cette histoire allait mal finir.

— Quelle histoire ? »

Donny Osman posa sa cuiller en soupirant, puis : « Ça fait des années que j'emmène des gens dans des coins dangereux. Mais, cette fois, c'était vraiment trop dangereux. Ça sentait mauvais, si vous voyez ce que je veux dire.

— Qu'est-ce qui sentait mauvais ?

— Matheson, pour commencer. Et le Kukuanaland.

— À cause de Kolingba ?

— Oui. Et de Limbani, aussi.

— Que savez-vous de Limbani ? intervint Raffi.

— Pour Kolingba, Limbani, c'est comme la baleine blanche pour le capitaine Achab, ou le fantôme de Marley dans le *Conte de Noël* de Dickens.

— C'est-à-dire ?

— Kolingba est littéralement obsédé par lui. Limbani s'est enfui au moment du coup d'État, et Kolingba n'a jamais cessé de se ronger les sangs depuis, se demandant si Limbani n'était pas en train de rassembler une armée rebelle dans la jungle, comme Fidel et le Che. Il fume son *iboga* – à moins qu'il ne le sniffe ou ne le mâche, je ne sais pas comment on fait – et il voit en rêve Limbani et ses hordes sortir de partout comme des cafards.

— Parce que Limbani n'est qu'un mythe ? s'enquit Peggy.

— Dieu seul le sait. Mais en attendant, Kolingba envoie ses patrouilles de gros bras dans la forêt tirer sur tout ce qui se déplace sur deux jambes. Il a promis cent mille dollars de récompense à qui lui apportera la tête de Limbani au bout d'une pique.

— Et vous avez emmené Ives là-bas ? demanda Raffi.

— Archie m'avait l'air de savoir ce qu'il faisait. C'était un grand garçon. Je le croyais capable de prendre ses précautions. À l'entendre, cette mission était la chance de sa vie. Un coup qui lui permettrait de prendre définitivement sa retraite.

— Il ne se trompait pas, commenta Peggy.

— Où l'avez-vous emmené, exactement ? demanda Holliday.

— Pour ainsi dire au bout du monde. À douze cents kilomètres au sud-ouest d'ici. Juste avant l'endroit où le Bahr al-Arab change de nom pour devenir la Kotto, il y a un bled qui s'appelle Umm Rawq. C'est là que je l'ai laissé. Il ne m'a pas parlé de sa destination finale. Il m'a seulement dit qu'il allait descendre la Kotto pendant quelques jours.

— Qu'y a-t-il à Umm Rawq ?

— Un marché au poisson, un débarcadère, un magasin et un village, ou ce qu'il en reste.

— Pourquoi avoir choisi cet endroit ?

— Umm Rawq se trouve juste à la frontière et il pouvait y louer un bateau. La dernière fois que je l'ai vu, il était à bord du vapeur qui fait la navette sur la rivière.

— Il était avec quelqu'un ?

— Oui, un guide. Un type du coin. Un certain Mahmoud, je crois. »

Il y eut un silence, que Peggy brisa la première :

« Comment l'avez-vous emmené jusqu'à ce fameux Umm Rawq, au juste ? »

Osman sourit. Il se leva de table, alla jusqu'à la grande porte de garage et la releva. La porte glissa en grinçant sur ses guides, découvrant ce que cachait la cloison en contre-plaqué.

« Ça alors ! s'exclama Holliday à mi-voix. Il doit avoir au moins cinquante ans !

— Soixante-six », rectifia Osman avec fierté.

Amarré dans un bassin découpé dans la partie arrière de la barge, un hydravion Catalina PBY d'un blanc immaculé flottait tranquillement sur l'eau du fleuve, son aile parasol lui donnant l'allure d'un grand oiseau gracieux prêt à prendre son envol. La lumière du jour jouait sur les hélices à trois pales laquées de noir des deux moteurs.

« Je l'ai acheté il y a neuf ans à l'armée de l'air sud-africaine et l'ai ramené ici de Johannesburg, précisa le Soudanais, qui s'avança le long du bassin suivi de ses trois hôtes pour contempler son avion avec amour. Il m'a fallu un an pour trouver des pièces et le remettre en état. Et depuis, nous faisons équipe, tous les deux.

— Il est superbe », dit Holliday, sincère, devant ce joyau historique si élégamment restauré.

Ils restèrent là debout tous les quatre un long moment à admirer l'appareil. Un bateau-mouche passa au loin, sur le Nil, la voix tonitruante du guide, déformée par les haut-parleurs, se répercutant sur l'eau.

« La spécialité du chanteur Bono, déclara Peggy.

— Pardon ? » demanda Raffi. Holliday leva les yeux au ciel.

« Je crois qu'elle veut parler d'engagement et de prise de conscience, Raffi, traduisit-il.

— Je vais avoir besoin d'explications, les histoires de rock stars ne sont pas trop mon fait.

— Ce que Peggy veut dire, si j'ai bien compris, c'est que nous sommes confrontés à un dilemme moral.

Pour l'instant, Kolingba et sa petite bande de gangsters font plutôt figure de plaisantins. Mais qu'il mette la main sur un gisement de minerais précieux de mille milliards de dollars et on ne pourra plus parler de plaisanterie.

— Mais que voulez-vous qu'on y fasse ? Je suis ici pour des recherches archéologiques, pas pour faire la guerre.

— Qu'est-ce que tu suggères, Doc ? s'enquit Peggy.

— Soit nous ne faisons rien du tout, soit nous essayons de trouver Limbani et nous le mettons au courant pour équilibrer la donne… Vous nous emmèneriez jusqu'à Umm Rawq, Osman ?

— Bien sûr. Je suis partant.

— Moi aussi », assura Peggy. Raffi soupira.

« Et moi qui voulais juste chercher les mines du roi Salomon ! Voilà que je vais me retrouver en plein milieu d'un champ de bataille ! »

10

Konrad Lanz franchit en baissant la tête la porte ovale de l'Iliouchine Il-18 d'Air Mali et fit une brève halte au sommet de la passerelle, embrassant du regard l'aéroport de Fourandao, officiellement baptisé Kolingba International, même s'il ne comportait qu'une unique piste crevassée de moins de huit cents mètres et n'était pas même équipé d'un radar.

L'aérogare se présentait comme un parallélépipède trapu en parpaings décrépits au centre duquel s'élevait une tour de contrôle rudimentaire. À gauche du bâtiment se trouvait un dépôt de carburant, à droite un petit parking. Près de l'entrée principale était garé un véhicule blindé de transport de troupes qui ressemblait beaucoup à un BTR-40 soviétique – vraisemblablement une réplique chinoise Type 55.

Lanz descendit les marches de la passerelle et suivit la douzaine de passagers du vol en provenance de Bamako qui se dirigeaient vers l'aérogare. Pour les avoir souvent fréquentés, il connaissait les forces et les faiblesses des aéroports de ce genre. En passant à côté du blindé, il vit qu'il s'agissait effectivement d'une copie chinoise du BTR-40. Deux hommes en rangers et treillis camouflé, lunettes de soleil réfléchissantes sur le nez, s'appuyaient nonchalamment contre le capot du véhicule. Ils étaient armés de pistolets-mitrailleurs Tokarev datant de la Seconde Guerre mondiale.

Avec son capot taché de rouille, son phare manquant et son pare-brise opacifié par la crasse, le blindé chinois, à l'image des Tokarev, était plus vieux que les deux militaires. De plus, il penchait nettement à droite, signe que les pneus étaient à plat ou la suspension à bout de souffle. Il n'avait manifestement pas roulé depuis très longtemps et aurait aussi bien pu être exposé dans un musée avec une plaque explicative en cuivre. Cela n'avait rien d'étonnant, d'ailleurs : si les Chinois livraient sans compter leur matériel militaire, encore fallait-il en assurer l'entretien, ce qui impliquait de constituer un stock de pièces détachées et l'emploi de mécaniciens compétents pour le parc automobile. Or les dictateurs comme Kolingba n'accordaient aucun intérêt aux activités de routine indispensables au fonctionnement d'une véritable armée.

En revanche, les deux hélicoptères d'attaque Kamov Ka-52 « Alligator » stationnés sur une aire en ciment à proximité de l'aérogare semblaient, eux, parfaitement entretenus.

Lanz pénétra dans le bâtiment. L'organisation des contrôles d'entrée sur le territoire était des plus simples : un espace ouvert, réservé aux nationaux, comprenant deux bureaux et deux tables de fouille pour bagages au-dessus desquels deux ventilateurs brassaient lentement l'air. Un écriteau indiquant « visiteurs étrangers exclusivement » surmontait une porte fermée. Lanz poussa la porte et entra dans un local sans fenêtre au sol carrelé de gris, occupé par trois hommes vêtus de la même tenue que les deux soldats en faction près du blindé.

L'un d'eux était assis derrière un bureau en bois tout labouré d'entailles, un deuxième se tenait debout près de lui, et le troisième barrait l'accès à la porte de sortie, de l'autre côté de la pièce. Il y avait une table de fouille à la droite du bureau. Des trois hommes, seul le premier n'arborait pas de lunettes de soleil. Les deux gardes portaient à la ceinture des automatiques Tokarev TT-30 dans des étuis de mauvaise qualité. Un portrait encadré de Salomon Kolingba était accroché au mur derrière le bureau. Un banc de bois courait le long du mur opposé.

Lanz avança jusqu'au bureau et attendit en silence. L'homme assis, un quinquagénaire aux tempes grisonnantes, le dévisagea à travers des lunettes de vue rondes cerclées d'acier. La bande de tissu cousue sur son treillis indiquait Saint-Sylvestre. Un nom français, mais cela n'était pas exceptionnel dans un pays qui avait jadis fait partie de l'Afrique-Équatoriale française.

« Passeport. »

Lanz plongea la main dans la poche intérieure de sa veste de lin crème et en sortit un passeport bleu marine frappé du nom Canada en lettres dorées. Il le tendit à son vis-à-vis, qui feuilleta les pages vierges.

« Canadien ?

— Oui.

— Vous vous appelez Konrad Lanz ?

— Oui.

— Pas canadien, ça, comme nom.

— Mes parents étaient autrichiens. J'ai émigré quand j'étais enfant.

— Vous ne voyagez pas beaucoup, à ce que je vois.

— Au contraire, je voyage énormément. Vous remarquerez que ce passeport a été délivré il y a seulement deux mois.

— Il est tout neuf.

— Le précédent était entièrement rempli. »

En vérité, Lanz possédait un grand nombre de passeports, mais les Canadiens étaient les plus faciles à obtenir, et il préférait utiliser des documents vierges quand il se rendait dans un pays pour la première fois. Qui savait quelles nations un malade comme Kolingba pouvait avoir prises en grippe ou par quels gouvernements il avait pu se sentir offensé dans sa paranoïa ?

Lanz avait consacré une semaine à se renseigner sur le Kukuanaland et son dirigeant, et les informations qu'il avait recueillies ne laissaient aucun doute : Freud se serait régalé à analyser la vie et les œuvres du général autoproclamé. Selon certaines rumeurs, sa mère était une prostituée, peut-être affectée d'un retard mental, qui l'aurait conçu avec un de ses clients. Kolingba avait eu deux sœurs et trois frères aînés, tous victimes de mort violente dans des circonstances mystérieuses.

Le dictateur était connu tant pour ses sautes d'humeur imprévisibles que pour la violence de son comportement, si bien que les habitants du Kukuanaland vivaient dans un état de terreur permanent. Oliver Gash, le commandant en second du général, apparu comme par enchantement à la veille de la « révolution » pour proposer ses services aux putschistes, était en revanche difficile à cerner. D'après certaines sources, Gash avait eu un vague passé criminel aux États-Unis, et Lanz ne parvenait pas à déterminer lequel des deux hommes était le plus dangereux.

« Pour quelle raison êtes-vous ici ? s'enquit Saint-Sylvestre.

— Pour affaires.

— Quel genre d'affaires ?

— Aucune qui vous concerne, répliqua Lanz, tout en se demandant jusqu'où il pouvait aller dans l'affrontement.

— Le ministère de l'Intérieur est concerné par les affaires de tout un chacun, remarqua le militaire en souriant.

— Je pensais que vous apparteniez au service de l'immigration, pas à la police secrète.

— Au Kukuanaland, les deux ne font qu'un. Quant à notre police, elle n'a rien de secret, assura Saint-Sylvestre, dont le sourire se durcit et changea de nature. C'est que nous sommes un pays très ouvert, voyez-vous.

— On ne peut que vous en féliciter.

— Donc, je réitère ma question : quel genre d'affaires vous amène au Kukuanaland ?

— Vente d'armes. »

Un clignement de paupières derrière les lunettes à monture d'acier.

« Pardon ?

— Je suis marchand d'armes, monsieur Saint-Sylvestre. Spécialisé dans les armes légères de tout type, jusque et y compris les lance-missiles antichars portables comme le LAW américain ou le RPG-7 russe.

— Pour votre gouverne, je suis le *capitaine* Saint-Sylvestre, monsieur Lanz… Qu'est-ce qui vous permet de penser que vos services pourraient nous être utiles ?

— Par exemple, le fait que les automatiques de vos deux gardes datent des années 1930, et qu'il en va de même pour les pistolets-mitrailleurs des deux sentinelles que j'ai vues dehors. »

Saint-Sylvestre regarda de nouveau le passeport.

« Je vois que vous avez séjourné au Mali, dit-il, changeant de sujet.

— C'est exact.

— Avez-vous fait des affaires, là-bas ?

— Pas à proprement parler. J'ai juste noué quelques contacts.

— Et l'un de ces contacts vous a suggéré de vous adresser à nous ? Quelqu'un en particulier ?

— Un certain Ives, répondit Lanz. Archibald Ives. »

Saint-Sylvestre ne parut pas mordre à l'appât. Pour toute réaction, il griffonna quelques mots sur un bloc-notes posé à sa droite. Le stylo à bille qu'il utilisait était un Montblanc – acheté, ou prélevé sur un étranger imprudent qui était un jour passé par le petit bureau lugubre sur lequel il régnait ?

« Et vous avez sur vous certaines de ces armes ? demanda-t-il en désignant l'unique valise de Lanz.

— Seulement de la documentation. » Le capitaine montra la table de fouille.

« Posez ça là », ordonna-t-il.

Lanz obéit, tournant le côté à ouvrir de la valise vers le garde. Celui-ci tira la fermeture Éclair sur le pourtour du rabat, qu'il repoussa ensuite en arrière. Saint-Sylvestre jeta un coup d'œil au contenu du bagage, qui comprenait un nécessaire de toilette, des tenues d'été soigneusement pliées et une demi-douzaine d'épais catalogues de manufactures d'armes : l'Armament Technology Incorporated of Canada, les américaines Browning et Bushmaster, la tchèque Česká Zbrojovka Uherský Brod, la chinoise Norinco et la russe Rosvoorouzhenie.

Saint-Sylvestre prit une brochure au hasard, la feuilleta, puis la laissa tomber sur la table. Se servant de son stylo, il souleva ensuite les vêtements, sous lesquels il ne trouva rien d'autre qu'un exemplaire de bibliothèque du dernier roman de Carl Hiaasen.

« Qu'est-ce que c'est ? demanda-t-il en prenant le livre.

— Un bouquin très amusant sur le culte des célébrités aux États-Unis.

— Un culte qui ne se pratique pas au Canada ?

— C'est que nous n'avons pas beaucoup de célébrités, au Canada. Elles s'en vont toutes chez nos voisins.

— Ce livre est drôle ?

— Très.

— Son auteur est une célébrité ?

— J'imagine que oui.

— Donc, il se moque de lui-même ?

— Ce n'est pas vraiment mon problème, répondit en soupirant Lanz, qui commençait à se lasser de cet interrogatoire tordu. J'ai emprunté ce livre pour avoir de la lecture dans l'avion. »

Le capitaine remit l'ouvrage dans la valise.

« Videz vos poches, s'il vous plaît. »

Nouveau changement de pied !

Lanz s'exécuta. Saint-Sylvestre prit son portefeuille, examina toutes les cartes de crédit et compta l'argent liquide qu'il contenait : quatre mille dollars américains en coupure de cent dollars.

« Une grosse somme.

— Je crois dans les vertus de l'argent liquide.

— Moi aussi, dit le capitaine, qui compta dix billets, les plia et les glissa dans la poche de poitrine de son uniforme.

— Les taxes, expliqua-t-il en adressant à Lanz un grand sourire.

— C'est bien ce que j'avais compris.

— Pas de téléphone portable ?

— Parce qu'il y a du signal, ici ?

— Pas d'appareil photo ?

— Je ne suis pas venu ici pour prendre des photos.

— Les paysages sont pourtant très beaux, chez nous, vous savez. Nous avons beaucoup de sites pittoresques, toutes sortes d'oiseaux multicolores, des animaux exotiques…

— Je n'en doute pas.

— Mais la jungle peut être dangereuse. Il arrive même qu'on y fasse des rencontres fatales. Je vous recommanderais donc de ne pas vous éloigner de Fourandao. Pour votre propre sécurité.

— Bien entendu. »

Que signifiait tout ce cinéma ?

« Vous pouvez partir. »

Lanz acquiesça, referma sa valise et rempocha son portefeuille.

« Pourriez-vous me recommander un hôtel ? demanda-t-il.

— Il n'y en a qu'un : le Trianon. »

Lanz remercia d'un hochement de tête. Le garde s'écarta de la porte. Lanz prit sa valise et sortit. Le capitaine l'accompagna du regard jusqu'à ce qu'il ait franchi le seuil, puis adressa à l'autre garde un ordre rapide en sango.

« *Tondo ni wande*. Ne perdez pas cet homme de vue.

— *En, Kapita* », répondit le soldat avant de sortir à son tour sur les talons de Lanz.

11

Assis dans sa chambre du Hilton de Khartoum, Michael Pierce Harris écoutait la voix lointaine de son patron, répercutée avec un écho par le satellite.

« Quelle est la situation ? demanda le major Allen Faulkener, depuis son bureau de Londres.

— Ils préparent une expédition, répondit Harris. Bombes insecticides, hamacs, machettes, comprimés contre la malaria, ils se sont munis de tout le nécessaire.

— Le pilote ? Osman ?

— Il est en train d'inspecter les moteurs du Catalina.

— Une idée de leur date de départ ?

— Demain, ou peut-être après-demain. Osman a déposé un plan de vol pour Umm Rawq. »

Un bref silence, puis la voix de Faulkener résonna de nouveau dans l'appareil :

« La compagnie dispose d'un Twin Otter sur l'aéroport civil de Khartoum. Prenez-le pour vous rendre à Wau, dans la zone frontalière, demain matin. Je vais mettre six hommes en alerte, là-bas. Ça devrait suffire.

— Suffire à quoi faire ?

— Ils refont pas à pas le trajet qu'a suivi Ives,

répondit Faulkener d'une voix que les fluctuations de l'onde porteuse rendaient vaguement spectrale. Arrangez-vous pour qu'ils trébuchent. Et qu'ils ne se relèvent pas. »

En revenant de son habituelle promenade de l'après-midi dans les rues de la ville, Konrad Lanz entra dans le bar Marie-Antoinette de l'hôtel Trianon Palace et laissa son regard s'accoutumer à la pénombre. Mis à part le barman, Marcel Boganda, il n'y avait personne dans la salle tout en longueur à laquelle on accédait par le hall de l'établissement. La faible lumière du soleil déclinant filtrait à travers les persiennes entrouvertes qui donnaient sur la véranda de style colonial.

Avec le ventilateur en bois suspendu au plafond qui tournait doucement en ronronnant, les banquettes de cuir marron craquelé et les fauteuils club disséminés çà et là, on se serait cru dans un roman de Rudyard Kipling. Le point de mire de la salle était le bar proprement dit, un monument Art déco de douze mètres de long en loupe de bubinga rouge foncé, avec un comptoir d'un seul tenant aussi compact que du marbre. Le bar faisait la joie et la fierté de Marcel, qui ne servait pas une seule consommation sans la poser sur un dessous de verre et passait le torchon sur le bois avant même que ne se forme la moindre marque de condensation.

Marcel, quinquagénaire aux cheveux courts et au visage rond derrière des lunettes cerclées d'écaille, ne portait jamais autre chose que le smoking entre midi et minuit, heures d'ouverture et de fermeture du bar. C'était un personnage d'allure solennelle et distante, qui prononçait rarement un mot si on ne lui avait pas d'abord adressé la parole. Lanz avait découvert par hasard, en discutant avec un serveur dans la salle à manger de l'autre côté du hall, que Marcel était en fait le propriétaire du Trianon.

Traversant la salle, Lanz alla s'asseoir sur un des tabourets de bar à haut dossier et siège en cuir près de la véranda. Il posa son roman de Carl Hiaasen sur le comptoir et attendit. Cela dura un petit moment, mais Marcel finit par s'approcher d'un pas tranquille pour prendre sa commande : une bouteille bien fraîche de blonde congolaise Ngok, avec son étiquette vert et jaune et son logo criard représentant un crocodile. Marcel versa la bière or pâle dans un verre élancé avec juste ce qu'il fallait de faux col. Lanz but une gorgée et soupira d'aise.

« Quelle chaleur, dehors ! dit-il.

— C'est souvent comme ça, par ici, monsieur. Nous sommes dans un pays chaud.

— Vous avez toujours vécu ici ?

— J'ai passé quelques années à l'étranger pour faire mes études, monsieur. En France. À la Sorbonne.

— Et vous êtes revenu ? demanda Lanz, surpris.

— Je suis d'ici, répondit simplement le barman en haussant les épaules.

— Du Kukuanaland ?

— De Fourandao, monsieur.

— Que pensez-vous de Kolingba ?

— Je m'efforce de ne pas y penser, dit Marcel sur un ton où Lanz crut déceler une nuance d'ironie.

— Il lui arrive de venir ici ?

— Non, monsieur. Notre président ne boit pas.

— Et son bras droit ? Ce M. Gash ?

— Un bourbon au chocolat *on the rocks* de temps en temps. Pourquoi me posez-vous toutes ces questions ?

— Pour être franc avec vous, Marcel, je cherche un moyen d'être introduit auprès du président.

— Si je m'en tiens à mon expérience, l'expression "pour être franc" est le plus souvent utilisée par des gens qui ne le sont pas. Et qu'entendez-vous au juste par "être introduit" ?

— Je suis marchand d'armes, Marcel. Je vends des fusils et des munitions, essentiellement dans les petits pays africains comme celui-ci. Surtout à des factions rebelles, ou à des groupes ethniques ou religieux dissidents.

— Il n'y a pas de factions rebelles ici, monsieur. Ni de groupes ethniques ou religieux dissidents.

— Et ce docteur Limbani, dont on parle ?

— Le docteur Limbani est mort depuis bien longtemps, affirma Marcel, avec toutefois un vacillement et une légère inquiétude dans le regard.

— Où Kolingba se procure-t-il ses armes ? demanda Lanz, préférant laisser Limbani de côté pour le moment.

— Je ne saurais pas vous dire », répondit Marcel.

Le barman était clairement mal à l'aise, à présent. Lanz décida de faire machine arrière.

« Bon. Si par hasard il vous venait l'idée d'une astuce qui me permettrait de le rencontrer, faites-moi signe.

— Je n'y manquerai pas, monsieur. Ce sera tout ?

— Donnez-moi une autre Ngok, Marcel. »

Sa seconde bière terminée, Lanz prit son livre et quitta le bar. Dans le hall, il remarqua un homme seul qui lisait le journal cigarette aux lèvres dans un fauteuil en rotin à grand dossier. Il eut un léger sourire en reconnaissant l'individu qui l'avait filé tout l'après-midi pendant ses allées et venues en ville :

la surveillance du capitaine Saint-Sylvestre était tout sauf discrète.

Il monta le grand escalier jusqu'à l'entresol, puis gagna de là sa petite chambre sous les combles, trois étages plus haut. L'ameublement de la pièce, spartiate, comportait un lit en fer dont le matelas n'était plus de la première jeunesse et un bureau tout simple aux pieds en fuseau sur lequel était posée une antique lampe en cuivre à col-de-cygne. Jetant son livre sur le bureau, Lanz alla jusqu'à la fenêtre, d'où la vue plongeait sur la place et sur l'enceinte du palais, juste en face de l'hôtel.

Les murs de l'enceinte, en fausse pierre de taille, mesuraient cinquante mètres de long ; son grand portail, renforcé de traverses en bois, pivotait sur des gonds de fer. Un mirador à toit de tôle et revêtement de contre-plaqué avait été ajouté à chacun des quatre angles du périmètre. La « résidence présidentielle » était accolée au mur est, à l'opposé d'une caserne rudimentaire qui devait pouvoir abriter entre cent et cent cinquante hommes. En face de l'entrée, un édifice de brique plus petit, sans doute un poste de garde, était flanqué d'un hangar en tôle servant de garage à la flotte automobile de Kolingba. Lanz compta deux Land Rover rayés de jaune et de noir à vitres teintées, trois transports de troupes blindés et douze « Mengshi », répliques chinoises du Humvee américain, en camouflage forêt et équipés de mitrailleuses 12,7 montées devant la trappe du toit. Si celles-ci étaient chinoises, elles aussi, il devait s'agir de W-85. La population de Fourandao atteignant à peine cinq mille habitants, l'armement disponible dans l'enceinte était largement suffisant pour défendre la ville contre un assaut direct, si l'on excluait l'hypothèse d'un appui aérien.

Lanz quitta la fenêtre et alla s'asseoir au bureau. Prenant le roman de Carl Hiaasen, il le dépouilla soigneusement de sa couverture protectrice en celluloïd puis de sa jaquette illustrée qu'il étala sur le bureau, recto en dessous.

En vieux soldat qu'il était, Lanz avait eu l'occasion d'utiliser toutes sortes d'outils de renseignement, de l'imagerie satellite aux écoutes téléphoniques en passant par la photographie documentaire et l'intoxication de l'ennemi, mais, à toutes ces techniques, il préférait l'observation directe, plus utile et précise à ses yeux.

Au verso de la jaquette figurait un plan au crayon du centre de Fourandao, à l'échelle et très exact, qu'il avait dessiné de mémoire, soir après soir, en y incorporant les informations glanées au fil de ses promenades.

Fourandao se présentait comme une grille allongée dont le centre était l'ancienne Grand-Place, rebaptisée place de la Révolution-du-Général-Kolingba, où se trouvait l'hôtel. Une avenue traversait l'agglomération selon un axe nord-sud et coupait la route de Bangui, parallèle à la rivière Kotto, qui coulait d'est en ouest. La route de Bangui devenait la rue Santo-Antonio en pénétrant dans la ville ; l'artère nord-sud s'appelait rue de la Liberté. Il y avait deux banques rue de la Liberté – la Banque internationale pour la Centrafrique et la Banque populaire maroco-centrafricaine – et une sur la place, la Banque des États de l'Afrique centrale. Des trois, deux avaient été notoirement impliquées dans des opérations de blanchiment d'argent et dans le financement de trafics illicites liés à des conflits armés. La Banque des États de l'Afrique centrale occupait l'unique immeuble de plus de trois étages de Fourandao, les niveaux supérieurs hébergeant le consulat de la République populaire de Chine, les services fiscaux du Kukuanaland et le ministère de l'Intérieur.

Seules les deux voies principales étaient goudronnées. Les rues des quartiers d'habitation n'étaient que des pistes en terre. Rien n'indiquait la présence d'un réseau d'égouts, ce qui signifiait qu'elles devaient être inondées à la saison des pluies. Le parpaing et la tôle régnaient partout en maîtres, sauf sur la place. Les matériaux de construction étant de médiocre qualité et le système de drainage inexistant, la plupart des bâtiments, dépourvus de fondations, s'effritaient à la base. Seul un groupe de trois immeubles, entouré d'un mur et bien gardé, semblait bâti en béton. S'il en croyait les conversations surprises au bar de l'hôtel, cette résidence était occupée par des fonctionnaires en grâce auprès de Kolingba.

Au cours de ses déambulations, Lanz avait pu observer des signes de malnutrition et de rachitisme parmi les habitants, ainsi que la présence d'énormes rats dans les fossés encombrés de détritus. Une végétation dense grignotait les abords immédiats de la ville et il avait vu plusieurs femmes sortir de la jungle avec des fagots de bois pour le feu. Fourandao était à la limite du monde civilisé. Il n'y existait ni brigade de sapeurs-pompiers, ni mairie ou autre lieu de pouvoir civil, ni force de police –, le maintien de l'ordre étant assuré par le pudiquement nommé ministère de l'Intérieur que dirigeait le capitaine Saint-Sylvestre. Parler de « pays » à propos du Kukuanaland était un abus de langage : ce prétendu État n'était en réalité qu'un fief criminel qui ne s'étendait probablement guère plus loin que les limites de Fourandao.

Souriant dans sa barbe, Lanz se mit à reporter sur son plan les noms de rues qu'il avait recueillis dans la journée. Tout dispositif militaire avait ses failles, et il était à peu près certain d'avoir découvert celles de Fourandao.

Assis dans le bureau du capitaine Jean-Luc Saint-Sylvestre, dont les fenêtres donnaient sur la place de la Révolution-du-Général-Kolingba, Oliver Gash étudiait la vaste photographie aérienne de Fourandao qui couvrait entièrement le mur derrière le bureau du policier – un meuble massif en acajou d'Afrique réputé avoir jadis appartenu à Mobutu Sese Seko, le dictateur zaïrois depuis longtemps disparu, qui l'avait lui-même acheté au général Gnassingbé Eyadéma, l'inamovible « président » du Togo, disparu lui aussi plus récemment. Gash et le capitaine avaient allumé chacun une Marlboro, la cigarette de prédilection des habitants du Kukuanaland qui avaient les moyens de se les offrir. Par manière de plaisanterie, Gash avait un jour suggéré au général Kolingba de se lancer dans le marketing touristique à l'étranger en présentant le Kukuanaland comme une destination de vacances privilégiée pour les fumeurs. Kolingba avait pris la proposition au pied de la lettre et Gash avait mis des semaines à lui sortir cette idée de la tête.

« Que fait-il exactement pendant ces petites promenades ? demanda Gash.

— Il se promène.

— Pas d'appareil photo ?

— Aucun qui soit visible.

— Rien dans sa chambre ?

— Rien de compromettant. Beaucoup de catalogues d'armements.

— Vous avez enquêté sur son passé ?

— Bien entendu. Il se pourrait qu'il soit vraiment ce qu'il prétend être. Il a toutes les apparences du mercenaire expérimenté qui connaît bien l'Afrique.

— Mais vous avez des doutes, si je comprends bien.

— J'ai toujours des doutes, docteur Gash. C'est mon métier d'en avoir. Le curriculum de notre ami Lanz ne sonne pas tout à fait juste. Pourquoi un mercenaire se reconvertirait-il tout à coup dans la vente d'armes ? Et pourquoi un prétendu marchand d'armes viendrait-il nous démarcher tout en sachant pertinemment que nous sommes approvisionnés depuis le début par les Chinois ? Seul un idiot aurait l'idée de nous proposer des armes, or chacun sait qu'il n'y a pas d'idiots dans ce genre de commerce. J'en déduis que ce monsieur cherche à nous leurrer. »

Gash hocha la tête tout en écrasant sa cigarette dans l'énorme cendrier en céramique qui trônait sur le bureau devant lui.

« Dans ce cas, qu'est-il vraiment venu faire ici ?

— *A priori*, je dirais qu'il est en mission de reconnaissance, répondit Saint-Sylvestre en souriant.

— Pour quoi faire ?

— Pour préparer un coup d'État, affirma tranquillement le policier.

— Des paroles dangereuses, capitaine ! Ce genre de discours pourrait vous valoir de sérieux ennuis.

— Ce que je viens de dire ne vaut pas approbation, docteur Gash, je ne fais que vous donner mon avis », assura prudemment Saint-Sylvestre.

Le policier savait avoir en face de lui une brute inculte, mais une brute douée de ce que les Américains appellent le « sens de la rue » et d'une certaine ruse animale qui pouvait parfois passer pour de l'intelligence. Plus inquiétant, Gash possédait l'instinct meurtrier d'un sociopathe, comme aurait pu dire Saint-Sylvestre s'il avait été psychiatre. D'une certaine façon, Gash était encore plus détraqué que Kolingba lui-même.

Le bras droit du dictateur alluma une nouvelle cigarette puis afficha un sourire suffisant.

« Et, à votre… *avis*, capitaine, pour qui travaillerait Lanz ? demanda-t-il, conscient de ne pas être à Baltimore, où il lui aurait été facile de savoir lequel de ses concurrents était de force à lui disputer son secteur.

— Je n'ai aucune certitude. J'ai d'abord pensé qu'il pouvait être à la solde d'un de nos voisins – le Tchad, le Congo ou le Cameroun –, mais je ne crois pas que ce soit le cas.

— Pourquoi pas ?

— Eh bien, pour commencer, c'est un Blanc. J'imagine difficilement le gouvernement tchadien employant un mercenaire blanc, sans compter que ce genre de manœuvre pourrait lui coûter cher au plan international. Même chose pour le Congo : en nous agressant, il fournirait aux Nations unies un prétexte en or pour envoyer des Casques bleus sur son territoire. Quant au Cameroun, il ne dispose pas des fonds nécessaires pour tenter une invasion digne de ce nom et ses troupes devraient traverser toute la Centrafrique pour nous attaquer. Ça n'a pas de sens.

— Et qu'est-ce qui en aurait un, selon vous ?

— Lanz est arrivé ici en passant par le Mali, mais ce n'est pas là qu'il a été recruté. Il m'a dit avoir rencontré un certain Archibald Ives, à Bamako. Je me suis un peu renseigné. Ives était géologue.

— Était ?

— Il est mort. Assassiné au Soudan.

— Il n'y a pas de pétrole en Centrafrique, si ?

— Pas une goutte. La prospection a été abandonnée voilà des années.

— Alors ?

— Ives était spécialisé dans la recherche de minéraux. S'il a séjourné au Kukuanaland, nous ne l'avons pas su, ce qui signifie qu'il serait entré en fraude, peut-être par le Soudan.

— Pour chercher quoi ?

— C'est une question à laquelle j'ai longuement réfléchi, répondit Saint-Sylvestre en se renversant contre le dossier de son fauteuil. Aucun géologue raisonnable ne déciderait de se rendre au Kukuanaland juste pour voir. Il devait savoir ce qu'il cherchait. Et s'il le savait, ce ne peut être que grâce à un système de détection à distance. Un satellite, par exemple.

— Les Américains ? La CIA ?

— Non, ils ne prendraient pas un tel risque par peur des retombées politiques. De plus, il n'y a rien ici qui soit susceptible de les intéresser. On ne peut pas vraiment dire que le Kukuanaland soit une région stratégique.

— En tout cas, je sais une chose : ils rêvent de nous rayer de la carte. Leur secrétaire d'État n'arrête pas de lancer des accusations contre le général pour crimes de guerre. Ça me donne des boutons.

— S'ils voulaient nous rayer de la carte, ils n'auraient pas besoin d'un géologue pour ça. Non, nous avons affaire à des gens qui cherchent quelque chose de précis, et qui l'ont trouvé. Ils ont envoyé le géologue pour confirmer les renseignements qu'ils avaient obtenus par télédétection. Et Lanz est ici parce qu'ils ne peuvent pas mettre la main sur ce qu'ils convoitent sans se débarrasser d'abord du général Kolingba.

— Une compagnie minière ?

— Une grosse, confirma Saint-Sylvestre. Assez importante pour avoir accès aux données d'un satellite-espion. Assez importante pour financer une petite guerre.

— Bon, on emballe Lanz et vous l'interrogez.

— Dans quel but ? Il nous apprendrait quelle société l'emploie, mais pas ce qu'elle cherche, parce que vous pouvez être sûr qu'il n'en a aucune idée. Et si Lanz ne remplit pas sa mission, ils enverront simplement quelqu'un d'autre.

— Alors que proposez-vous ?

— Nous continuons à le surveiller et à le laisser croire que nous ne nous doutons de rien.

— Et ensuite ?

— Il finira bien par repartir. Et à ce moment-là, je serai sur ses talons », dit le capitaine Jean-Luc Saint-Sylvestre avec un grand sourire.

12

Assise sur le siège du copilote, dans le cockpit d'allure squelettique du Catalina, Peggy observait les nuances de vert du paysage qui défilait cent mètres sous elle. Doc et Raffi dormaient sur le matériel empilé à l'arrière du gros hydravion.

« On n'imagine pas le Soudan comme un pays vert. On n'entend parler que du Darfour et de ses sécheresses, dit la jeune femme en libérant l'obturateur de son Nikon pour prendre une demi-douzaine de clichés.

— Le Soudan du Sud est différent, répondit Mutwakil Osman. Deux fois la superficie du Texas et près de quatre fois moins d'habitants – à peine sept millions.

— C'est de toute beauté.

— Pas pour longtemps. Quand les grandes compagnies auront les mains libres, le pays sera mis en coupe réglée. Il ne leur faudra pas plus de dix ans pour le transformer en champ de pétrole et en mine à ciel ouvert… Ah, voilà la rivière ! »

Droit devant eux, le soleil commençait à disparaître, métamorphosant l'horizon en une flamboyante ligne rouge et or qui se perdait dans l'obscurité à droite et à gauche.

« Juste assez de lumière pour se poser », commenta le pilote.

Il poussa délicatement le grand volant vers l'avant puis posa le pied gauche sur le palonnier. L'avion décrivit un long virage en suivant le large cours de la rivière qui déroulait ses méandres sous ses ailes.

Avec une légère vibration de toute sa coque, l'appareil fendit la surface de l'eau noire, qui jaillit en panaches de part et d'autre de la carlingue pour retomber comme un rideau quand Osman réduisit les gaz. Peggy vit alors une dizaine de pirogues à bord desquelles des hommes frappaient l'eau du plat de leurs pagaies.

« Un comité d'accueil ? demanda Peggy.

— Ils font fuir les crocodiles. Il suffirait d'en heurter un pour que le zinc capote cul par-dessus tête. »

Osman dirigea l'avion vers un étroit appontement en bois où était amarré un antique bateau à vapeur auprès duquel l'*African Queen* aurait pu passer pour un hors-bord. Le vapeur, qui mesurait vingt mètres de long sur huit de large, était propulsé par deux roues à aubes couvertes situées de part et d'autre de la coque goudronnée. Une superstructure trapue abritant la salle des machines dépassait du pont, elle-même surmontée d'un poste de timonerie branlant. Ce « château » avait dû être peint en blanc, à une époque, mais le soleil et la pluie avaient fait leur œuvre et le peu de peinture encore visible avait viré au gris terne. Le bâtiment donnait l'impression de plier l'échine comme un vieux cheval fourbu.

« Qu'est-ce que c'est que ce truc ? s'exclama Raffi en passant la tête dans le poste de pilotage.

— Ça, c'est le *Pevensey*, répondit Osman. Il livre

des marchandises le long de la rivière. Vous le prendrez pour aller jusqu'aux premières chutes.

— Ah, parce qu'il flotte ? »

Osman coupa les moteurs et l'hydravion couvrit les derniers mètres sur son erre avant de monter en glissant sur la berge boueuse en pente douce qui jouxtait l'appontement.

« Bienvenue à Umm Rawq », dit le pilote.

Allongeant le bras, il sortit d'un vide-poche sous le cadran de la jauge d'essence une carte indiquant une fréquence radio CQ d'appel à toutes les stations, qu'il tendit à Peggy.

« Gardez ça précieusement. Si vous avez besoin que quelqu'un vienne vous chercher à un moment ou à un autre, appelez-moi sur cette longueur d'onde », ajouta-t-il avec un sourire.

Sur ce, il partit à la recherche du capitaine du *Pevensey* tandis que Peggy, Raffi et Holliday s'en allaient explorer le village.

Umm Rawq se résumait à une unique rue bordée de taudis sordides en briques de terre crue et d'une baraque en tôle où l'on pouvait acheter de la bière de banane et des verres Batman Forever de chez McDonald. Le hameau entier empestait le poisson. Quelque part, une radio diffusait à plein volume de l'afro-pop aux sonorités métalliques pendant que des enfants jouaient au milieu du bourbier jonché d'immondices qu'était la rue. Aucun des gamins n'avait plus de trois ou quatre ans, et le seul adulte mâle du village, si l'on exceptait les piroguiers, était le vieil homme grisonnant qui tenait le bar.

« On a vu plus hospitalier, comme bled, commenta Holliday.

— J'ai l'impression que l'armée de résistance du Seigneur est passée par là, dit Peggy. Ils raflent tous les hommes valides et tous les enfants de plus de huit ou neuf ans pour les entraîner au viol, au meurtre et aux mutilations. Au nom de Dieu, bien entendu.

— Je croyais qu'ils ne sévissaient qu'en Ouganda, remarqua Raffi.

— Ils débordent sur l'ensemble de l'Afrique centrale, maintenant. Ici même, et aussi au Congo.

— Bon, j'en ai assez vu », déclara Holliday.

Ils regagnèrent l'appontement juste à temps pour voir Osman avant qu'il ne reparte pour Khartoum. Les piroguiers, qui avaient échoué leurs longues embarcations étroites, s'employaient à présent à transférer le matériel du Catalina sur le *Pevensey*.

« J'ai parlé à Eddie. Il n'avait pas prévu d'aller plus loin qu'Am Dafok, pour cette tournée, mais il est d'accord pour vous emmener jusqu'à la première chute, dit le pilote.

— Eddie est le capitaine ?

— Oui. Edimburgo Vladimir Cabrera Alfonso, pour être exact.

— Edimburgo Vladimir ? répéta Peggy.

— Il est cubain. Sa mère l'a appelé comme ça parce qu'elle aimait bien le nom de la ville d'Édimbourg, en Écosse, mais quand elle est allée le déclarer à la mairie, l'employé lui a fait remarquer qu'"Edimburgo" était un nom ennemi, et elle a dû ajouter un élément révolutionnaire pour compenser – d'où Vladimir. Cabrera est le nom de famille de son père ; Alfonso celui de sa mère. On accole toujours les deux, à Cuba. Ses amis l'appellent Eddie. Il a été envoyé en Afrique à titre de “conseiller” pendant la crise angolaise et il a déserté. Il vit ici depuis. »

Eddie se révéla être un géant noir d'ébène de près de deux mètres, entièrement chauve et musclé comme un docker. Il avait un sourire à un million de dollars accompagné d'un pétillement dans le regard qui séduisit immédiatement Holliday. Il se déplaçait avec la grâce d'un danseur – une particularité moins surprenante lorsqu'on apprenait qu'il était effectivement danseur de formation et avait fait partie pendant dix ans des Ballets nationaux cubains avant d'être expédié en Angola. Il portait dans un étui de ceinture un couteau de chasse KA-BAR noir de la taille d'une courte épée.

L'intérieur du *Pevensey* était tout aussi délabré que l'extérieur. Deux cabines pour passagers à peine plus grandes que des confessionnaux se blottissaient derrière la salle des machines, et un « salon » éclairé par un hublot de chaque côté occupait l'espace à l'arrière de la timonerie. À l'intérieur de cette large pièce, le bois usé du pont était recouvert d'une moquette dont la couleur de moisi verdâtre contrastait avec celle du canapé en velours rouge pâli par le temps qui servait visiblement de couchette au capitaine.

Pendant que les piroguiers chargeaient le matériel et les provisions à bord, le capitaine Eddie fit entrer ses passagers dans le salon et leur proposa des rafraîchissements : bière forte Mamba ou vodka chinoise Red Star à soixante degrés. De deux maux choisissant le moindre, Holliday, Raffi et Peggy optèrent pour la bière. Eddie, lui, se versa une dose généreuse de vodka après s'être allumé un long cigare Cohiba avec un Zippo cabossé, et alla s'installer dans un antique fauteuil de bureau en bois, seul élément de mobilier visible, si l'on exceptait une table à carte « maison » et le canapé. Posé sur trois chevilles dépassant de la cloison derrière la tête du Cubain se trouvait un vieil AK-47 qui semblait avoir beaucoup servi. Outre les deux hublots, le jour pénétrait dans la pièce par une large baie que masquaient deux persiennes crasseuses bricolées avec du carton et fixées avec des punaises.

« Un souvenir du bon vieux temps ? demanda Holliday en désignant l'arme.

— "Vieux", certainement ; "bon", peut-être pas, *señor*, répliqua le colosse, qui se tourna vers Peggy et Raffi avant de poursuivre : Donny m'a raconté que vous vouliez faire le voyage de Joseph Conrad jusqu'"au cœur des ténèbres" ?

— Quelque chose dans ce goût-là, acquiesça Raffi.

— Cela fait de moi le timonier noir du roman, alors, observa Eddie avec un sourire.

— Un Cubain qui a des lettres », remarqua d'un ton cassant Peggy, dont une des meilleures amies de lycée, Celia Cruz, expulsée de Cuba en 1980, avait perdu ses deux parents lors de l'exode de Mariel, quand Fidel expédia plus de cent mille anticastristes en Floride.

Eddie ôta lentement son cigare de sa bouche avant d'adresser à la jeune femme un regard torve.

« Fidel a commis beaucoup d'erreurs, *señorita*, dit-il, mais pas dans le domaine de l'éducation. Le taux d'alphabétisation atteint 99,8 % dans mon pays natal. On ne peut pas en dire autant du vôtre. De plus, il n'y a pas besoin de prêts étudiants, à Cuba : les études universitaires sont gratuites. »

Peggy se renfrogna et but une gorgée de bière au goulot.

« Ma cousine a parfois des idées bien arrêtées, plaida Holliday.

— Votre cousine serait peut-être bien inspirée de ne pas juger la personne qu'elle a en face d'elle en fonction de la politique de son pays d'origine. Je ne suis pas Fidel. »

Le capitaine Eddie planta de nouveau son cigare entre ses lèvres avant d'ajouter, avec ce pétillement dans le regard que Holliday avait déjà remarqué : « *El comandante* est bien moins bronzé que moi. »

Même Peggy ne put s'empêcher de rire.

« Il ne faut pas prendre la vie au sérieux à ce point, *amorcita*, continua le géant. Après un demi-siècle de Fidel, tous les Cubains se seraient tailladé les veines, à l'heure qu'il est, s'ils avaient pris les choses au tragique. À La Havane, l'eau des toilettes est rationnée à cause de l'embargo. Les cafards prolifèrent à cause de l'embargo… Seulement, embargo ou pas, nos prostituées de la plage de Varadero sont toutes diplômées de l'université ! »

Holliday éclata de rire comme les autres à cette nouvelle saillie, mais jugea bon d'en venir aux choses sérieuses avant que la soirée ne dégénère en critique alcoolisée du régime castriste.

« Combien de temps nous faudra-t-il pour atteindre les premières chutes d'eau ? voulut-il savoir.

— Une nuit, une journée et encore une nuit, répondit le capitaine après s'être adjugé une bonne lampée de vodka chinoise. Le *Pevensey* n'est plus aussi rapide qu'autrefois.

— Et au-delà des chutes ? demanda Raffi.

— Je ne vais jamais au-delà des chutes. C'est le

territoire de l'armée de résistance du Seigneur et de Joseph Kony, le fou furieux qui la dirige. »

Eddie sourit, tira sur son cigare, souffla un gros nuage de fumée en direction du plafond, puis : « Il paraît aussi que le fantôme du docteur Amobe Barthélemy Limbani se promènerait par là.

— Vous ne m'avez pas l'air du genre à croire aux fantômes, dit Holliday.

— Promenez-vous sur cette rivière aussi longtemps que moi, *señor*, et vous verrez que vous finirez par croire à n'importe quoi.

— Quand pourrons-nous partir ? » interrogea Raffi.

Le capitaine téta pensivement son cigare puis vida son verre.

« D'ici une heure, répondit-il enfin. Le temps de mettre la machine sous pression.

— Vous naviguez de nuit ? demanda Holliday, surpris.

— C'est le meilleur moment. Le plus sûr, parfois. Dans le noir, on ne voit personne et personne ne vous voit. En principe. »

Presque exactement une heure plus tard, comme Eddie l'avait promis, le *Pevensey*, entièrement chargé, s'éloignait de l'estacade dans un chuintement de vapeur pour amorcer sa descente de la rivière. Deux des hommes d'équipage alimentaient la chaudière en permanence tandis que le troisième, debout à la proue, sondait le fond à l'aide d'une longue perche. Peggy et Raffi avaient pris une des cabines ; Holliday tenait compagnie au capitaine dans la timonerie dont l'équipement rudimentaire comprenait, à droite de la barre à roue, un chadburn simplifié indiquant « avant toute », « avant très lente » et « stop », et une chaînette qui pendait du plafond, reliée au sifflet à vapeur fixé sur le toit. La nuit était tombée et seul le rougeoiement du sempiternel cigare d'Eddie éclairait la cabine.

« Vous ressemblez à Churchill, avec votre cigare, dit Holliday, le regard sur l'avant du bateau et les flots noirs de la rivière.

— Un connaisseur, ce monsieur. Un homme de goût, répondit le capitaine. Il fumait des La Aroma de Cuba, et quand la fabrique a arrêté d'en produire, il s'est mis aux Romeo y Julieta.

— Vous savez beaucoup de choses sur Churchill ?

— Je sais surtout beaucoup de choses sur les cigares. Mon père a dirigé l'une des plus grandes usines Habanos jusqu'à sa mort. Il connaissait Churchill personnellement… Tenez, prenez-en un, *señor*, vous me ferez plaisir ; c'est un Montecristo numéro 3, proposa Eddie en sortant un havane de sa poche de poitrine.

— Je suis désolé, j'ai arrêté de fumer il y a longtemps, soupira Holliday. Mais j'avoue que la tentation est grande.

— Si on ne cède pas à la tentation de temps en temps, on ne peut pas mesurer le degré de volonté qu'il faut pour y résister.

— Vous me faites penser à un professeur jésuite que je connais, à l'université de Georgetown.

— Allez, prenez-le ! C'est la volonté de Dieu que vous goûtiez cette merveille. »

Holliday prit le cigare et le fit aller et venir entre ses lèvres. La flamme du Zippo jaillit entre les doigts du capitaine, qui laissa s'estomper l'odeur d'essence avant d'allumer le Montecristo. Holliday tira une légère bouffée au riche parfum de miel et de terre. C'était à croire la légende selon laquelle les meilleurs cigares étaient roulés sur leurs cuisses par de jeunes vierges.

« Pas seulement jeunes et vierges, dit Eddie, lisant dans les pensées de Holliday. Jolies, aussi ! »

Le rire des deux hommes couvrit un instant le *teuf-teuf* régulier de la machine. La jungle défilait à droite et à gauche, sombre et dense, débordant sur l'eau en une frange de lianes et de racines. Holliday sentait monter en lui une tension indéfinissable, et il se rendit soudain compte qu'il était redevenu en esprit le garçon de dix-neuf ans qui remontait le Song Vam Co Dong dans le secteur « Angel's Wing » du Cambodge, recroquevillé au fond d'un patrouilleur fluvial, épiant les bruits de la jungle avec la certitude qu'il n'entendrait de toute façon jamais le tireur qui l'abattrait.

« Un mauvais souvenir ? dit Eddie.

— Un souvenir qui date de loin.

— La jungle ?

— Oui.

— C'est dans la jungle que la guerre est la pire. Je me suis souvent demandé pourquoi, mais je n'ai pas de réponse.

— Peut-être parce que la jungle n'a pas d'histoire. On y naît, on y vit, on y meurt en l'espace d'une journée, et personne n'en garde la mémoire. Pendant une patrouille, un jour, nous sommes tombés sur l'épave d'un avion de chasse français des années 1950 – un Dewoitine, je crois. La jungle l'avait presque entièrement englouti ; des lianes sortaient des orbites du pilote.

— Quel était votre grade ?

— À l'époque ? J'étais première classe. J'ai fini la guerre comme lieutenant.

— Et maintenant ?

— Lieutenant-colonel.

— Pas très élevé pour un homme de votre âge.

— Comme on dit, j'ai ouvert ma gueule quand j'aurais mieux fait de la fermer, répondit Holliday en riant. On ne devient pas général en ayant des opinions ; on devient général en obéissant aux ordres. C'est du moins comme ça dans mon armée à moi.

— Dans la mienne aussi, malheureusement. Je ne suis jamais allé plus haut que *primer teniente*.

— Il faut croire que vous aviez des opinions encore plus marquées que les miennes.

— J'ai toujours eu du mal à supporter les crétins. Et ce n'était pas les crétins qui manquaient parmi les *Cubanos*, en Angola et en Guinée-Bissau, croyez-moi ! »

L'un des deux chauffeurs-mécaniciens, un homme grisonnant nommé Samir, frappa à la porte de la timonerie, prononça quelques mots rapides en arabe auxquels Eddie répondit d'un hochement de tête, puis il disparut dans la nuit.

« Que se passe-t-il ? s'enquit Holliday.

— Samir est notre cuistot. Il voulait savoir s'il pouvait préparer le petit déjeuner et demandait la permission de prendre un morceau de poulet pour servir d'appât.

— Pour attraper quoi ?

— Des poissons-lunes, peut-être. Une tortue, avec beaucoup de chance. »

Eddie tira sur son cigare, le rougeoiement illuminant un instant ses yeux rieurs, puis il ajouta :

« Si on veut que ça morde, il faut de la viande blanche, bien sûr.

— Ça va sans dire. »

Et ils poursuivirent leur chemin au cœur des ténèbres.

13

Cela s'est confirmé en ce qui me concerne, et je garde très peu de souvenirs des années qui se sont écoulées jusqu'au jour où, dans cette maison de retraite face aux montagnes de l'Oberammergau, je me suis rappelé que je m'appelais Reinhart Stengl Hartmann. Dieu fasse que je ne quitte jamais ce refuge, et que je ne revoie jamais l'Afrique autrement qu'en rêve.

Assis dans son cabinet de travail londonien, sir James Matheson, neuvième comte d'Emsworth, referma le vieux cahier et le poussa sur un côté de son bureau. Se laissant aller contre le dossier de son fauteuil, il écouta la rumeur distante de la circulation sur le Strand. C'était ce cahier aux pages couvertes d'une fine écriture de vieillard qui lui avait en premier lieu fait supposer l'existence de l'extraordinaire gisement, confirmée depuis par les recherches d'un archéologue israélien et celles d'Archibald Ives sur le terrain. Le cahier faisait partie des archives d'une petite société absorbée par la Matheson Resource Industries trente ans plus tôt, à l'époque où le père de James Matheson en était encore le P-DG. Si la société n'avait pas décidé de numériser l'ensemble de ses annales, et si l'attention d'un jeune cadre brillant n'avait pas été attirée par la mention d'une concession de second ordre sur le territoire de ce qui avait été l'Oubangui-Chari au temps de l'Afrique-Équatoriale française, sir James aurait pu passer à côté de l'affaire de sa vie.

Reinhart Stengl Hartmann, mort depuis des décennies et oublié depuis plus longtemps encore, commença sa carrière alors qu'il n'était qu'un jeune homme dans les champs aurifères du Witwatersrand, en Afrique du Sud. La fortune n'étant pas au rendez-vous, il résolut de tenter sa chance dans un autre domaine et se lança dans l'exploitation d'une plantation d'hévéas sur le territoire de ce qui était alors l'État indépendant du Congo. Lors de l'annexion du Congo par la Belgique, en 1908, Hartmann dut de nouveau plier bagage et choisit cette fois l'Oubangui-Chari, de l'autre côté du fleuve Congo. Là, il pratiqua le commerce de l'ivoire jusque dans les années 1920, puis, fort d'un tuyau donné par un guide local, il partit en expédition dans la jungle et se remit à chercher de l'or. Selon des rapports officiels émanant du gouvernorat français de la province, le prospecteur trouva effectivement du métal précieux, mais pas en quantités exceptionnelles, si bien que pratiquement tout le monde, y compris le gouverneur, se désintéressa de Reinhart Stengl Hartmann, catalogué comme raté.

Aux yeux de Matheson, en revanche, entraîné depuis des années à éplucher registres, feuilles de calcul et autres documents commerciaux, la manœuvre de l'Allemand apparut claire comme de l'eau de roche. À première vue, l'entreprise africaine de Hartmann, baptisée Kotto Fluss Bergbau – Exploitation minière de la Kotto –, était sa propriété. Mais un examen plus approfondi révélait que la majorité des parts en avait été cédée à titre de garantie en échange de prêts substantiels à une autre société, suisse celle-là, du nom d'Edelstein Malder Genf SA – Les Diamantaires genevois.

Edelstein Malder Genf n'effectuait de transactions qu'avec une seule autre société, Makelaar Steen Amsterdam – Les Diamantaires d'Amsterdam – et ses affaires semblaient florissantes. Matheson avait éclaté de rire quand il avait compris le lien. Ce n'était pas de l'or qu'avait trouvé Hartmann sur la rivière Kotto, mais des diamants. Beaucoup de diamants, même s'il n'y en avait pas tout à fait assez pour mettre la puce à l'oreille des limiers de la De Beers.

En l'espace de quinze ans, Hartmann parvint à accumuler une énorme fortune, mais n'en fit usage que pour bâtir en pleine jungle une propriété étrange rappelant une riche ferme bavaroise typique, Lowenshalle – l'Antre du Lion – avec vue sur la Kotto et les trois cascades embrumées de la chute, quelques centaines de mètres en amont.

Le trafic de Hartmann ne s'interrompit que pendant la durée de la Seconde Guerre mondiale, mais, dès les années 1950, une série d'infarctus lui interdit de continuer à vivre à Lowenshalle. Quelques mois plus tard, abandonnant tout, il repartit pour l'Europe avec un dernier lot de diamants caché dans le double fond d'une bouteille d'oxygène. Ses quelques serviteurs africains regagnèrent peu à peu leurs villages, Lowenshalle fut dépouillée de ses objets de valeur et la jungle commença aussitôt à engloutir inexorablement ce que Hartmann avait construit.

De retour en Europe, l'entrepreneur rassembla tous ses avoirs en un seul fonds qu'il confia à un administrateur puis se retira dans une maison de retraite de Garmisch-Partenkirchen, en Bavière, où il consacra ses dernières années à rédiger l'histoire de sa vie et de ses secrets dans une centaine de cahiers comme celui que Matheson avait sur son bureau. Lorsqu'il mourut sans héritier, les carnets furent agrégés au fonds, qui devint quelques décennies plus tard la propriété de la Matheson Resource Industries quand celle-ci racheta la Kotto Fluss Bergbau à la banque suisse qui gérait les biens de Hartmann. À aucun moment depuis l'acquisition de la Kotto Fluss Bergbau et de ses sociétés de distribution annexes il ne fut fait mention oralement ou par écrit d'opérations minières quelconques sur les terres attenantes à Lowenshalle ou aux environs.

« C'est presque à croire que Dieu existe, marmonna Matheson dans sa barbe. Entrez ! » cria-t-il en entendant frapper discrètement à sa porte.

La porte s'ouvrit, livrant passage au major Allen Faulkener.

« Oui ? demanda sèchement Matheson.

— Je pensais que vous aimeriez être informé, dit le responsable de la sécurité. Harris est à pied d'œuvre.

— Espérons seulement qu'il ne fera pas tout foirer, cette fois, répondit Matheson. S'il avait fait ce qu'il fallait sur la route de Khartoum, nous n'en serions pas là.

— Il a avec lui six des "agents spéciaux" de la mère Sinclair. S'il loupe son coup, il sait ce qui l'attend.

— Parfait. Quand nous nous serons occupés de Holliday et des petits curieux qui l'accompagnent, nous pourrons peut-être voir à trouver un successeur au président Kolingba. »

La bonne odeur du poisson en train de cuire mettait en appétit. Troquant son rôle de chauffeur pour celui de cuisinier, Samir avait fait frire dans de l'huile de palme les épais filets d'un poisson-chat qu'il avait préalablement panés. L'huile bouillonnait au fond d'une grande poêle en fonte, sur une des deux plaques de la cuisinière à bois installée sur un socle de briques réfractaires à l'avant du *Pevensey*, et d'épaisses rondelles de patate douce étaient en train de brunir dans une autre poêle. Le vieux Soudanais retournait de temps en temps le poisson et les légumes d'un geste de main expert à l'aide d'une spatule en tôle qu'il avait lui-même fabriquée. Une réserve de bois et une hachette étaient posées près de lui dans un panier grillagé tout avachi.

Pendant que Samir cuisinait, Bakri, l'autre mécanicien, tenait la barre et Jean-Paul, le troisième homme d'équipage, sondait la rivière, annonçant régulièrement la hauteur d'eau sous le fond plat du bateau. À cette heure matinale, la brume continuait à étirer ses volutes fantomatiques au ras de l'eau et, à l'est, le disque de bronze martelé du soleil commençait à émerger des haillons de brouillard en suspens au-dessus de la jungle luxuriante.

« Nous nous arrêterons à l'ombre d'ici quelques heures pour laisser passer la canicule », dit Eddie.

Samir jeta un filet de poisson bien doré et une portion de patates douces sur une assiette en fer-blanc qu'il présenta à son patron, mais celui-ci la tendit galamment à Peggy. La jeune femme porta prudemment à sa bouche un morceau de poisson et ses yeux s'agrandirent.

« C'est délicieux ! s'exclama-t-elle. Une merveille ! » ajouta-t-elle après avoir goûté une patate.

Avec un large sourire de contentement, Samir continua à remplir les assiettes.

« Les poissons-chats d'ici sont différents de ceux d'Amérique, qui se nourrissent au fond. Les nôtres mangent des plantes fraîches et ont moins le goût de vase, expliqua Eddie. Les Cubains pensent que le poisson-chat est un envoyé de Babalu Aye, le génie du mal, parce qu'il peut se déplacer sur terre en s'aidant de ses nageoires, mais ça ne les empêche pas d'en manger ! »

Avant même d'entendre le bruit, Holliday fut averti du danger par un sixième sens. À l'instant où il prenait l'assiette que lui tendait Samir, l'instinct, ou peut-être un détail fugitif perçu du coin de l'œil, le fit se retourner, soudain aux aguets, sur la caisse en plastique qui lui servait de siège. Il plissa les paupières, cherchant des yeux ce qui n'était vraisemblablement que le fruit de son imagination, puis la chose apparut, tel un spectre dans la brume au-dessus des arbres : le reflet du soleil sur le pare-brise d'un avion volant bas. Un petit appareil, sans doute un Cessna Caravan, équipé de flotteurs et peint en vert foncé pour se confondre avec la canopée.

Une fraction de seconde plus tard, deux éclairs jaillirent sous les ailes de l'avion, suivis d'un *vlouf* curieusement tronqué, comme le sifflement brusquement interrompu d'une balle frappant l'eau à grande vitesse. Un son qu'il ne connaissait que trop bien : celui de deux missiles air-sol Hellfire à vol autonome tirés simultanément – vingt kilos d'explosif à haut pouvoir détonant qui leur arrivaient dessus à mille cinq cents kilomètres-heure.

« À couvert ! » hurla-t-il.

Les missiles atteignirent leur but avant même qu'il n'ait fini de lancer son avertissement. Tiré par quelqu'un d'adroit, un AGM-114 Hellfire pouvait pénétrer dans un véhicule en mouvement par une vitre ouverte. Des deux missiles visant le *Pevensey*, l'un frappa la cloison arrière du salon, à l'arrière de la timonerie, et l'autre explosa en même temps dans la chaufferie, pratiquant une brèche de la taille d'une portière de voiture dans le fond du vieux rafiot.

Dans la timonerie, Bakri fut atomisé sur-le-champ. Au moment de l'impact, Jean-Paul, debout à l'avant avec sa perche, fut projeté par-dessus bord par la brusque embardée du *Pevensey*. Quant à Samir, accroupi devant ses poêles, il eut les côtes broyées quand la cuisinière se renversa sur lui, avant d'être ébouillanté par l'huile frémissante qui se déversa sur sa tête, son cou et sa poitrine. Ses vêtements de coton léger et ses cheveux s'enflammèrent au contact des bûches en feu qui roulaient hors du fourneau retourné, le transformant en torche humaine. Il émit quelques gargouillis, vite étouffés par l'huile qui lui entrait dans la bouche et dans la gorge.

Holliday, qui était assis du côté tribord, se jeta instinctivement, bras tendus, vers Peggy et Raffi, les précipitant dans l'eau juste à temps pour échapper à la grêle d'éclats de fonte, de verre et de bois qui allait s'abattre sur eux. Le *Pevensey*, privé de gouvernail, se mit en travers du courant et commença de gîter fortement, déséquilibré par l'eau qui pénétrait à flots par le trou béant de sa coque.

Holliday eut le temps d'entrapercevoir l'avion qui passait en vrombissant au-dessus de lui au moment où il plongeait à son tour. Les caractéristiques de l'appareil lui revinrent spontanément en mémoire : Cessna Caravan 208 ; neuf passagers, mais sûrement pas plus de six ou sept en tenant compte du poids des missiles. L'eau se referma au-dessus de sa tête et il fut entraîné vers le fond caillouteux, son champ de vision réduit de moitié par la boue en suspension. Puis il se souvint.

Les crocodiles.

Les crocodiles du Nil, des monstres préhistoriques vert bronze, jaune et violet pouvant atteindre six mètres de long, peser une tonne et se déplacer à soixante kilomètres-heure sous l'aiguillon de la faim. Avec leurs soixante-huit dents coniques implantées dans des mâchoires exerçant une pression d'une tonne et demie par centimètre carré, ces horreurs, qui chassaient parfois en meutes de cinq individus ou plus, étaient capables, cela s'était vu, de saigner des rhinocéros de deux tonnes. Pour eux, un humain de taille moyenne comme lui constituerait à peine plus qu'un hors-d'œuvre.

Battant frénétiquement des bras et des jambes, Holliday remonta à la surface. Le courant l'emportait en même temps que les débris du *Pevensey*. Il secoua la tête pour chasser l'eau de ses yeux et vit Raffi, qui luttait pour traîner Peggy, inconsciente, vers la rive. Le capitaine Eddie était déjà en train de se hisser sur la berge glissante. Le panier contenant la réserve de bois de Samir passa en tournoyant près de Holliday, qui réussit en tendant le bras à détacher la hachette de la bûche où elle était plantée.

« *¡ Detrás de usted !* Derrière vous ! » cria Eddie du rivage.

Holliday se retourna. Un gigantesque crocodile en plein élan fonçait vers lui, propulsé par les mouvements de godille de sa puissante queue cuirassée, ses yeux de saurien au regard vide émergeant à peine de la surface mouvante de l'eau. Il lui apparut cependant tout de suite que l'attention de l'effroyable créature n'était pas fixée sur lui, mais sur Peggy, que Raffi et Eddie s'efforçaient de tirer hors de l'eau.

Holliday fit un écart de côté, tel un matador esquivant le taureau, avant d'assener d'un revers de main un coup de hachette dans l'œil de l'animal. Le crocodile se cabra en poussant un épouvantable brame guttural. Holliday parvint à lui arracher la hachette de la tête et nagea comme un forcené vers la rive tandis que la brute blessée s'éloignait de lui en tournoyant sur elle-même. Comme il prenait pied sur le fond, Eddie redescendit la berge pour lui tendre la main.

« Je vous conseillerais d'être un peu plus rapide, *señor* », dit le Cubain, qui le tira d'une secousse sur la rive boueuse tout en sortant de son étui son grand couteau de chasse.

Après s'être éloigné de l'eau en trébuchant, Holliday se retourna et vit Eddie bondir en avant pour enfoncer jusqu'à la garde sa forte lame entre les yeux du géant à demi aveuglé qui revenait à la charge.

Le crocodile se tortilla, parcouru d'un long tremblement, puis s'immobilisa soudain quand l'acier pénétra dans son cerveau. Eddie retira la lame de la plaie, empoigna sous l'eau une des pattes courtaudes de l'animal et le renversa sur le flanc, exposant son ventre couleur d'aubergine pâle. Cela fait, il lui plongea son couteau dans la gorge et l'ouvrit de haut en bas en manœuvrant sa lame comme une scie. Les entrailles de la bête se répandirent dans l'eau peu profonde, l'œsophage, le cœur, les poumons, le foie et l'intestin se mêlant en un infâme ragoût puant. Enfin, Eddie repoussa du pied le cadavre dans le courant.

« Ça devrait occuper ses copains un petit bout de temps », déclara-t-il en agrippant Holliday par le coude pour l'aider à gravir la berge.

À la lisière de la jungle, Raffi était penché sur Peggy, qui s'asseyait en toussant contre le tronc d'un arbre surplombant la rivière.

« Elle va bien, assura-t-il. À moitié noyée, mais ça va.

— Vous avez de sérieux ennemis, dit Eddie en se tournant vers Holliday après avoir regardé un moment les vestiges du *Pevensey* s'échouer sur la rive. Vous auriez peut-être pu m'avertir.

— Je suis désolé, répondit Holliday, qui s'efforçait de reprendre son souffle, mains appuyées sur ses genoux. Je ne pensais pas qu'ils m'en voulaient à ce point.

— Vous vous trompiez, *comandante*. À mon avis, ils vous en veulent vraiment beaucoup. »

Holliday se redressa. Ses vêtements étaient souillés de boue, il empestait, mais il était sain et sauf.

« Où se trouve l'endroit le plus proche où la rivière s'élargit sur, disons, cinq ou six cents mètres ? demanda-t-il.

— On vient de se faire tirer dessus à la roquette et on a failli se faire bouffer par les crocodiles, rappela

Peggy d'une voix lasse. Pourquoi as-tu besoin de savoir une chose pareille ?

— Parce que cinq cents mètres est la distance qu'il faut à un bon pilote pour poser sur l'eau un Cessna Caravan équipé de flotteurs.

— Vingt kilomètres en amont ou trente en aval, répondit Eddie en essuyant son couteau sur son jean avant de le remettre dans son étui.

— Combien de temps pour que ces gens-là arrivent ici ?

— En bateau, quatre heures, ou plutôt cinq à ce moment de la journée. Deux fois plus à pied. Il n'y a que très peu de pistes, ils devront longer la rivière, suivre les méandres.

— Y a-t-il une chance qu'ils trouvent des bateaux ?

— Peut-être une ou deux petites pirogues, mais ça ne suffit pas. Il n'y a pas de village sur cette partie de la rivière.

— Donc, nous disposons d'environ huit heures. En gros, nous avons jusqu'à la tombée de la nuit.

— Huit heures pour quoi faire ? demanda Raffi, toujours accroupi près de Peggy.

— Pour nous préparer. »

14

« Montrez-moi un feuillu convenable, dit Holliday.

— Un arbre, *señor* ? demanda Eddie en lançant un regard perplexe à la jungle foisonnante qui bordait l'étroite clairière au bord de la rivière.

— Un arbre, oui. D'un bois dur de préférence.

— Il y a celui-là, là-bas, auquel Mlle Blackstock est appuyée. »

L'arbre en question mesurait entre dix-huit et vingt mètres et son sommet se perdait dans la canopée. Ses épaisses racines rayonnantes semblaient soulever le tronc commc lcs pattes d'une araignée trapue. Les feuilles, larges et arrondies, étaient d'un vert profond. Les branches retombaient vers le sol, tel un rideau pesant.

« C'est un iroko, indiqua Eddie. Beaucoup de poètes l'ont célébré. Il est aussi menacé d'extinction.

— Celui-ci m'a plutôt l'air en pleine forme, remarqua Holliday.

— L'iroko n'est pollinisé que par les roussettes, des chauves-souris que les paysans exterminent pour protéger leurs récoltes. »

Holliday s'approcha de l'arbre et leva les yeux vers

ses branches enchevêtrées. Raffi et Peggy suivirent son regard.

« Qu'est-ce que vous cherchez ? demanda Raffi.

— Une branche morte.

— Je croyais que l'idée était d'échapper aux types de l'avion, fit remarquer Peggy.

— Ils sont armés, nous pas. D'une façon ou d'une autre, ils finiront par nous rattraper pour nous tuer. Nous devons donc les tuer d'abord, répondit Holliday sans prendre de gants.

— Avec un bout de bois mort ? objecta Raffi.

— Avec celui-ci, oui », dit Holliday en désignant une branche sans feuilles d'environ trois doigts d'épaisseur qu'il coupa d'un coup de hachette.

Il amena la branche à lui, en tailla une extrémité, puis la tint verticalement devant lui pour en estimer la longueur. Elle lui arrivait au menton, soit un mètre quatre-vingts environ.

« On va les estourbir à coups de gourdin dans leur sommeil ? s'enquit Peggy, ironique.

— Toi et Raffi, allez plutôt aider Eddie à récupérer ce qui peut l'être dans les débris du bateau, répliqua Holliday en montrant le capitaine qui s'employait à tirer des épaves hors de l'eau. Ensuite, je vous expliquerai. »

Une demi-heure plus tard, avec le couteau emprunté au Cubain, il avait donné à son bâton la forme qu'il désirait. Les deux extrémités, affinées et dotées de petites encoches, ne mesuraient plus qu'un centimètre et demi d'épaisseur ; la partie centrale un peu moins de deux centimètres de diamètre. Un côté de la perche était façonné dans l'aubier, l'autre dans le bois dur, formant une sorte de stratifié naturel. Ce travail accompli, il rejoignit ses compagnons au bord de la rivière pour voir où ils en étaient.

Ils avaient récupéré tout ce qui s'était échoué sur la rive ou pouvait être attrapé sans attirer l'attention de la flotte de crocodiles qui croisait à fleur d'eau, à la limite du courant principal. Eddie et Raffi transportaient les objets les plus lourds jusqu'au sommet de la berge, où Peggy triait ceux qu'ils avaient déjà apportés.

D'un coup d'œil circulaire, Holliday fit un rapide inventaire du bric-à-brac étalé dans la petite clairière. Il y avait là deux chevrons de cinq centimètres sur dix auxquels tenaient encore des lambeaux de Placoplatre fixés par des clous – sans doute des montants qui soutenaient les cloisons de la chaufferie ; l'encadrement de la baie vitrée et ses persiennes en carton ; deux coffrets-cadeaux neufs contenant chacun douze couteaux à steak Ginsu ; une hache de bûcheron fichée dans un billot ; un rouleau de chatterton détrempé et une vieille canne à pêche en bambou avec son moulinet encore chargé de fil de nylon noir.

« Eh bien, il y a là tout ce qu'il faut pour rétablir un peu l'équilibre des forces, dit-il.

— Je peux faire quelque chose, *compadre* ? demanda Eddie, qui s'était approché.

— Oui, un feu. Un petit, mais qui chauffe bien. »

« Je n'ai trouvé dans nos dossiers que quatre candidats réellement sérieux pour remplacer Kolingba, déclara Allen Faulkener en laissant tomber sur le bureau de sir James Matheson une pile de documents top secret contenus dans des chemises bleues rayées de rouge. Le choix le plus évident serait le docteur Oliver Gash, de Baltimore, dans le Maryland, également connu sous le nom d'Olivier Gashabi, un réfugié rwandais qui a fui son pays dans les premiers jours du génocide. Il posséderait toute l'intelligence, les relations et la cupidité naturelle requises pour diriger le Kukuanaland selon nos vœux, moyennant quelques incitations adéquates. Le numéro deux est le docteur Amobe Barthélemy Limbani, qui était le gouverneur de la préfecture de Vakaga avant que celle-ci ne soit subitement rebaptisée Kukuanaland. L'alternative Limbani présente toutefois plusieurs inconvénients majeurs : d'une part, il est très possible qu'il soit mort ; d'autre part, s'il ne l'est pas, nous n'avons pas réussi à le localiser ; et enfin, à supposer qu'il soit en vie et que nous puissions mettre la main sur lui, il n'est pas du tout certain qu'il puisse être acheté.

— Tout homme a un prix, dit Matheson. Et si ce Limbani refuse de se laisser soudoyer, nous trouverons bien quelque chose dans son passé qui donne prise au chantage.

— Pas dans son cas. Il semble absolument sans tache. Et cette option soulève par ailleurs d'autres difficultés qui pourraient bien se révéler insurmontables.

— La troisième possibilité ?

— Ah, l'*outsider*. François Nagoupandé. Il était vice-gouverneur du Vakaga et a trahi Limbani. Il vit actuellement de ses rentes mal acquises dans une résidence fermée à Bamako, au Mali. Il a une telle frousse d'être assassiné par Kolingba qu'il s'entoure en permanence d'une armée de gardes du corps. Son principal atout est d'être un Banda, et non un Yakima comme Limbani. C'est d'ailleurs pour cela qu'il avait été nommé vice-gouverneur.

— Il peut être approché facilement ?

— Oui. Nous avons déjà pris contact avec lui.

— Sa réaction ?

— Il est prêt à manger dans la main de quiconque le débarrassera de la menace que fait peser sur lui Kolingba et lui promettra un bel uniforme bardé de médailles. C'est une sorte d'Idi Amin Dada en puissance.

— Il réclame aussi de l'argent, je suppose.

— Beaucoup d'argent, selon ses critères ; de la menue monnaie pour nous. Nous devrons également lui promettre de prévoir un plan de fuite et un compte en Suisse à son nom pour le jour où une révolution le forcera inévitablement à décamper. C'est un imbécile, mais il n'est pas fou, si vous voyez ce que je veux dire.

— Il va falloir que nous trouvions une société *ad hoc*. Un truc qui a fait l'objet d'une grosse introduction en Bourse, mais décline depuis longtemps, comme les anciennes mines de cuivre des Philippines, par exemple. Une honnête compagnie coloniale. Belge ou hollandaise. L'opération doit être totalement opaque et nous devons en avoir le contrôle absolu.

— Je vais voir ce que je peux dénicher, dit Faulkener. Et pour Nagoupandé ?

— J'aimerais le rencontrer le plus tôt possible.

— Ça ne devrait pas poser de problème.

— Envoyez-lui le jet privé, ça l'impressionnera, suggéra Matheson avec un grand sourire. Nous pourrions peut-être aussi l'habiller chez Gieves & Hawkes, puis aller le chercher pour la réunion quand Lanz sera prêt.

— Les médailles ?

— Autant que vous pourrez en trouver. Qu'il ait l'air d'un arbre de Noël ! »

Ce n'était pas sans raison que le logo de Blackhawk Security représentait la figure de proue altière d'un drakkar viking : Lars Thorvaldsson, le fondateur de la société, se considérait lui-même comme un Viking des temps modernes. Lars, qui avait gagné des milliards au fil des années, s'était toujours vanté de trouver son inspiration chez ses ancêtres scandinaves. Il se prétendait le descendant direct par son père, Erik Thorvaldsson, de Leif Erikson, plus connu sous le nom d'Erik le Rouge.

C'est Lars qui avait imaginé la devise de son entreprise : « Nous avons fondé l'Amérique ; maintenant nous en assurons la sécurité », et la tradition viking n'avait fait que se renforcer au fur et à mesure que Blackhawk prenait de l'importance. La première publicité télévisée de Blackhawk, diffusée à la mi-temps du Superbowl de 1972, montrait un drakkar arborant la figure de proue de la société en train d'accoster le front de mer de Duluth tandis qu'un Viking en casque à cornes soufflait dans le *gjallarhorn*, le cor traditionnel des sagas nordiques.

Après la mort de Lars Thorvaldsson en 1989, l'achat de Blackhawk par la multinationale que dirigeait Kate Sinclair, conjugué au déclenchement de la première guerre d'Irak par George Bush père, contribua à faire prospérer davantage encore la société ainsi que l'esprit viking qu'elle cultivait. On se mit à organiser des séminaires sur les valeurs vikings fondamentales pour les cadres, des ateliers vikings divers et variés pour les employés, des reconstitutions historiques vikings pour les familles et des camps de vacances pour les enfants. Kate Sinclair alla jusqu'à créer un parc à thème viking non loin du centre commercial Mall of America et du siège original de l'entreprise, à Bloomington, dans le Minnesota.

Il n'y avait donc rien de surprenant à ce que les sept hommes du commando Blackhawk dirigés par Michael Pierce Harris, ainsi imprégnés d'éthique viking par des années d'endoctrinement, aient décidé d'approcher leur objectif à la manière des Vikings d'antan. Peut-être même se prenaient-ils pour les « fantômes gris » des légendes – ces trolls du crépuscule qui émergeaient de la lumière déclinante protégés par leurs *galdrastafir*, les emblèmes runiques qui les rendaient invisibles. Mais, quoi qu'ils aient pu s'imaginer, leur tactique fit long feu.

Ils arrivèrent à bord de deux pirogues, trois hommes dans l'une, quatre dans l'autre, dont Harris, qui débarqua le dernier. Le jour baissait, comme Holliday l'avait espéré. Vue de la rivière, la berge semblait déserte, même si les traces dans la boue et les épaves sauvées du naufrage montraient clairement que l'endroit était celui où les survivants du *Pevensey* étaient sortis de l'eau.

Les sept commandos, tous en tenue de combat camouflée, chapeau de brousse assorti et rangers, y compris Harris, étaient armés de MP5 Heckler & Koch, de semi-automatiques Browning Hi-Power et de couteaux KA-BAR de vingt centimètres. Certains portaient des baudriers d'épaule chargés de grenades M67. Le pistolet de Harris n'était pas un Browning, mais un Glock 9.

Les sept hommes gravirent la pente en vociférant. Le premier qui parvint au sommet fut aussi le premier à mourir. La flèche de soixante centimètres tirée avec l'arc bricolé de Holliday l'atteignit juste à gauche du cœur et pénétra jusqu'à sa colonne vertébrale, l'empennage de chatterton et la pointe simplement durcie au feu du projectile improvisé ne l'empêchant pas, avec son énergie de cent cinquante joules, d'être tout aussi mortelle que le MP5 dont le commando n'eut même pas le temps de se servir.

Après avoir posé le pied sur des feuilles de carton masquées par de la boue, le deuxième et le troisième attaquants tombèrent dans une fosse pour s'empaler sur les vingt-quatre couteaux Ginsu.

Le quatrième assaillant n'atteignit le faîte du talus que pour recevoir dans l'aine la deuxième flèche de Holliday, qui lui troua la vessie et l'intestin. Voyant que l'homme, toujours vivant, présentait toujours un danger, Eddie jaillit de la lisière où il se tenait à plat ventre sous le couvert du feuillage, à droite de Holliday, et lui plongea son coutelas dans le ventre avant de remonter la lame jusque sous les côtes, transperçant le poumon droit et le cœur.

Devant un tel renversement de situation survenu en quelques secondes, Harris changea de cap et se jeta dans la jungle pour s'éloigner le plus vite possible du terrain exposé de la clairière. Les deux membres restants de son équipe foncèrent derrière lui au mépris du code d'honneur viking. Holliday, qui avait déjà tendu son arc, lâcha sa troisième flèche. Celle-ci frappa Harris entre la première et la deuxième vertèbre cervicale. Dépourvue de fer tranchant, la pointe dévia d'abord latéralement, perforant l'artère carotide, puis verticalement, embrochant la langue. Harris tomba à genoux et, paralysé, regarda sans proférer un son le sang couler de sa bouche pour se perdre dans la terre grasse et noire de la jungle.

Jetant son arc, Holliday courut dans la clairière arracher un MP5 de la main d'un des morts. Il tira une rafale en direction des fuyards, mais ne parvint qu'à déchiqueter les frondaisons au-dessus de leur tête.

Dans le silence soudain, Raffi et Peggy, l'œil rond, s'approchèrent pour contempler les cadavres, stupéfaits des horribles dégâts causés, en particulier par le piège qu'ils avaient eux-mêmes confectionné. Eddie passait déjà d'un corps à l'autre, prélevant sur chacun les armes, le chapeau et enfin les rangers.

« Leurs chaussures aussi ? s'exclama Raffi, abasourdi par la méticulosité du Cubain.

— Le sol de la jungle peut être très dangereux pour les pieds, répondit le capitaine.

— Eddie a raison », confirma Holliday, qui tirait les dépouilles de la fosse aux couteaux, chaque lame sortant de la chair avec un léger bruit de succion obscène.

Après avoir dégagé les deux cadavres, il entreprit de les détrousser comme Eddie l'avait fait avec les autres.

« Donnez-moi un coup de main, dit-il. Plus vite nous en aurons fini, plus vite nous pourrons filer d'ici. »

Ils rassemblèrent tout ce qui leur paraissait utile puis se dirigèrent vers les deux embarcations rudimentaires du commando, abandonnant les corps. Comme ils montaient à bord, il se mit à pleuvoir.

« Il ne manquait plus que ça », grommela Holliday en poussant sa pirogue pour l'éloigner de la rive.

15

Assis à la fenêtre de sa chambre, le capitaine Jean-Luc Saint-Sylvestre épiait l'hôtel de l'autre côté de la rue à travers le viseur de son Canon EOS 5D. L'hôtel en question, l'Ali Pacha, se trouvait dans Clapham Street, tout près de Brixton Road, dans le sud de Londres.

Le policier imaginait sans peine l'intérieur de l'établissement : chambres minuscules sur cinq étages, toilettes de la taille d'un placard, escaliers étroits, papier peint décollé, tuyaux bruyants, punaises, cafards, souris... Londres abondait en endroits de ce genre. Le *nec plus ultra* en matière d'anonymat.

Le quartier était de notoriété publique la capitale de l'Angleterre afro-antillaise, ce qui permettait à Saint-Sylvestre de se fondre sans trop de mal dans le paysage, à condition de travestir son accent distingué d'intellectuel.

Mais Brixton n'était pas seulement connu pour posséder la plus forte concentration de population noire de la grande métropole, c'était aussi le haut lieu du crime londonien. Derrière sa façade pittoresque d'étals de fruits et légumes en plein air et de marchés aux vêtements africains ou antillais, on y trouvait, moyennant finance, de quoi satisfaire tous les vices imaginables : héroïne, prostituées – volontaires ou non –, cigarettes de contrebande, « diamants du sang », organes humains, mitrailleuses, marchandises volées de toute nature, sacs à main, montres ou articles de haute couture contrefaits…

Combler tous les désirs, y compris les plus inavouables, telle était la vocation de Brixton. Il était donc logique que la piste du toujours énigmatique Konrad Lanz ait conduit Saint-Sylvestre jusqu'à ce lieu de perdition.

Pendant ses six jours au Kukuanaland, Lanz avait fait quatre tentatives officielles pour obtenir un entretien avec Kolingba et consacré cinq après-midi à se promener dans Fourandao. Il avait passé toutes ses soirées au Trianon, prenant ses repas soit dans sa chambre, soit au bar Marie-Antoinette.

À l'hôtel, il n'avait parlé qu'à Marcel Boganda, le barman, un informateur depuis longtemps à la solde de Saint-Sylvestre. À en croire Boganda, leurs conversations avaient toujours porté sur des sujets aussi anodins que la météo. Si aucun indice concret n'infirmait l'hypothèse selon laquelle Lanz était venu à Fourandao préparer un coup d'État, comme Oliver Gash était prêt à l'admettre, rien non plus ne permettait de la confirmer.

Saint-Sylvestre exerçait le métier de policier en Centrafrique depuis très longtemps quand Gash s'y était établi, et le réfugié américano-rwandais ne lui inspirait pas confiance.

S'il existait quelqu'un de plus opportuniste que Kolingba, c'était bien Gash, le bras droit fraîchement promu du président. Et si Gash s'inquiétait de l'éventualité d'un coup d'État imminent, c'était uniquement pour décider s'il devait rester et choisir un camp, ou fuir vers la Suisse, le Panama ou le Liechtenstein, où il possédait des comptes en banque « secrets » dont Saint-Sylvestre connaissait tout.

Saint-Sylvestre n'ignorait rien non plus des comptes secrets de Kolingba lui-même, un de ses hommes, fonctionnaire au ministère de l'Intérieur, ayant en sa possession tous les documents afférents. À de maintes occasions au cours de sa longue carrière, il avait pu constater que les dirigeants centrafricains d'une façon générale, et ceux du Kukuanaland en particulier, n'étaient pas moins corruptibles et corrompus que leurs homologues étrangers, la seule différence étant que les choses se passaient à plus petite échelle à Fourandao, et plus ouvertement. Au Kukuanaland, la malhonnêteté des dirigeants allait de soi, au même titre que l'absence de libertés individuelles.

La corruption était dans l'ordre des choses en Afrique depuis les toutes premières livraisons de lait en poudre et de pénicilline par les organismes d'aide internationale. Dans ce misérable continent où régnaient pauvreté et violence, où trois mille tribus parlant deux mille dialectes différents luttaient pour exister, aucun code moral, religieux ou autre n'avait réellement cours. Le Marlow de Joseph Conrad savait de quoi il retournait quand il disait n'avoir découvert que « l'horreur ! l'horreur ! » au terme de sa remontée du fleuve Congo.

Et de l'horreur, il semblait bien qu'il y en eût encore en réserve. Depuis son arrivée à Heathrow, Konrad Lanz avait rencontré cinq personnes dans son quartier général sordide de l'hôtel Ali Pacha. Quatre de ces cinq individus semblaient sortis du même moule : des durs dont la sauvagerie animale restait perceptible même en plein cœur d'une grande ville comme Londres.

L'un d'entre eux avait même pu être identifié grâce aux fichiers photographiques que Saint-Sylvestre conservait à l'aéroport de Fourandao : Stefan Whartski, un mercenaire polonais qui avait commencé sa carrière en 1980 comme pilote d'un avion de transport pendant la guerre civile en Érythrée. Que des hommes comme Whartski soient en relation avec Lanz étayait l'hypothèse d'un coup d'État en gestation.

Quant au cinquième personnage, Saint-Sylvestre l'avait baptisé M. X. Lanz l'avait déjà reçu une fois, et c'était de nouveau avec lui qu'il était en train de s'entretenir. M. X n'avait rien de commun avec les autres : grand, d'allure aristocratique, il portait son costume sur mesure de Bond Street comme un uniforme, mais avec une raideur militaire plus adaptée aux défilés sur la place d'armes qu'à un crapahut dans la jungle marécageuse de Fourandao. Celui-là était un commanditaire : sinon le bailleur de fonds en personne, du moins un intermédiaire qui pourrait permettre de remonter jusqu'à lui.

Lanz et son mystérieux visiteur sortirent tout à coup de l'hôtel miteux et restèrent un moment à discuter sur le pas de la porte dans le halo de la veilleuse de sécurité. Saint-Sylvestre régla son téléobjectif. Ses années d'expérience de la « planque » lui avaient appris à lire sur les lèvres sans difficulté.

M. X : Vous avez vérifié la somme ?
Lanz : Oui. Le compte y est.

M. X : Vous serez là demain ?

Lanz : À 19 h 30, comme convenu.

M. X : Bien. N'oubliez pas de mettre une cravate.

Lanz : Tout ce que vous voudrez.

M. X : Parfait.

Lanz : Vous ne voulez vraiment pas venir manger un morceau ? Ils font un excellent poulet *makhani*.

M. X : Ce genre de truc ne me réussit pas... La cuisine indienne, je veux dire. Et puis il faut que je rentre, ma femme et mes gosses m'attendent.

Lanz : Je comprends.

Les deux hommes se séparèrent sans se serrer la main. M. X monta dans une Jaguar XJ tandis que Lanz se dirigeait vers la grand-rue. Saint-Sylvestre prit son téléphone portable et tapa un numéro abrégé. La voix hésitante de Tahib Akurgal répondit à la deuxième sonnerie :

« *Selam*, allô ?

— C'est moi », dit le policier sans se nommer.

Dieu seul savait pour qui d'autre que lui roulait le portier de nuit de l'hôtel Ali Pacha.

« Oui ?

— Qu'as-tu entendu ? »

Lors de son premier entretien avec Tahib, l'étudiant en médecine bûcheur qui travaillait la nuit dans l'hôtel de son oncle pour payer ses études, il avait commencé par lui demander :

« Combien te donne l'homme aux cheveux gris qui a l'accent allemand pour l'informer si quelqu'un t'interroge à son sujet ? »

Devant l'hésitation de Tahib, il avait offert à l'étudiant le double de cette somme tout en lui promettant d'égorger toute sa famille, du plus jeune au plus vieux en finissant par lui, s'il s'avisait de jouer double jeu. Résultat, Tahib émargeait désormais chez Saint-Sylvestre à cent livres par mois.

« Ils ont rendez-vous avec Sa Seigneurie à 19 h 30 demain soir.

— Sa Seigneurie ? répéta le policier en se demandant s'il fallait voir là un sarcasme de M. X à l'égard de son patron ou prendre la formule au pied de la lettre.

— C'est l'expression qu'a utilisée l'autre homme, monsieur.

— A-t-il précisé le lieu de ce rendez-vous ?

— Oui. Il a même insisté pour que M. Lanz note l'adresse par écrit.

— Et quelle est-elle, cette adresse ?

— 9, Grantham Place ; appartement 6 ; Londres W1. »

Dans le quartier de Westminster, donc. Lanz et M. X jouaient dans la cour des grands : Grantham Place était à l'hôtel Ali Pacha ce que le ciel est à l'enfer.

« J'arrive, Tahib. Il va me falloir la clé.

— Non, je vous en prie, monsieur ! M. Lanz me tuera s'il apprend que je vous l'ai donnée.

— M. Lanz est en train de manger un poulet *makhani* dans un restaurant indien du coin – probablement celui où il dîne tous les soirs depuis trois jours.

— Je vous en supplie, monsieur. Je ne peux pas faire ça.

— Mais bien sûr que tu peux, répondit Saint-Sylvestre en souriant dans sa barbe. Et non seulement tu peux, mais tu vas le faire. Cent livres en prime, d'accord ?

— En plus des cent livres par mois ? » demanda

Tahib d'un ton qui n'avait soudain plus rien de suppliant.

Saint-Sylvestre avait mené sa petite enquête sur les antécédents du veilleur de nuit et découvert à cette occasion que le père de Tahib était une personnalité en vue sur le marché de l'or du Kapali Carsi, le grand bazar d'Istanbul – donc un criminel. Les chiens ne faisant pas des chats, le policier en avait conclu que Tahib était peut-être un carabin, mais un carabin enclin au crime.

« Tout à fait, Tahib, en plus des cent livres mensuelles, confirma-t-il.

— Il vous faudrait peut-être aussi la clé de la chambre d'à côté, en cas de problème ?

— Là, tu me fais perdre mon temps, Tahib. J'ai horreur de ça.

— Pardonnez-moi, monsieur, je… Je vous attends, monsieur. »

Saint-Sylvestre prit dans son sac à dos son appareil photo miniature Chobi d'à peine plus d'un centimètre et le glissa dans la poche de poitrine de sa chemise. Trois minutes plus tard, il ouvrait la porte de la chambre de Konrad Lanz avec la clé fournie par Tahib Akurgal.

Située au dernier étage de l'hôtel, la chambre dominait une ruelle bordée de conteneurs à ordures de taille industrielle alignés contre l'arrière des immeubles dont la façade donnait sur la rue suivante. Un vieil escalier de secours tout rouillé zigzaguait contre le mur extérieur, avec un palier au niveau de la fenêtre de Lanz, pratiquement condamnée par des couches de peinture accumulées.

La pièce contenait un lit étroit qui s'affaissait, un

secrétaire installé sous l'unique plafonnier, et deux sièges – une sorte de fauteuil grand-père de style victorien aux bras et aux pieds chantournés, et un fauteuil club rebondi en velours bordeaux usé protégé par un jeté en chenille. Une table de chevet Ikea et une commode en contreplaqué complétaient l'ensemble. La valise de Lanz était ouverte sur la commode, offrant au regard un coûteux nécessaire de rasage dans un étui en cuir de chez Mulholand Brothers.

Saint-Sylvestre alla jusqu'au secrétaire, sur lequel étaient posés un bloc jaune couvert de notes soigneusement manuscrites, un feutre à pointe fine et la couverture du roman de Carl Hiaasen que Lanz avait apporté à Fourandao.

L'ingéniosité de Lanz forçait l'admiration : jour après jour, il avait établi de mémoire sur la jaquette du livre un plan extraordinairement détaillé du centre-ville où étaient reportés les emplacements des transformateurs électriques et des commutateurs téléphoniques. Il avait prêté une attention toute particulière au palais présidentiel, consignant le nombre de miradors et de tours de garde pour chacun d'entre eux. Les locaux du ministère de l'Intérieur apparaissaient à l'endroit exact qu'ils occupaient sur la place, de même que la résidence, en retrait de celle-ci, où logeaient les familiers que Kolingba avait placés à la tête de presque toutes les hautes fonctions administratives du Kukuanaland. Le plan indiquait aussi les itinéraires des patrouilles militaires, leurs heures de passage et leurs effectifs.

Les notes que contenait le bloc jaune complétaient les informations données par le plan. Elles étaient rédigées dans une sorte de sténographie assez simple à déchiffrer. Le mercenaire avait correctement évalué la garnison du palais à environ deux cents hommes en tout, dont une centaine réellement de service à chaque moment de la journée.

Les rares déplacements du président et de Gash étaient également répertoriés. Une page était consacrée exclusivement à l'armement, au parc de véhicules blindés et aux forces aériennes. Pas une erreur : rien n'avait échappé à Lanz.

D'autres feuillets présentaient une série de noms et de grades avec des nombres en regard qui devaient correspondre aux montants des soldes. Il y avait aussi des listes d'équipements. Au bas de chaque page était inscrit un total en euros. La dernière page ne comportait qu'une formule dont Saint-Sylvestre n'eut aucun mal à saisir le sens :

2 comp. X 200 (2 maj.) ASP
10 pel. X 20 (10 lieut.)
40 sect. X 10 (20 sgt)

Deux majors commandant deux compagnies de deux cents hommes fournies par une agence de sécurité privée dont le nom n'était pas précisé ; chaque compagnie divisée en dix pelotons de vingt hommes sous le commandement de dix lieutenants ; le tout subdivisé en quarante sections de dix hommes, chacune sous les ordres d'un sergent : voilà ce que prescrivait le docteur Lanz pour prendre le contrôle de Fourandao et du pays avec quatre cents soldats supérieurement entraînés et bien armés. Au total, en comptant les rémunérations, l'équipement et le transport, l'opération se montait à un peu plus d'un million d'euros.

Saint-Sylvestre commença à photographier les documents avec son Chobi tout en s'interrogeant.

Qui pouvait bien être prêt à payer un tel prix pour mettre la main sur un coin de jungle hostile et arriéré d'Afrique centrale en proie à la corruption, aux maladies, aux génocides, aux meurtres et aux viols de masse ? Et, surtout, pourquoi ?

16

Holliday percevait distinctement le murmure de la pluie d'été sur le toit du petit hôtel de Charles Street, dans le Vieux Carré français de La Nouvelle-Orléans, et l'arôme complexe de la bouillabaisse qui montait du restaurant au rez-de-chaussée. Conscient que tout s'évanouirait s'il ouvrait les yeux, il les gardait fermés, se prêtant à la caresse tiède de la brise qui entrait par les persiennes et séchait la sueur sur sa peau nue. Il écoutait son cœur reprendre son rythme normal tandis que lui parvenait, lointain, le thème de *Tiger Rag* joué à la trompette. Il savait où il se trouvait. Il savait aussi qui se trouvait près de lui sur le lit, tout en n'ignorant pas que cela ne pouvait être. Il était en poste à Fort Polk ; elle enseignait dans une école de la ville. Il y avait longtemps de cela.

« Reste, chuchota-t-il, tendant une main qui ne rencontra que le vide. Reste, juste un instant, Amy, je t'en prie. »

Seulement, Amy n'était plus que poussière et souvenir depuis des années. Elle ne vivait que dans ses rêves, mais avec quelle douloureuse intensité ! Il se réveilla et essuya ses larmes, content au moins qu'Eddie, déjà sorti de la petite tente qu'ils partageaient, ne l'ait pas vu pleurer.

Il leva les yeux vers le toit de toile de la Marmot Limelight camouflée aimablement fournie par le commando envoyé pour les assassiner. Le bruit de la pluie était bien réel. Plus curieusement, l'odeur de cuisine l'était aussi. Se secouant, il s'assit et se frotta le visage pour chasser les derniers vestiges de son sommeil agité. Parfois, il se prenait à détester le souvenir récurrent de sa femme, si vif et si profondément douloureux ; parfois, au contraire, il se demandait avec angoisse comment il pourrait vivre sans lui, persuadé que si l'image d'Amy s'effaçait, il s'effacerait lui-même, comme le « vieux soldat » de la ballade citée par MacArthur dans son discours d'adieu. S'effacer… N'était-ce pas en fin de compte ce qu'il aurait de mieux à faire ?

Il sortit en rampant de la tente puis se releva. Des écharpes de brume flottaient sur la rivière et s'accrochaient aux arbres. La pluie chuchotait dans les feuillages. Des oiseaux s'interpellaient bruyamment. Eddie était accroupi devant un feu qu'il avait allumé à deux pas de la berge, à l'abri d'un arbre touffu. Un gros poisson vert et blanc aux yeux globuleux, vidé et enfilé par les ouïes sur une tige de bois, était suspendu au-dessus des braises. Le Cubain leva la tête quand Holliday le rejoignit en se courbant pour passer sous les branches. Un épais rideau de grands roseaux les rendait pratiquement invisibles de la rivière.

« Encore des souvenirs, *mi coronel* ? demanda Eddie.

— Vous êtes trop perspicace, l'ami, répondit Holliday. Il sent bon, ce poisson.

— Un poisson boule. *Es muy sabroso*. C'est très bon.

— Je meurs de faim », déclara Holliday avant de se rendre compte qu'il ne mentait pas.

Eddie ramassa un rameau qu'il fit doucement glisser sur les écailles roussies du poisson : la peau se détacha, révélant l'épaisse chair nacrée en dessous.

« Presque prêt », annonça-t-il.

Comme si elle avait attendu cette réplique pour entrer en scène, Peggy, le visage chiffonné, sortit la tête de sa tente et promena sur les alentours un regard encore ensommeillé. L'humidité ambiante la fit frissonner en dépit de la température déjà élevée. Elle traversa d'un pas traînant le petit espace découvert derrière l'écran de roseaux et se laissa tomber près de Holliday. Raffi parut à son tour un instant plus tard. Décrochant le poisson de la brochette, Eddie le coupa en quatre gros morceaux qu'il posa sur de larges feuilles plates.

« Mangez avec les doigts, dit-il en passant les assiettes improvisées. Ici, c'est comme dans les restaurants de La Havane : les couverts sont sous clé. »

Peggy préleva une pincée de chair blanche feuilletée, la porta à sa bouche, mâcha consciencieusement et avala.

« Pas mal pour un restaurant en pleine jungle, admit-elle. Mais ça manque un peu d'assaisonnement.

— Attendez ! s'exclama Eddie. J'ai cueilli ça rien que pour vous. »

Se penchant en avant, il tendit à Peggy une des grandes feuilles pliée de façon à former un paquet. Elle l'ouvrit et vit un petit tas de miettes blanches.

« Qu'est-ce que c'est ?

— Goûtez-en un peu. Un tout petit peu. »

La jeune femme prit quelques fragments sur le bout de son doigt, les posa sur sa langue… et se mit aussitôt à tousser et grimacer en agitant les mains, les yeux fermés.

« Oh ! la ! la ! Ça pique ! s'écria-t-elle. De l'eau, vite ! »

Eddie lui lança une des bouteilles qu'ils avaient trouvées dans les provisions de leurs agresseurs. Peggy ôta la capsule, vida la bouteille d'un trait puis se renversa en arrière, les joues dégoulinantes de larmes.

« Qu'est-ce que c'est que ce truc ? demanda-t-elle en suffoquant.

— Des piments oiseaux », répondit le Cubain avec un grand sourire.

Il pointa son couteau vers l'autre côté du feu, désignant un arbuste foisonnant à larges fleurs mauves au milieu de la végétation.

« Il y en a partout, par ici, ajouta-t-il.

— Elle ne connaît que le piment en flacon qu'on trouve sur les tables des restaurants, commenta Holliday, hilare.

— C'est ça, moque-toi ! » dit Peggy, qui arracha un morceau de son poisson et se remit à manger.

Les autres l'imitèrent, dégustant en silence, le regard tourné vers la rivière à demi cachée par la brume.

« Une décision s'impose, déclara enfin Holliday après avoir terminé son plat et s'être léché les doigts un à un.

— Quelle décision ? demanda Peggy.

— Celle de savoir si nous continuons ou pas.

— Je ne comprends pas, intervint Raffi.

— Il ne s'agit plus d'une chasse au trésor. L'affaire est sérieuse, maintenant.

— Elle l'a toujours été à mes yeux, dit l'Israélien.

— Raffi, tant que notre but était de trouver les mines du roi Salomon, notre expédition pouvait s'apparenter à un jeu de piste, comme ceux des archéologues qui vont chercher l'arche de Noé sur le mont Ararat ou le Graal dans les ruines de Petra. Le problème est que la piste que nous sommes en train de suivre est devenue sacrément dangereuse : je vous rappelle qu'on a essayé de nous tuer.

— Pas à cause des mines du roi Salomon, objecta Raffi.

— Non, les gens qui nous en veulent sont en quête d'autre chose, seulement nous les gênons. Et ils ne plaisantent pas. Demandez à feu M. Archibald Ives ce qu'il en pense !

— Alors, on laisse tomber ?

— Je n'ai pas dit ça, Raffi. Mais nous devons nous mettre à couvert. Ces types nous ont tiré dessus avec des missiles air-sol, quand même ! C'était un avertissement, et je suis d'avis que nous en tenions compte.

« ¡ *Silencio !* ordonna soudain Eddie, oreille tendue vers la rivière, paupières closes.

— Qu'y a-t-il ? demanda Peggy.

— Écoutez ! siffla le Cubain. Et restez baissés ! »

De ses deux mains en coupe, il ramassa de la terre qu'il jeta sur le feu pour le recouvrir. Il renouvela l'opération et tassa la terre avec ses paumes.

« J'entends, maintenant, chuchota Holliday. Ça vient de l'amont. »

Eddie traversa d'un bond l'espace découvert pour se tapir derrière les roseaux. Avant de le suivre, Holliday se tourna vers Peggy et Raffi.

« Ne bougez pas ! Ne vous montrez pas ! »

L'archéologue acquiesça d'un signe de tête.

« Ça se rapproche », dit tout bas le Cubain, qui scrutait la rivière à travers les roseaux quand Holliday le rejoignit.

Des voix étrangement aiguës rappelant un chœur d'enfants semblaient surgir de la brume, accompagnées, en écho, par des coups rythmés et pesants, tels les battements étouffés d'un énorme tam-tam de bois.

« C'est le *Guenmilere*, chuchota Eddie, prêtant l'oreille.

— Le quoi ?

— Le *Guenmilere*. Un *canto* de la *Santería* – du vaudou.

— Une mélopée ?

— Oui, une mélopée. »

Le son s'interrompit quelques secondes.

« *¡ Coño !* » jura Eddie entre ses dents.

La source de l'étrange psalmodie venait d'apparaître : deux lourdes pirogues étroites d'une vingtaine de mètres de long taillées dans des troncs de frêne et dotées d'un long balancier en forme de banane ; sur chacune, quarante rameurs à la manœuvre, tous des garçons âgés de huit à douze ans portant, attachés dans le dos, des fusils d'assaut AK-47 bien trop grands pour eux. Une pile de ravitaillement arrimée sous une bâche occupait le milieu de chaque embarcation.

Et ils se remirent à chanter, suivant la sinistre cadence qu'un adulte, assis à l'arrière, marquait d'un puissant coup de massue contre la coque et d'un long grognement sourd après chaque verset :

En avant, soldats du Christ
Ohé !
Marchons comme à la guerre
Ohé !
Les yeux sur la croix de Jésus
Ohé !
Qui nous devance
Ohé !
Le Christ notre royal seigneur
Ohé !
Mène le combat
Ohé !
Voyez dans la bataille
Ohé !
S'avancer ses drapeaux

Les deux bateaux fendaient le courant, bondissant à chaque coup de pagaie qui pliait les enfants en deux, comme écrasés par le poids du fusil sur leur dos et enchaînés tels des esclaves par le rythme des coups de gourdin contre le bois.

« Des enfants-soldats ! » souffla Holliday.

Des enfants arrachés à leurs familles, contraints à regarder se perpétrer des atrocités, puis à en commettre eux-mêmes, avant d'être enrôlés dans une armée démoniaque pour se transformer en monstres sauvages et sanguinaires. Il en avait déjà croisé en Somalie et, sporadiquement, en Afghanistan, où ils étaient plus orphelins que soldats, mais jamais encore il n'en avait vu autant, en uniforme et bien armés.

« Qui sont-ils ?

— L'armée de résistance du Seigneur, répondit

Eddie. Créée en Ouganda, à l'origine, et commandée par un dingue nommé Joseph Kony.

— Qu'est-ce qu'ils font ici ? demanda Holliday tandis que les énormes pirogues s'éloignaient vers l'aval, progressivement avalées par la brume.

— Qui sait ? Ils se battent pour n'importe qui, maintenant, si on les paye bien. Mais je peux vous garantir une chose : ceux que nous venons de voir ne sont qu'une avant-garde. D'autres les suivent. Sur la rivière et à pied dans la jungle. Vous n'avez plus le choix, à présent.

— Plus le choix ?

— Nous ne pouvons plus retourner en arrière, *mi coronel*. Si nous voulons survivre, nous devons continuer. »

17

Le salon de l'appartement, entièrement blanc, était résolument moderne, avec un canapé blanc, plusieurs fauteuils assortis et une table basse en verre et acier disposés devant la cheminée en briques blanches. Au-dessus de cette dernière était accroché un grand triptyque de Francis Bacon que l'artiste avait peint pour commémorer la mort de son amant, George Dyer. Ce portrait saisissant d'un homme en train de se tordre de douleur sur une plage avait été acheté chez Sotheby pour soixante-sept millions de dollars.

Bien que propriétaire du tableau depuis trois ans par l'intermédiaire du Fonds Bambridge, sir James Matheson ne l'avait encore jamais remarqué. L'industriel trouva l'œuvre à son goût, sans doute parce qu'elle exprimait avec une violence sans fard des sentiments passionnés qu'il était raisonnablement certain de ne jamais éprouver lui-même, l'exemple de son père et treize années dans les *public schools* anglaises l'ayant mis à l'abri de ce genre de chose.

Avec lui dans la pièce se trouvaient Konrad Lanz, le major Allen Faulkener et l'invité d'honneur, François Nagoupandé, en grand uniforme de général de l'armée britannique. La poitrine de Nagoupandé semblait tirée vers la gauche par le poids de toutes les médailles que Faulkener avait pu dénicher pour lui : croix de guerre française, General Service Medal indienne, médaille des volontaires de la Royal Navy, Victoria Cross, George Cross, croix de l'ordre de Saint-Michel et Saint-Georges, Distinguished Service Medal, médaille Pro Patria d'Afrique du Sud, et même une très jolie grand-croix de l'ordre de l'Aigle romain, auquel Benito Mussolini avait eu l'honneur d'appartenir jusqu'à sa mort en 1945. Nagoupandé, qui tenait à être désormais présenté comme le général de brigade François Nagoupandé, n'avait pas la moindre idée du sens réel de ces décorations et s'en moquait bien, l'essentiel pour lui étant d'en posséder un plus grand nombre que Kolingba.

Pendant le séjour à Londres du général de brigade, Faulkener avait veillé à faire ouvrir pour lui un compte numéroté à la Gesner Kantonalbank d'Aarau, en Suisse, crédité d'un montant d'un million de dollars comme avance sur honoraires pour ses futures prestations en tant que consultant. Plusieurs gardes du corps avaient également été mis à la disposition de l'apprenti despote, ainsi qu'une télévision satellite pour occuper ses journées et une escouade de jeunes femmes dévouées pour égayer ses soirées. À aucun moment il n'était sorti de la maison de Belgravia où il était en lieu sûr, sauf pour aller essayer sa nouvelle garde-robe chez Gieves & Hawkes. Ses repas, provenant de divers pubs et restaurants du quartier, lui étaient apportés par les gardes du corps.

Faulkener commença de lire le plan d'action exposé

par Lanz dans un mémoire dactylographié de quarante-deux pages :

« À vingt-quatre zéro zéro, le jour de l'intervention, la moitié de la force de quatre cents hommes atterrira sur l'aéroport de Fourandao à bord d'un Vickers Vanguard loué à la société Lebanese Air Transport, en provenance de l'aéroport de Mopti, au centre du Mali – ville choisie comme point de ralliement de l'ensemble des effectifs. Ces deux cents hommes seront répartis en deux groupes de cent nommés Vanguard Un et Vanguard Deux.

« Vanguard Un aura pour mission de prendre l'aéroport de Fourandao et de neutraliser tout l'équipement opérationnel présent sur le site, y compris les deux hélicoptères Kamov Ka-52 "Alligator" que nous savons être basés là. Vanguard Deux aura pour mission de détruire les répéteurs hyperfréquence de l'aéroport ainsi que le dispositif de liaisons satellitaires montantes. À l'exception du signal ondes courtes du palais présidentiel, le Kukuanaland sera ainsi entièrement coupé du monde, et en particulier de Bangui, la capitale de la Centrafrique.

« Une fois ces buts atteints, deux pelotons de vingt hommes, l'un appartenant à Vanguard Un, l'autre à Vanguard Deux, resteront sur place pour sécuriser l'aéroport et couvrir une éventuelle manœuvre de repli, bien que cette précaution ait peu de chance de se révéler nécessaire. Les noms de code de ces deux pelotons seront Van A et Van B. Les cent soixante hommes restants de Vanguard Un et Vanguard Deux pénétreront ensuite dans Fourandao par l'avenue Forno da Cal, comme indiqué sur le plan dont chaque homme recevra un exemplaire.

« Les objectifs de Vanguard Un et Deux seront la place de la Révolution-du-Général-Kolingba, les locaux du ministère de l'Intérieur (situé au-dessus de la Banque des États de l'Afrique centrale, au nord de la place) et l'ensemble résidentiel protégé derrière l'hôtel Trianon Palace. C'est vraisemblablement dans cet ensemble bien gardé que loge le gratin des bureaucrates locaux. Les gardes devront être abattus, mais les occupants des immeubles seront consignés dans leurs appartements. Toute tentative de fuite de la part d'un résident sera réprimée avec le degré de force approprié.

« Une heure avant l'arrivée de Vanguard Un et Deux à l'aéroport de Fourandao, le reste des effectifs amerrira sur la rivière Kotto dix kilomètres en aval du port de Fourandao – situé à l'extrémité sud de l'agglomération –, à bord de deux hydravions Short Shetland de la Seconde Guerre mondiale remis à neuf. Chaque appareil transportera un groupe de cent hommes désignés sous les noms de Rivière Un et Rivière Deux. Ces hommes se seront eux aussi préalablement rassemblés à Mopti, à cinq kilomètres au nord de la ville, sur le fleuve Niger.

« À partir de leurs points de débarquement, indiqués sous forme de coordonnées GPS sur leurs ordres de mission, Rivière Un et Deux remonteront la Kotto dans des Zodiac Minuteman de dix places qui seront nommés Zodiac A, B, C, et ainsi de suite jusqu'à T, par souci de clarté dans les transmissions radio. Zodiac A et Zodiac B demeureront près des deux avions sur la rivière, avec à leur bord les pilotes, copilotes et mécaniciens des appareils.

« À leur arrivée sur le port de Fourandao, les dix-huit sections numérotées de Zodiac C à Zodiac T reconstitueront les deux groupes d'origine, confirmeront leur arrivée par radio à Vanguard Un et Deux, puis progresseront vers le nord par la rue de la Liberté jusqu'à la place de la Révolution-du-Général-Kolingba. Ils investiront le côté sud de la place ainsi que ses abords immédiats.

« Le top départ de l'opération étant donné bien après le début du couvre-feu, fixé à dix-huit heures zéro zéro à Fourandao, on pourra considérer que toute personne, militaire ou civile, rencontrée au cours de l'opération appartient aux forces ennemies et agir en conséquence.

« Les positions des différentes forces une fois établies et les montres des quatre commandants de groupe synchronisées, l'attaque du palais présidentiel pourra être lancée. Elle commencera par un bombardement au mortier qui débutera à zéro zéro minute pour cesser à zéro quinze minutes. Dans le même temps, des roquettes LAW seront tirées sur les miradors occupant les angles de l'enceinte. L'antenne ondes courtes située sur le toit du bâtiment principal sera également prise pour cible.

« Simultanément, des équipes de tireurs d'élite appartenant aux quatre groupes abattront tout membre des forces de sécurité du palais qui chercherait à fuir. Nous savons qu'un certain nombre de véhicules de transport blindés stationnent à l'intérieur de l'enceinte. Ceux d'entre eux qui n'auraient pas été détruits par les tirs de mortier ne devront pas quitter les lieux. Il sera fait usage de la force nécessaire pour juguler toute tentative dans ce sens, incluant l'emploi de lance-roquettes RPG, de roquettes LAW et la pose de mines antichars M-21 aux intersections des rues avoisinant l'enceinte.

« Plusieurs rumeurs font état de l'existence d'un tunnel reliant le palais présidentiel à un bâtiment extérieur. Au cours de ses repérages, le lieutenant-colonel Lanz a remarqué trois édifices en bien meilleure condition que leurs voisins dont un, abritant une pharmacie, semblait être sous la surveillance – ou sous la garde – de deux hommes en civil installés dans une voiture.

« L'examen des méthodes habituellement privilégiées par le commandant en second du général Kolingba, un certain Olivier Gashabi, alias Oliver Gash, accrédite tout à fait l'hypothèse du tunnel. Il est donc suggéré que la pharmacie soit anéantie à l'aide de roquettes incendiaires tirées au RPG dès le déclenchement des tirs de mortier et que ses ruines fassent par la suite l'objet d'une surveillance.

« On estime qu'entre la moitié et les deux tiers des défenseurs du palais auront été tués ou blessés une heure après le début de l'assaut. Toute offre de reddition devra être refusée et traitée par la force, même celle de Kolingba lui-même.

« L'effectif total des forces armées réparties dans de petites garnisons sur tout le territoire du Kukuanaland est estimé à trois mille hommes, le commandement, le contrôle et le ravitaillement de ces unités étant assurés depuis Fourandao.

« Les quatre cents hommes du corps expéditionnaire n'étant ni assez nombreux ni suffisamment équipés pour empêcher sur la durée un regroupement de ces différentes garnisons, il est impératif de trancher dès le début et de façon définitive la tête du serpent. Le corps expéditionnaire n'étant, en outre, pas en mesure de prendre en charge des prisonniers, les forces ennemies présentes à l'intérieur de l'enceinte devront être annihilées à cent pour cent.

— Et la population civile ? demanda Matheson.

— La population est terrorisée par la tyrannie de Kolingba. S'il est tué, la première réaction des habitants sera d'exprimer leur soulagement.

— Les fonctionnaires, dans leurs appartements ?

— Ils seront assignés à résidence. Le général de brigade Nagoupandé m'assure que son gouvernement en exil compte suffisamment de membres loyaux pour remplir les fonctions qu'assurent en ce moment les occupants des trois immeubles réservés.

— Et après que le général de brigade aura officiellement pris les rênes du pouvoir ?

— Ces gens seront alors à la discrétion du général de brigade Nagoupandé », répondit Faulkener sans manifester la moindre émotion.

Nagoupandé ne s'était pas fait faute de lui décrire avec force détails ce qu'il comptait faire subir à « chacun d'entre eux », hommes, femmes et enfants, mais à quoi bon accabler Matheson d'informations aussi macabres qu'obscènes ?

« Bien entendu, acquiesça l'industriel. Combien de temps nos troupes sont-elles censées demeurer sur place avant d'être relevées ?

— Six jours, dit Faulkener d'un ton dégagé. C'est le délai que nous estimons indispensable pour que la nouvelle du retour du général de brigade se répande par le bouche à oreille sur l'ensemble du territoire.

— Transmission par tam-tam ? commenta plaisamment Matheson en allumant un cigare.

— Une étude menée par la société InterMedia il y a quelques années a montré que dans les régions où subsistent des populations isolées, comme certains pays d'Afrique et le Kukuanaland en particulier, le bouche à oreille demeure le moyen de communication le plus efficace. Si les conclusions de cette étude sont exactes, nous pouvons nous attendre à ce que soixante-quinze pour cent de la population soit informée au bout de quatre jours et quatre-vingts pour cent au bout de six.

— Et une fois les populations au courant de cette bonne nouvelle, quelles seront les conséquences ? »

Nagoupandé prit alors la parole pour la première fois.

« Je suis un Banda, vous le saviez ?

— Naturellement, répondit Matheson.

— Quatre habitants sur cinq sont des Bandas. Une majorité écrasante. Quand les gens apprendront que Kolingba est mort et que je suis au pouvoir, il y aura aussitôt une révolution des machettes, comme disaient les colons français. Le sang des Bayas et des Yakimas coulera à flots et les garnisons seront débordées. Une armée populaire banda verra le jour en quelques semaines et j'en serai le chef. Vous pouvez être sûr que tous les Yakimas encore vivants prendront alors la fuite.

— Limbani aussi ?

— Limbani est mort », répliqua Nagoupandé, catégorique, son regard noir se faisant glacial.

Matheson tressaillit et se plongea dans la contemplation de son cigare pour dissimuler l'appréhension qui venait de le saisir. Faulkener avait réussi à le convaincre que Nagoupandé n'était qu'un candidat dictateur cupide comme il en existait tant, prêt à profiter de son quart d'heure de gloire avant de sombrer dans l'oubli, mais à présent le ton péremptoire du personnage ébranlait ses certitudes.

« En êtes-vous certain ? intervint Lanz. Je n'aime pas beaucoup l'idée de devoir faire face à une deuxième armée surgie de la jungle à la dernière minute.

— Pendant votre mission d'espionnage dans mon pays, avez-vous vu le moindre signe de sa présence ?

— Non, aucun. Si ce n'est l'expression sur le visage d'un barman quand j'ai prononcé le nom de Limbani.

— Ah, oui, Marcel Boganda ! s'exclama Nagoupandé en éclatant de rire. C'est un informateur de Jean-Luc Saint-Sylvestre, le chef des services de sécurité qui dirigeait la police secrète quand j'étais l'adjoint de Limbani. Déjà à cette époque-là, Boganda était une des araignées qui aidaient Saint-Sylvestre à tisser sa toile.

— Saint-Sylvestre, répéta Lanz avec un pâle sourire. Le nom du fonctionnaire des douanes à qui j'ai eu affaire en débarquant à l'aéroport.

— Il a connaissance des listes des passagers bien avant que les avions n'atterrissent. Quand il voit un nom inconnu sur un manifeste de vol, il enquête parfois lui-même. Un homme avisé, notre Jean-Luc.

— Du vent, tout ça, déclara Matheson. Ce qui est sûr, c'est que Limbani représenterait une réelle menace. Lui seul dispose des ressources et de l'instruction requises pour fomenter une révolution au Kukuanaland.

— Vous cachez mal vos préjugés, monsieur, dit Nagoupandé en adressant à Matheson un regard dépourvu d'expression. Vous me prenez pour un de ces sauvages interchangeables du continent noir qui ne rêvent que de dépouiller leur pays avant de se retirer dans le luxe et l'anonymat d'un petit eldorado comme

Dubaï ou la Suisse. Seulement, moi, je ne suis pas le banal tyranneau africain que vous croyez. Je suis titulaire d'une licence d'anthropologie de l'université de Paris et d'un master en économie politique de l'université Ruprecht-Karls de Heidelberg, voyez-vous. Si je suis rentré dans mon pays, c'était dans l'espoir de le faire évoluer, d'améliorer le sort de mon peuple. Je pensais que, moyennant un peu de temps, de travail et de patience, il pourrait redevenir le paradis qu'il était avant que les Français n'y importent la corruption. Je me trompais. Une fois contractée, la corruption est une maladie incurable. Kolingba n'en est qu'un symptôme.

« Alors prenez tout ce que vous voudrez, sir James. Je suis disposé à être votre marionnette aussi longtemps que vous le désirerez. Mais payez-moi bien. Avisez-vous de me tromper ou de me trahir, et vous vous en mordrez les doigts. Ma seule exigence est que vous m'apportiez la tête de Salomon Bokassa Sesesse Kolingba au bout d'une pique… Assez sauvage à votre goût, sir James ? » ajouta le général de brigade avec un sourire affable.

Matheson fuma son cigare en silence un long moment, les yeux sur le tableau de Bacon qui lui avait coûté deux fois la somme qu'il allait devoir débourser pour la déstabilisation du Kukuanaland – un pays gangrené dont il pourrait sans doute tirer dix milliards de livres de profit à travers la société-écran dont Faulkener était en train de négocier l'acquisition avec la banque d'Aarau. Un bon retour sur investissement en regard des risques encourus et de la quantité de sang versé.

Il tourna de nouveau son regard vers Nagoupandé. Le bonhomme avait l'air grotesque dans son uniforme de général de brigade, pourtant, Matheson le savait, ce n'était pas pour satisfaire sa vanité qu'il avait choisi cette tenue, mais pour symboliser sa puissance aux yeux de son peuple. Son accoutrement était l'équivalent des scarifications de certains chefs africains : plus les incisions étaient nombreuses, plus grande était la puissance.

Matheson savait exactement à quoi s'en tenir sur le compte de l'Africain, dont les belles phrases ne changeaient rien à l'affaire. En définitive, seul comptait le fait que Nagoupandé était assez malin pour faire ce qu'on lui demandait, car il n'ignorait pas qu'on pouvait le remplacer aussi facilement qu'une marionnette fabriquée en série.

« Assez sauvage à mon goût, oui, général de brigade Nagoupandé, répondit-il enfin. Bien assez sauvage. »

Au numéro 9 de Grantham Place, une impasse très chic donnant dans Old Park Lane, se dressait un groupe d'immeubles en brique d'époque victorienne bâtis autour d'une cour intérieure accessible de trois côtés par des portes cochères. Bien qu'en brique, l'ensemble n'était pas sans rappeler le Dakota Building, à New York, un édifice que le capitaine Jean-Luc Saint-Sylvestre, admirateur de Roman Polanski et de John Lennon, connaissait bien. Au Kukuanaland, bien sûr, Mark David Chapman, l'assassin de Lennon, aurait été exécuté sur-le-champ et démembré.

Une simple visite au siège de l'organisme de gestion du patrimoine historique – l'English Heritage – à Holborn avait permis au policier de consulter les plans originaux de l'appartement numéro 6 situé au premier étage, un monstre de dix pièces, comprenant deux chambres de bonne et quatre salles de bains.

Le bail à long terme pour la location de l'appartement était établi au nom d'un certain Fonds Bambridge, une entité juridique représentée par un cabinet d'avocats d'Édimbourg, en Écosse, qui payait l'intégralité du loyer au premier janvier de chaque année ainsi que les frais de nettoyage et d'entretien. Le cabinet écossais faisait en outre don de dix mille livres par an à l'English Heritage, dont les administrateurs ignoraient tout du Fonds Bambridge et ne tenaient pas à en savoir plus.

À 18 h 30, vêtu d'un costume de bonne coupe acheté à Savile Row, Saint-Sylvestre sortit du métro à la station Hyde Park Corner, puis descendit Piccadilly à pied jusqu'à Old Park Lane, d'où il gagna Grantham Place et l'entrée principale du groupe d'immeubles. Rien n'avait changé depuis sa première visite de reconnaissance. Après avoir fait mine de relacer sa chaussure, il retourna dans Old Park Lane et entra dans un pub qui portait, comme beaucoup d'autres, le nom de Rose and Crown. Là, il choisit une table près de la large baie donnant sur la rue, commanda une Heineken ainsi qu'une tourte au bœuf et aux rognons, et s'installa pour attendre.

Le défilé commença à 18 h 45 par l'arrivée de M. X avec en remorque un invité surprise en la personne de François Nagoupandé lui-même, en grand uniforme de général de brigade. Deux gardes du corps accompagnaient M. X et l'ex-adjoint du gouverneur Amobe Limbani. Vingt minutes plus tard, ce fut au tour d'une Rolls Royce Phantom noire de passer comme un souffle dans la rue étroite et, en se penchant, Saint-Sylvestre vit en descendre une silhouette qu'il reconnut pour l'avoir souvent eue sous les yeux en lisant le

Times, *Country Life* ou le *Wall Street Journal* : celle de sir James Matheson, P-DG de la Matheson Resource Industries, l'un des hommes les plus riches du monde.

Encore vingt minutes, et ce fut Konrad Lanz qui débarqua d'un taxi au coin de Grantham Place. Un fascinant rassemblement de sorciers autour du chaudron du Kukuanaland, songea Saint-Sylvestre. De tous, le plus étonnant était Nagoupandé. Kolingba, comme on pouvait s'y attendre, avait sous-estimé l'ex-gouverneur adjoint, mais Saint-Sylvestre n'avait eu de cesse de retrouver sa trace depuis le coup d'État. En vain jusqu'ici. Pour un « bouffon de petit fonctionnaire incompétent », comme le qualifiait Kolingba, Nagoupandé était remarquablement habile dans l'art du camouflage.

La participation de Nagoupandé à la réunion de Grantham Place confirmait tous les soupçons de Saint-Sylvestre. Matheson avait découvert des richesses dans l'arrière-pays de Fourandao et il était prêt à payer le prix pour se les approprier en se débarrassant de Kolingba et en mettant Nagoupandé à sa place.

Comme cela lui arrivait souvent, le policier se demanda si le fait de détenir tant de secrets explosifs ne représentait pas à terme un danger mortel pour lui. Bien conscient que si Nagoupandé accédait au pouvoir, le coup de balai qu'il donnerait n'épargnerait aucun recoin, il n'eut toutefois pas à réfléchir longtemps pour conclure qu'il était plus sage de servir le diable qu'il connaissait plutôt que celui qu'il croyait connaître. Il résolut donc de rester, momentanément du moins, fidèle à Salomon Kolingba.

Après avoir dégusté quelques bières en prenant son temps, il quitta le pub bruyant pour aller se poster à la terrasse du casino Rendez-vous de Mayfair, un peu plus haut dans Old Park Lane. Grantham Place étant fermée à son extrémité par le mur arrière d'un immeuble donnant sur Brick Street, il était certain de ne pas manquer les participants à la réunion quand ils sortiraient.

À 23 h 30, Nagoupandé et ses deux gorilles débouchèrent de la voie sans issue. Lanz suivit une demi-heure plus tard et, quinze minutes après son départ, la Rolls Royce reparut pour emmener M. X et sir James Matheson. Sauf coup fourré, l'appartement devait être vide à présent, mais, soucieux de ne prendre aucun risque, Saint-Sylvestre attendit encore une demi-heure. Il quitta enfin le café à 0 h 45, parcourut les quelques dizaines de mètres qui le séparaient de Grantham Place et s'engagea dans l'impasse.

S'il y avait une loge de concierge sous la voûte d'entrée du côté d'Old Park Lane, la porte cochère de Grantham Place n'était pas surveillée. Elle était simplement fermée par un portail en fer forgé ouvragé à pointes de flèches de trois mètres de hauteur dont les verrous d'origine avaient été remplacés par des serrures Yale modernes. Saint-Sylvestre prit dans sa poche son passe-partout électrique tubulaire ainsi qu'une tige de torsion. Il jeta un coup d'œil par-dessus son épaule puis enfonça la tige dans la serrure et appuya sur les goupilles.

Il introduisit ensuite l'extrémité pointue du passe-partout dans l'orifice, actionna trois ou quatre fois le bouton de contact pour aligner les clavettes et tourna la barre de torsion vers la gauche. Le portail s'ouvrit d'un coup. Saint-Sylvestre remit ses outils dans sa poche avant de pousser le battant pour pénétrer dans la cour intérieure déserte, qu'il traversa jusqu'à la porte d'accès à l'immeuble. Il s'assura que la voie était libre et réitéra la manœuvre avec son petit attirail de cambrioleur.

Enfin, rempochant une nouvelle fois son matériel, il entra, grimpa trois marches et prit le couloir qui menait au vestibule où se trouvaient les ascenseurs. Dans le hall, assis derrière une élégante réplique de bureau Louis XV, un agent de sécurité à moitié endormi lisait le *Daily Mirror*. Quand Saint-Sylvestre fit son apparition, l'homme leva la tête et le regarda approcher par-dessus son journal.

« Sa Seigneurie a oublié ses lunettes », expliqua le policier avec un sourire.

Le garde hocha la tête et se replongea dans sa lecture. Saint-Sylvestre prit l'ascenseur jusqu'au premier étage. Quelques instants plus tard, il poussait la porte de l'appartement numéro 6 après en avoir crocheté la serrure sans grande difficulté.

Aussi vaste que l'avait laissé prévoir le plan de l'English Heritage, l'endroit était meublé dans un style anonyme ultramoderne qui ne révélait rien de ce que pouvaient être ses locataires. Les seules traces d'une occupation récente étaient un mégot de cigare frais dans un énorme cendrier en cristal sur la table basse du salon et, dans la cuisine, quelques verres sales dans le lave-vaisselle.

Quelqu'un viendrait vraisemblablement faire un peu de nettoyage avant une nouvelle utilisation des lieux. Tout semblait indiquer que Saint-Sylvestre s'était donné du mal pour rien. Il inspecta chaque pièce sans trouver quoi que ce soit d'intéressant. Puis il ouvrit les portes persiennes du placard de l'entrée et un objet incongru lui apparut enfin, tandis que se répandait dans l'air le parfum d'une coûteuse lotion après-rasage.

Si sa mémoire ne le trahissait pas, l'after-shave, baptisé Dia pour homme, était élaboré par la parfumerie Amouage, fondée à l'instigation du sultan d'Oman dans les années 1980. Étant donné son prix exorbitant de deux ou trois cents dollars l'once, il avait probablement été acheté dans le but d'impressionner Nagoupandé. Mais l'objet qui avait attiré son attention était une carte de visite au nom de Leonhard Euhler, Gesler Bank, 11 Rathausgasse, Aarau, Suisse.

18

Ne pagayant que de temps en temps, ils se laissaient porter par le courant qui les entraînait vers l'ouest. Ils avaient attaché les pirogues l'une derrière l'autre en se servant des fentes normalement utilisées pour les « portages » sur terre ferme aux endroits où des chutes rendaient la navigation impossible. La force du courant augmentait à mesure que la rivière se rétrécissait entre des rives escarpées très différentes des berges plates et boueuses qui avaient prévalu jusque-là. Les tourbillons et les remous avaient pratiquement disparu, ainsi que les crocodiles, qui auraient eu du mal à trouver des proies dans un flot si rapide.

Même le bruit de la rivière avait changé. C'était à présent un rugissement puissant et profond, répercuté par les pentes des collines qui commençaient à émerger de la jungle. Le lendemain du jour où ils avaient vu les enfants-soldats, au lever du soleil, Holliday aperçut, loin devant, le halo magique et chatoyant d'un arc-en-ciel.

« Nous arrivons à des chutes, cria-t-il à Raffi et Peggy, qui occupaient la pirogue de queue. Au prochain endroit propice que je repère, nous accostons pour reconnaître le terrain. »

Ignorant de quel côté ils allaient pouvoir aborder, Holliday et Eddie tenaient le milieu de la rivière dont ils sentaient le courant se renforcer à chaque seconde.

Au bout d'un quart d'heure, Eddie désigna de sa pagaie ruisselante un point du rivage sur tribord en hurlant : « *¡ Ahi !* Là-bas ! »

L'endroit qu'il montrait, à deux cents mètres sur la droite, était une minuscule tache d'un vert un peu plus pâle que la végétation environnante. Holliday effectua un large mouvement circulaire sur la gauche avec sa pagaie de façon à faire dévier la proue de la première pirogue et ils sortirent du courant légèrement de biais. Eddie et lui se mirent à ramer vigoureusement, imités par Raffi et Peggy dans l'autre embarcation. Quand ils furent tout près de la petite plage, Holliday tendit le bras en arrière et défit d'une simple traction le nœud de l'attache de remorque. Les deux pirogues atteignirent le bassin à peine visible d'eau stagnante et, emportées par leur élan, glissèrent jusque sur le sable grossier de la berge.

Holliday et Eddie sautèrent sur le sol pour traîner leur embarcation entièrement au sec puis se laissèrent tomber, épuisés, pendant que Raffi et Peggy hissaient la leur hors de l'eau. D'où ils se trouvaient, ils entendaient au loin le tonnerre continu de la cascade.

« Nous ne sommes pas les premiers à nous être arrêtés ici », dit Eddie.

Il plongea la main dans les hautes herbes qui bordaient l'étroit ruban de sable et brandit une boîte verte de soda mousse Sparletta tout aplatie.

« Les gamins soldats ? demanda Peggy.

— *¿ Los niños ? Sí,* acquiesça Eddie.

— Je me demande pour qui ils partent en guerre », dit Holliday.

Raffi haussa les épaules.

« Sans doute pour Kolingba, ou pour un de ses ennemis.

— C'est peut-être juste un raid de recrutement, dit Eddie. Les frontières n'ont pas de réalité, pour eux. Ils entrent dans un village, n'importe où, ils prennent les enfants, et si les parents protestent ils les tuent. Quelquefois, ils les tuent de toute façon.

— Ce qui m'importe n'est pas tellement de savoir ce qu'ils fabriquent, mais de faire en sorte qu'ils ne nous repèrent pas, reprit Holliday. Là où nous sommes, nous risquons d'être pris entre deux feux. Il y en a devant nous, mais aussi derrière.

— Nous pourrions cacher les pirogues, attendre que le deuxième groupe passe, puis remonter vers l'amont à pied, suggéra Raffi.

— Ils auront aussi des patrouilles à terre, objecta Eddie. Ils sont chez eux, dans la jungle. Il est presque certain qu'ils nous trouveraient.

— Nous ne savons même pas à quelle distance d'ici est le premier groupe, ni s'il a déjà atteint sa destination, ajouta Holliday.

— Il n'existe aucun moyen de le savoir ? demanda Peggy.

— Nous devons avant tout porter les bateaux jusqu'en dessous des chutes, affirma le Cubain. Ils auront peut-être laissé des traces à cet endroit-là, une piste jonchée de Sparletta, par exemple, ajouta-t-il en brandissant de nouveau la boîte de soda vide. Comme les deux enfants avec la *bruja*, la sorcière, et sa maison en pain d'épices.

— Hansel et Gretel ? dit Peggy en s'esclaffant.

— *Sí*, acquiesça Eddie. À la fin, ils font cuire la sorcière dans le four, c'est bien ça ?

— C'est bien ça, oui, répondit Holliday sans rire. Et c'est exactement ce que feront de nous ces petits chérubins à fusils d'assaut s'ils nous attrapent. Raffi, vous allez venir avec moi voir où se trouve la ligne de front. Peggy, tu restes ici avec Eddie pour surveiller nos arrières. Vous n'aurez qu'à décharger une partie du matériel pour alléger les pirogues.

— Ça marche. »

Holliday et Raffi s'enfoncèrent dans la jungle en suivant un étroit sentier qui servait à l'évidence d'itinéraire de « portage » depuis très longtemps, comme en témoignaient les vieux rondins pourris à demi enfouis dans la terre noire tous les deux mètres pour faciliter le glissage des pirogues. Leur avance était saluée par des jacassements et des cris d'animaux qui se signalaient mutuellement l'approche d'éventuels prédateurs. En arrière-fond à ces avertissements et à ces appels se déroulait la bande-son habituelle de la jungle : le murmure de la brise dans les hauteurs frémissantes de la canopée, les bourdonnements insolites d'insectes en mal de partenaires et les glissements furtifs de créatures diverses ondulant dans les branches ou fouissant le sol.

« Jamais un moment de silence, commenta Holliday.

— Angoissant, répondit Raffi, manifestement nerveux. Surtout quand on prend le temps d'imaginer toute cette faune qui grouille aux alentours et qui n'attend qu'une occasion pour vous transformer en casse-croûte. Quand je me suis réveillé, ce matin, il y avait une scolopendre sur le montant de la tente qui devait bien mesurer vingt centimètres. Saloperie. Et ça pique, en plus ! Non, décidément, je préfère le désert.

— Oui, bien sûr, dit Holliday en riant. À condition de pouvoir y trouver un Aroma Espresso Bar qui sert des *macchiatos* caramel bien mixés, comme à la fac, avec double ration de sauce caramel et du pralin au lieu de la vanille !

— Comment savez-vous tout ça ? demanda Raffi, l'air vaguement offusqué.

— Peggy fait un petit sketch de cinq bonnes minutes où elle vous parodie en train de passer commande. On se croirait dans un vieil épisode de la série *Frasier*, au Café Nervosa. Sauf que c'est en hébreu.

— Moi, au moins, je ne passe pas mon temps à geindre sous prétexte que Starbucks a fermé tous ses établissements en Israël.

— Ça, c'est une chose que je n'ai jamais comprise. Starbucks est partout, comme une épidémie, sauf en Israël.

— Le cartel viennois du café aura fait son lobbying… »

Le sentier déboucha sur une dalle de pierre aussi grande qu'un pâté de maisons surplombant une suite de rapides vertigineux dont il aurait fallu être fou pour tenter la descente.

« Pas vraiment la vision paradisiaque de votre "templier perdu", remarqua Holliday.

— Nous n'avons pas parcouru assez de chemin pour être aux chutes de Kazaba. Elles sont encore loin. »

Tout en bas, au pied des rapides, les eaux bouillonnantes se jetaient dans un lac de trois cents mètres de diamètre avant de retrouver le lit de la rivière, de nouveau bordée de berges basses. La jungle apparaissait comme un moutonnement continu de jaunes et de verts qui s'étendait jusqu'à l'horizon. Holliday prit les jumelles militaires qu'il avait soustraites au commando et les braqua vers l'aval. À mi-distance, à gauche et tout près du cours sinueux de la Kotto, il distingua plusieurs volutes de fumée grise s'élevant au-dessus des arbres. Ce ne pouvait être qu'un village ou le campement des enfants-soldats. La largeur de la rivière ne semblait pas excéder une soixantaine de mètres à cet endroit ; il n'y avait donc aucune chance de franchir discrètement ce passage en naviguant sous le couvert de la berge de droite. Il tendit les jumelles à Raffi.

« C'est peut-être seulement un village, avança l'archéologue.

— J'en doute. Ces fumées sont à environ huit kilomètres d'ici. Les enfants-soldats ont une journée et demie d'avance sur nous. S'ils avaient continué en bateau, ils auraient déjà attaqué le village et nous verrions beaucoup plus de fumée que ça. S'ils ne l'ont pas attaqué, ça signifie qu'ils sont quelque part dans la jungle entre ici et là-bas.

— Alors, qu'est-ce qu'on fait ? demanda Peggy quand Holliday et Raffi eurent exposé la situation.

— On se débarrasse des pirogues et de tout ce qui est trop lourd pour être transporté, répondit Holliday. Ne prenez que les tentes, la nourriture en sachets et les armes. C'est à peu près tout ce qu'il nous faut. »

Pendant que Peggy et Raffi commençaient à trier le chargement, Eddie entraîna Holliday à l'écart.

« Les types qui nous ont attaqués, ils avaient bien des grenades, non ? s'enquit-il.

— C'est exact. Deux d'entre eux en avaient une demi-douzaine chacun.

— Il m'en faudrait quatre, et quelques gobelets en plastique.

— Pour quoi faire ?

— Un cadeau de bienvenue pour les gens qui arrivent derrière nous », répondit le Cubain. Il brandit son pouce par-dessus son épaule et désigna l'amont de la rivière.

« Un cadeau de bienvenue ?

— Et d'adieu, précisa Eddie avec un grand sourire. Un cadeau explosif d'adieu à la terre et de bienvenue au paradis. Vous comprenez, *amigo* ?

— Tout à fait, *amigo*. Tout à fait », répondit Holliday en lui rendant son sourire.

Jean-Luc Saint-Sylvestre n'aimait pas les montagnes. De ne pas voir le soleil se lever sur un horizon plat le mettait mal à l'aise. Donc, il détestait la Suisse, où les levers de soleil étaient rarement visibles et les montagnes omniprésentes.

Il décolla d'Heathrow aux premières heures et atterrit à Genève à temps pour prendre le train de 11 h 30 qui le mena à Zurich à 14 h 30 précises. Il parcourut ensuite au volant d'une VW Passat louée chez Europcar les quarante kilomètres qui le séparaient d'Aarau, une bourgade suisse typique de dix-sept mille habitants blottie sur les rives de la rivière Aare, au pied du Jura.

Après avoir déjeuné d'une côte d'agneau accompagnée de *spätzle* au restaurant Laterne, dans Rathausgasse, il se rendit à pied à l'adresse indiquée sur la carte de visite, au numéro 11 de la même rue.

La banque Gesler occupait un discret bâtiment

gris, avec de petites fenêtres à volets et une entrée voûtée que fermait une porte en cuivre surmontée du chiffre 11 gravé dans la pierre. Aucune plaque n'indiquait la nature de l'édifice, mais la voûte d'entrée était équipée d'une caméra de surveillance dernier cri montée sur un support mural et orientée de façon à prendre dans son champ toute personne pressant la sonnette en porcelaine située sur un des chambranles. Ignorant la caméra, Saint-Sylvestre appuya sur le bouton. Il ne se passa rien pendant un instant, puis la porte s'entrouvrit avec un déclic. Le policier entra et le battant se referma derrière lui. Il se trouvait à présent dans un sas de sécurité clos jusqu'au plafond par des panneaux vitrés donnant sur un vestibule aux murs lambrissés et décorés de portraits peints à l'huile. Assis là, derrière un petit bureau, un gardien en costume à fines rayures se pencha pour parler dans un micro.

« Quelle entreprise, je vous prie ? s'enquit-il en allemand, sa voix transmise par un haut-parleur au-dessus de la tête de Saint-Sylvestre.

— J'aimerais voir Herr Leonhard Euhler, répondit le policier en français.

— À propos de quelle affaire ? demanda le gardien, passant sans hésiter de l'allemand à un français parfait teinté d'accent parisien.

— Il s'agit d'une transaction privée. Je suis ici au nom du gouvernement marocain.

— Un instant. »

Sans quitter Saint-Sylvestre des yeux, l'homme détacha de sa ceinture un petit talkie-walkie dans lequel il prononça quelques mots avant d'écouter une réponse que le policier ne distingua pas.

« Il descend tout de suite », annonça-t-il.

Il y eut une sorte de bourdonnement à l'intérieur de la cage de verre, sans doute produit par un détecteur de métal intégré, puis, un instant plus tard, la porte d'un ascenseur s'ouvrit derrière le gardien, livrant passage à un personnage fluet d'à peine cinquante ans qui se dirigea vers le sas.

De taille moyenne, le nouveau venu portait un costume sombre, une chemise bleu pâle, une cravate rouge vif et des chaussures de prix. Il avait le visage plein, le front dégarni, et arborait un large sourire sous l'épaisse moustache en brosse qui frangeait sa lèvre supérieure. Avec ses élégantes lunettes rondes en plastique noir, ses boutons de manchettes en diamant, sa cravate de soie et ses ongles manucurés, il avait quelque chose d'un peu surréaliste qui l'assimilait davantage à un fonctionnaire britannique gay qu'à un banquier suisse.

Les portes de verre du sas s'ouvrirent en glissant silencieusement et Saint-Sylvestre s'avança.

« Je suis le docteur Euhler. Que puis-je pour votre service ? dit l'homme, tout sourire, en tendant une main que Saint-Sylvestre serra tout en se demandant pourquoi tous les Suisses allemands se présentaient comme “docteurs”.

— Je m'appelle Tarik Ben Hadj », répondit le policier, en anglais cette fois, utilisant le nom du détenteur d'un passeport récemment « égaré » au Kukuanaland, sur lequel figurait maintenant sa propre photo.

Il sortit de la poche intérieure de sa veste la pièce d'identité couleur sable et la présenta à Euhler, qui la refusa d'un simple geste.

« Vous représentez le gouvernement marocain, à ce qu'il paraît ? demanda le Suisse, son regard bleu pâle détaillant avec insistance la personne de Saint-Sylvestre.

— Disons plutôt que je représente un certain nombre de clients de la Banque populaire du Maroc.

— Des Marocains, ces clients ?

— Non. Pas des Marocains.

— Je vois, acquiesça Euhler. Il serait peut-être préférable que nous poursuivions cet entretien dans mon bureau. »

Il entraîna le policier vers l'ascenseur. En passant près du gardien, Saint-Sylvestre détecta sur la veste de son costume, pourtant très bien coupé, la légère déformation trahissant la présence d'un holster – qui contenait sans doute un pistolet-mitrailleur MP9 allemand, ou un autre « vaporisateur » de ce genre.

Les parois de l'ascenseur étaient plaquées de bois, le sol dallé de marbre. La cabine s'éleva avec un chuintement pendant quelques secondes puis s'ouvrit sur un étroit couloir où était posté un autre vigile. Saint-Sylvestre suivit Euhler jusqu'à une porte au bout du passage, que le banquier déverrouilla en posant sa paume sur un lecteur biométrique fixé au mur avant de s'effacer poliment pour laisser entrer son visiteur.

La pièce, meublée de sièges en velours tarabiscotés, d'un énorme bureau richement sculpté et d'une vitrine remplie de poteries anciennes, ressemblait plutôt à un salon victorien qu'au cabinet de travail d'un banquier. Les tableaux qui ornaient les murs montraient tous des paysages suisses avec alpages solitaires et enfilades serrées de pics abrupts dans un style baroque que Sherlock Holmes aurait trouvé à son goût.

Tout pouvait laisser croire, à tort, que l'homme assis au bureau était un naïf romantique qui devait sa place à la générosité d'un parent membre du directoire de la banque – un naïf qui ne portait pas d'alliance, ce qui semblait confirmer qu'Euhler était soit un célibataire endurci, soit, comme Saint-Sylvestre le pensait depuis le début, un homosexuel.

Le policier n'avait toutefois aucune certitude sur ce dernier point. Euhler donnait surtout l'impression de jouer un rôle et de dissimuler derrière un masque avenant et enjoué l'esprit parfaitement huilé, retors et calculateur d'un maître joueur d'échecs qui médite chaque coup avec soin.

« Êtes-vous musulman, monsieur Ben Hadj ? s'enquit le banquier.

— Pourquoi me demandez-vous ça ? répondit Saint-Sylvestre, pris au dépourvu.

— J'ai l'habitude de prendre un café à cette heure-ci, accompagné d'une liqueur. Je ne voudrais pas vous offenser en vous proposant une boisson alcoolisée.

— Une délicate attention, monsieur Euhler. Mais j'appartiens à la religion lemba, et j'accepterais avec plaisir un café "arrosé", merci. »

Euhler eut un grand sourire, commanda des cafés par interphone, puis se leva pour aller jusqu'à une armoire, à l'autre bout de la pièce. Pour la première fois, Saint-Sylvestre prit conscience qu'aucun bruit ne semblait monter de la rue et il comprit que la fenêtre du bureau était équipée de vitres blindées.

« Un peu de *kummel* ? proposa Euhler, brandissant une bouteille.

— Volontiers. »

Un secrétaire apporta les cafés sur un plateau d'argent chargé d'un service lui-même en argent et de petites tasses en porcelaine. Quand l'employé fut ressorti,

Euhler revint poser sur son bureau deux minuscules verres à liqueur en cristal remplis de *kummel* et versa cérémonieusement le café, proposant à Saint-Sylvestre du sucre, qu'il accepta, et du lait, qu'il refusa.

Le policier trempa ses lèvres dans l'eau-de-vie pendant qu'Euhler reprenait place dans son ridicule fauteuil de bureau tapissé de velours.

« Bien, parlez-moi un peu de vos clients, commença le banquier, un sourire affable sous sa moustache.

— Ils aimeraient ouvrir des comptes dans votre banque. Des comptes discrets.

— Tous nos comptes le sont.

— Des bruits circulent, ces temps-ci, à propos de la transparence des banques suisses… La fameuse liste noire du G20, vous savez, dit tranquillement Saint-Sylvestre en observant Euhler, qui s'empourpra légèrement.

— Soyez sans inquiétude. Quand tout le battage médiatique se sera calmé, le soufflé retombera et vous pourrez constater que nous ne sommes inscrits sur aucune liste noire, et encore moins sur celle du G20, qui serait d'ailleurs bien inspiré de balayer devant sa porte. La vérité est que le monde traverse une période de marasme terrible et qu'il faut bien trouver un responsable. La Suisse est le coupable idéal, mais ce n'est tout de même pas notre faute si nous sommes plus compétents à gérer les affaires financières que ces messieurs du G20. Non, croyez-moi, monsieur Ben Hadj, ce n'est qu'une question de jalousie.

— Mes clients peuvent donc être assurés d'une complète discrétion ?

— Tout à fait », répondit le banquier, solennel.

Saint-Sylvestre observa délibérément un long silence avant de reprendre :

« Vous êtes au fait de la situation à Cuba, je suppose ?

— Précaire, déclara Euhler en hochant la tête en signe d'acquiescement.

— Je dirais même explosive. La presse occidentale salue l'ouverture du pays au marché comme un premier pas vers la démocratie, mais elle se trompe. Ce n'est qu'une manœuvre désespérée de la part de Raul Castro. En réalité, Cuba est en faillite et la révolution a vécu. La jeune génération regarde Miami TV sur des téléviseurs à écran géant et ne vit pratiquement que du marché noir. La corruption va bon train. »

Saint-Sylvestre sourit au banquier, creusant une idée qui lui venait, puis, après s'être éclairci la voix, il récita tout haut plusieurs vers du poème de Yeats intitulé *La Seconde Venue*. Le visage d'Euhler s'éclaira.

« Ah ! Yeats ! L'un de mes poètes préférés ! roucoula-t-il avant de citer le vers suivant. Je crains bien que les mauvais jours qu'il prophétise ne soient pour bientôt.

— Ce qui explique ma présence ici, vous l'aurez compris.

— J'en conclus donc que vous travaillez pour des clients cubains ?

— Depuis l'intervention cubaine en Angola, oui. Ce sont des gens prudents : la plupart ont choisi de s'exiler en Espagne quand les conditions sont devenues trop incertaines chez eux.

— Bien sûr.

— La législation financière espagnole est conforme

à toutes les prescriptions du G20 en matière de blanchiment d'argent, ce qui n'est pas le cas de la loi marocaine. Le système bancaire marocain présente même ce que le G20 finance qualifie de "sérieuses faiblesses".

— Des failles.

— C'est cela.

— Et il se trouve que l'Espagne et le Maroc ne sont séparés que par un détroit de sept miles nautiques, dit Euhler avec un sourire en coin.

— Exactement. Transférer des fonds au Maroc ne présente donc pas de réelles difficultés. Mais une fois leur argent chez nous, nos clients aimeraient le voir investi dans des projets plus variés que ce que nous sommes à même de leur proposer.

— Pourriez-vous me donner une idée des sommes dont il est question ? demanda le Suisse, qui, après avoir tourné assez longtemps autour du pot, pensait sans doute avoir flairé la bonne aubaine.

— Environ un demi-milliard de dollars, peut-être davantage », répondit Saint-Sylvestre, attentif à paraître jouer dans la même cour que Matheson et sa compagnie minière.

Euhler ne sourcilla même pas.

« Vos clients désirent-ils investir individuellement ou se regrouper en cartel ? s'enquit-il.

— L'un ou l'autre, selon ce qui sera le plus rentable. »

Le banquier poupin semblait suffisamment alléché, à présent. Le moment était venu d'ajouter la cerise sur le gâteau.

« Si votre établissement donne satisfaction à ces clients-ci, nous pourrions envisager une plus ample collaboration. Nous comptons parmi notre clientèle bon nombre de gens dans des situations analogues qui pourraient être séduits par des perspectives d'investissement plus larges.

— Cela me paraît du plus grand intérêt, monsieur Ben Hadj. Peut-être pourrions-nous approfondir le sujet autour d'un dîner, ce soir ?

— Ce serait avec grand plaisir. Mais, je vous en prie, appelez-moi Tarik.

— Moi, c'est Leonhard, répondit le banquier, l'air enchanté. Lenny, pour les amis. »

Il ouvrit un tiroir et en sortit une carte sur laquelle il griffonna quelque chose avec un stylo à plume haut de gamme.

« Il m'arrive rarement de croiser des hommes de culture, dans mon métier, soupira Saint-Sylvestre, continuant à manier la carotte. Et je n'en avais encore rencontré aucun qui soit capable de citer Yeats de mémoire.

— Comme je vous le disais, Yeats fait partie de mes poètes préférés. J'ai écrit plusieurs essais sur lui pendant mes études.

— Un visionnaire, Yeats. Dans certaines régions d'Afrique, il serait considéré comme un griot, un chaman, un devin.

— Un rôle qui échoit aux banquiers, de nos jours, dit Euhler en éclatant d'un rire bizarrement étranglé qui tenait du gloussement et qu'il conclut par un nouveau sourire. Sérieusement, voulez-vous que nous dînions ensemble pour discuter de tout cela ? »

Saint-Sylvestre sourit à son tour. Pas de doute, le banquier était en train de lui faire des avances !

« J'en serais ravi.

— Je connais un petit restaurant près d'ici. Très moderne. Ça s'appelle Die Krone – La Couronne. Ils font un excellent steak tartare, si vous aimez ce genre de chose.

— J'en raffole, assura Saint-Sylvestre, qui avait horreur de la viande crue.

— Je vis à Zurich, mais je possède un pied-à-terre à Aarau, dans la Delfterstrasse – la rue de Delft.

— Comme les faïences, remarqua le policier, désignant d'un signe de tête la vitrine ouvragée.

— Ah, oui, mes poteries ! s'exclama Euhler en rougissant. Une petite marotte que j'ai. »

Il tendit la carte, sur laquelle Saint-Sylvestre lut : *42 Delfterstrasse, appartement 709.*

« Nous pourrions nous retrouver au restaurant à, disons, 19 heures ? reprit-il. Et ensuite, aller chez moi pour un dernier verre ?

— Magnifique. À 19 heures, donc. Nous poursuivrons notre conversation.

— Pour le moins », dit le banquier, dont le visage rond exprimait la plus vive excitation.

Il avait avalé la carotte. Il n'allait pas tarder à tâter du bâton.

19

Après avoir dissimulé les pirogues dans les fourrés, ils longèrent le sentier jusqu'à une grande terrasse rocheuse, d'où ils s'engagèrent sur un raidillon très étroit qui menait vers la cuvette et le terrain plat de la jungle, tout en bas. À cinquante mètres sous la terrasse, ils tombèrent sur l'emplacement de l'ancien portage : une dent de pierre usée par le frottement des milliers de cordes qui avaient servi à descendre des embarcations jusqu'au pied des rapides.

Tout près de là, un énorme anneau de fer avait été fixé à même la roche de la falaise pour signaler l'endroit aux voyageurs des générations futures. Ici aussi, plusieurs boîtes de soda vides jonchaient le sol, voisinant avec une basket à moitié pourrie dont la semelle de caoutchouc entièrement lisse était percée d'une multitude de trous irréguliers. Peggy prit une photo de la chaussure, à l'évidence bouleversée par ce qu'elle pouvait symboliser.

« Ça ne s'arrêtera donc jamais, murmura-t-elle, son regard lointain survolant l'immensité de la jungle que coupait l'artère sombre de la rivière. Tous ces génocides, toute cette corruption, cette cupidité ! Ce malheureux continent finira par voler en éclats. Ce n'est pas à cause de la couleur de peau de ses habitants qu'on l'appelle continent noir, mais parce que aucun étranger ne peut en atteindre le cœur.

— Même chose pour l'Afghanistan, dit Holliday, qui se tenait près d'elle. J'ai souvent pensé que le mieux à faire avec ces endroits est de ne pas y mettre les pieds. Ces gens ont leurs propres lois, leur culture, leur mode de vie, et nous les dépouillons de tout ça en échange de tee-shirts des Chicago Bulls. Ils regardent nos émissions de télé, voient des choses qu'ils ne pourront jamais avoir, et ça les ronge comme une plaie qui s'envenime. C'est ce qui provoque les guerres et les révolutions depuis que le monde est monde : la bonne vieille jalousie.

— Je te trouve bien philosophe, pour un vieux soldat.

— Un guerrier qui philosophe signe son arrêt de mort. Dès l'instant où l'on commence à réfléchir à ce qu'est la guerre, on ne peut plus la faire, parce qu'on se rend compte qu'elle n'a aucune raison d'être, répondit Holliday avec un sourire désabusé.

— Un peu simpliste, tu ne trouves pas ?

— Les guerres n'ont rien de compliqué, contrairement à ce que racontent les politiciens. X convoite ce que possède Y et il est prêt à tuer pour se l'approprier, que ce soient des jeans Louis Vuitton, des sacs Gucci, du pétrole ou n'importe quoi d'autre. Les bombardiers furtifs et les sous-marins nucléaires ne sont pas vraiment des instruments au service de la diplomatie : ce sont les équivalents modernes de la massue néandertalienne. Les fabricants de massues ont intérêt à ce qu'on se batte s'ils veulent prospérer, alors ils chuchotent à l'oreille des gens que leur massue est meilleure que celle du voisin, et c'est sans fin.

— Mais enrôler des enfants ? C'est immonde !

— Là, c'est toi qui fais preuve de simplisme. Je te rappelle qu'au Xe siècle, douze ans était l'âge nubile. Chez les Vikings, on était un homme dès qu'on était assez grand pour tenir une épée et un bouclier. Je parierais que ce fameux Ragnar Casse-Têtes, à moins que ce ne soit Waldo le Fracasseur, dont nous suivons la piste n'avait pas plus de vingt ans, ce qui était aussi la moyenne d'âge des combattants au Vietnam. Quant à ceux d'Irak ou d'Afghanistan, ils sont encore plus jeunes.

— Il parle toujours comme ça ? demanda Eddie à Raffi, qui marchait derrière lui sur le sentier.

— Qu'est-ce que vous insinuez ? » intervint Holliday.

Le Cubain s'esclaffa : « Vous me rappelez *el comandante* en train de prononcer un de ses discours sur la Plaza de la Revolución, à La Havane. On distribue aux gens des repas et de la bière et ils doivent rester là cinq ou six heures à l'écouter. Vous devriez faire comme lui et nous donner des sandwiches. Il était capable de parler indéfiniment, ce type ! L'embargo ceci, l'embargo cela. L'embargo, c'était *el diablo* lui-même. On rigolait bien, vraiment.

— Eddie veut dire que vous êtes reparti pour un tour, expliqua Raffi.

— Reparti dans quoi ?

— À faire la classe à tes cadets de West Point, en leur fixant les règles définies par le lieutenant-colonel Peter "Doc" Holliday, du corps des Rangers de l'armée des États-Unis, dit Peggy, railleuse.

— *Mea culpa ! Mea maxima culpa !* » s'exclama Holliday en riant.

Peggy avait raison : enseigner lui manquait. Il avait tant aimé regarder s'affirmer les qualités de ses élèves, avec l'espoir qu'ils iraient se battre pour la bonne cause et en sortiraient indemnes, peut-être un peu grâce à lui et aux rudiments de culture qu'il leur inculquait.

Ils poursuivirent leur descente le long de l'interminable sentier abrupt qui zigzaguait au bord de l'escarpement, entre le tonnerre assourdissant des rapides sur leur gauche et le mur de la jungle sur leur droite. Le paysage était nimbé de la même atmosphère éthérée, presque surnaturelle, qu'un artiste avait perçue et restituée mille ans plus tôt en peignant la fresque du tombeau de La Roche-Guillaume, le templier perdu.

Devant ce panorama, Holliday eut de nouveau l'étrange impression que passé et présent se rejoignaient par-dessus le gouffre du temps, comme lorsqu'il lisait, enfant, *Le Monde perdu* de Conan Doyle, ou *Turok,* une étonnante série d'illustrés peu prisée du public qui racontait les aventures de deux jeunes Indiens prisonniers d'une vallée peuplée de dinosaures.

L'espace d'un instant, il se demanda même si le passé n'était pas sa véritable place, tant ce qui avait naguère représenté l'essence même de sa vie – le devoir, l'honneur, la fierté du travail bien fait – semblait appartenir à un univers à jamais disparu.

Qu'avait bien pu penser en découvrant ces lieux Lucius Gellius Publicola, le général en disgrâce envoyé en mission suicide pour renflouer le budget militaire d'Antoine ? Avait-il cru trouver au fond de cette vallée isolée dans la jungle les immenses richesses qui lui permettraient de racheter son honneur ? Et Ragnar

Casse-Têtes, qu'avait-il eu à l'esprit en faisant le même voyage avec ses hommes, à la recherche du trésor de la dix-huitième légion volatilisée sans laisser de traces neuf cents ans auparavant avec son infortuné chef ?

La Roche-Guillaume, enfin, ce templier perdu plus historien que soldat, si proche de Holliday lui-même par sa curiosité et sa propension à philosopher, qu'avait-il espéré en suivant Ragnar à trois cents ans de distance ? Qu'avait-il éprouvé devant le spectacle qui s'offrait à la vue depuis la dalle rocheuse que Holliday apercevait toujours, bien au-dessus de lui à présent ? S'était-il demandé, lui aussi, si l'immuable arc-en-ciel, au loin, montrait le chemin du trésor de Salomon ?

Mais Holliday, Peggy, Raffi, et maintenant Eddie ne s'étaient-ils pas lancés dans cette aventure peut-être fatale sur la foi d'un simple songe nostalgique vieux de sept cents ans, La Roche-Guillaume ayant seulement peint dans sa fresque un lieu imaginaire qu'il avait rêvé d'atteindre sans jamais y parvenir ?

Eddie arriva le premier au pied de la pente, Holliday sur ses talons. Une première trace nette dans les hautes herbes indiquait l'endroit où les enfants-soldats avaient traîné leurs pirogues à l'écart des rapides afin de pouvoir monter à bord en toute sécurité ; une seconde, plus étroite et irrégulière, devait être une coulée laissée par des animaux.

Des feuilles et des branches cassées à hauteur de genou jalonnaient cette dernière, et des fientes de phacochères jonchaient le sol ici et là. Chercher l'endroit exact où avaient embarqué les enfants-soldats ne présentant que peu d'intérêt, Holliday préféra suivre sur quelques pas la piste des porcs sauvages. Jamais encore il ne s'était trouvé nez à nez avec une de ces bêtes, mais il n'était pas mécontent de pouvoir compter en cas de besoin sur les deux lances pointues de sa fabrication qu'il avait apportées et, surtout, sur l'énorme coutelas d'Eddie.

« Vous devriez venir voir, *amigo* », dit le Cubain, qui s'était avancé jusqu'au bord de l'eau.

Quand Holliday l'eut rejoint, il le prit par le coude et désigna du doigt un point à la base de la dernière cascade.

« Mon Dieu ! » souffla Holliday.

Son cœur se mit à battre la chamade et ses yeux s'emplirent de larmes. Cette fois, ce n'était pas qu'une impression : le passé venait effectivement à sa rencontre !

« Qu'est-ce que c'est ? » demandèrent Raffi et Peggy en s'approchant.

Les signes étaient profondément gravés sur un gros rocher noir apporté là par les rapides des millénaires plus tôt, tracés par quelqu'un qui les voulait ineffaçables à jamais.

ᚠᚢᚱᚹᚷᛚᛟᚦ

« Des runes. Une forme primitive d'écriture nordique. Une sorte de tag vieux de dix siècles. Un souvenir de notre ami Ragnar Casse-Têtes.

— Vous savez les lire ? s'enquit Eddie.

— Seulement une ou deux. La dernière désigne Thor, le principal dieu du panthéon viking. Celle qui ressemble à un *R* signifie "voyage". J'ai l'impression qu'il s'agit d'une prière, ou d'une espèce d'*ex-voto* où le voyageur remercie le ciel de l'avoir conduit jusqu'ici.

— *Ainsi soit-il*, commenta Eddie.

— Le cryptogramme d'Arne Saknussemm, murmura Holliday.

— Mais oui ! s'exclama le Cubain. *Voyage au centre de la Terre* ! Mon père me le lisait quand j'étais petit. Saknussemm était un *alquemista*, non ?

— Un alchimiste, c'est ça », confirma Holliday.

Le Cubain montra les symboles taillés dans la roche mouillée.

« Ses signes étaient comme ceux-là. Ils conduisaient les héros jusqu'au centre de la Terre, je me souviens.

— Quelqu'un de bien, votre papa, dit Holliday, à qui son ivrogne de père n'avait jamais fait la lecture.

— Un homme bien, oui », acquiesça Eddie, nostalgique.

Raffi exultait comme un gamin.

« C'est fantastique ! s'écria-t-il. Ces runes vérifient mon hypothèse de façon irréfutable ! »

Il caressa les entailles du bout des doigts puis se tourna vers Peggy.

« Prends-les en photo ! Voilà qui va clouer le bec à pas mal de mes collègues universitaires. »

Peggy sortit son Nikon de son sac pendant que son mari prenait fièrement la pose à côté des lettres gravées, comme les chasseurs qui plastronnent sur les vieilles photos de safari, un pied sur la tête de l'animal qu'ils ont tué.

« Pour la postérité ! s'exclama l'archéologue. Et pour l'article que je vais publier dans la revue *Qedem* !

— Vous pourriez peut-être mettre Eddie sur la

photo, puisque c'est lui qui a fait la découverte, remarqua Holliday. Et aussi le mentionner dans l'article.

— Oh, mais bien sûr, très bonne idée ! dit Raffi, dont le sourire se figea imperceptiblement. Allez, approchez, Eddie !

— Non, merci, *amigo*. C'est votre domaine. Je ne veux pas m'en mêler. J'ai juste eu la chance de voir les lettres le premier.

— Vous êtes certain ? insista mollement Raffi.

— Absolument », confirma le Cubain avec un sourire.

Peggy réalisa plusieurs clichés incluant Raffi, puis une demi-douzaine des runes seules, en gros plan, s'efforçant d'en montrer la profondeur par le jeu des ombres et du soleil. Quand elle eut terminé, elle et Raffi prirent la tête du cortège et ils poursuivirent leur route sur la passée des cochons sauvages qui s'enfonçait dans la forêt.

« Je persiste à penser que vous auriez dû vous laisser photographier, dit Holliday à Eddie. Après tout, c'est quand même vous qui les avez trouvées, ces runes.

— Par hasard, *doctor*, par hasard, répondit le Cubain. Laissons à Raffi le côté scientifique, c'est à lui que tout ça revient. Nous, nous avons mieux.

— Comment ça ?

— Pour Raffi, ce qui compte, ce sont les noms des rois, les datations par le carbone 14, ce genre de choses ; pour nous, c'est l'histoire, *la narración*. Raffi prend des notes dans son carnet ; nous, nous écrivons dans notre cœur. Imaginer, romancer, c'est ça notre plaisir. Et notre malédiction.

— Vous auriez dû être poète, Eddie, pas soldat.

— Tous les Cubains sont des poètes, *amigo*, répondit

le colosse avec un rire amer. Il vaut mieux l'être quand on n'est payé que cinq pesos par semaine. »

Ils continuèrent d'avancer jusqu'au moment où Peggy et Raffi s'immobilisèrent devant une zone de terre littéralement labourée, parcourue d'empreintes de sabots, mais aussi de pieds nus. Les marques profondes qui meurtrissaient le sol, sec à présent, attestaient que l'endroit avait été récemment utilisé comme souille par les phacochères. Les petites traces de pas, elles aussi, fournissaient une indication précieuse : les enfants-soldats n'étaient pas loin devant.

« Nous ferions peut-être mieux de quitter le sentier, dit Raffi.

— La jungle est trop touffue. Nous ne sommes pas dans une futaie, répondit Holliday. Pour le moment, il n'y a pas d'autre chemin que celui-ci. »

Ils se remirent en route et marchèrent toute la matinée. La piste rejoignait de temps à autre la rivière, sans doute aux endroits où les animaux venaient s'abreuver, puis s'en détournait pour replonger dans la jungle, mais toujours en direction de l'ouest. Vers midi, la chaleur devenant trop intense, ils profitèrent de ce que la piste côtoyait de nouveau la rivière pour s'accorder quelques minutes de repos. Jusqu'à présent, ils n'avaient vu aucun nouvel indice du passage des enfants-soldats.

Ils disposaient de nourriture lyophilisée prélevée sur le ravitaillement de leurs agresseurs, mais aucun d'entre eux n'avait envie de bœuf Stroganoff en poudre ou de hamburger déshydraté à la viande hachée « véritable ». Eddie descendit donc à la rivière armé de sa lance pour tenter d'attraper un poisson et Holliday alluma un petit feu discret avec du bois très sec pendant que

Raffi s'installait pour faire un somme et que Peggy partait à la recherche de sujets à photographier.

« Ne t'éloigne pas trop, pour le cas où il nous faudrait décamper en catastrophe, dit Holliday à la jeune femme.

— Compris, chef, compris ! » répondit-elle, moqueuse, en lui adressant une parodie de salut militaire.

Quelques minutes plus tard, Holliday entendit le rire de sa cousine et la vit bientôt reparaître, son Nikon suspendu à l'épaule, tenant quelque chose dans ses mains en coupe. Il attisa le feu avec une brindille et se leva.

« Qu'est-ce que tu as déniché, moustique ?

— Regarde, ce sont des bébés ! annonça-t-elle, hilare, en écartant un peu ses mains pour lui montrer sa trouvaille.

— Oh, non ! murmura-t-il en découvrant deux petits animaux à fourrure tenant à la fois du cochon d'Inde et de l'écureuil.

— Qu'est-ce qu'il y a ? demanda Peggy, surprise par sa réaction.

— Pose-les !

— Pourquoi ?

— Ce sont des phacochères, et si tu les as trouvés, ça signifie que la mère est par là.

— Mais…

— Pose-les, nom de Dieu ! Tout de suite ! »

Peggy se figea, Raffi se réveilla en sursaut. Quelque part, plus loin sur le sentier, un grondement furieux de locomotive se fit soudain entendre.

Raffi se mit debout, chassant son sommeil en clignant des yeux.

« Qu'est-ce que… »

On distinguait maintenant, outre le grondement, des coups répétés, comme ceux de dix marteaux frappant tour à tour un rocher, et le vacarme se rapprochait. Eddie choisit cet instant pour faire son retour, tout sourire, sa lance dans la main droite, trois doigts de sa main gauche passés dans les ouïes d'un poisson sans écailles de soixante centimètres doté d'un nez en forme de trompe.

La laie surgit sur la piste derrière eux, fonçant tête haute en poussant à pleins poumons son hurlement de machine à vapeur, martelant la poussière de ses sabots pointus. Elle était noire, avec des touffes de poils roux aux épaules et de petits yeux rouges furibonds qui avaient quelque chose de démoniaque. Peggy restait là, interdite, prunelles écarquillées, regard fixé sur la mère enragée des porcelets qu'elle n'avait pas lâchés. Il semblait tout simplement incroyable que les petits et l'énorme femelle appartiennent à la même espèce.

La bête qui, folle de rage, se précipitait droit sur Peggy, était une horreur de cent treize kilos hérissée de défenses, muscles du dos bandés, prête à anticiper tout mouvement de fuite amorcé par sa proie.

Contrairement au mâle, la femelle phacochère attaque de préférence tête dressée, défenses en avant, visant le milieu du corps et les parties faibles comme l'abdomen ou l'aine.

Holliday, qui voyait la scène de trois quarts, leva le pistolet pris à un des attaquants tués et tira. Bien que touchée au ventre, l'énorme laie ne ralentit même pas l'allure. Elle avait atteint le milieu de la clairière, à présent, et il n'était plus temps d'ouvrir le feu une seconde fois. Peggy n'avait toujours pas bougé. Dans ses mains, sentant leur mère toute proche, les petits s'étaient mis à couiner.

« Peggy ! », hurla Raffi en courant vers elle.

Se jetant en avant, Holliday parvint à le tacler juste à temps pour lui éviter de recevoir le gros poisson lancé par Eddie, qui atteignit le monstre sur le côté de la tête. Un instant étourdie, la bête fit un écart, s'immobilisa et regarda autour d'elle en poussant des rugissements forcenés.

« *¡ Hola ! ¡ Gorda puta, ven aquí !* » cria Eddie.

La laie l'aperçut, se tourna vers lui sur ses pattes grêles, et se mit à gratter le sol de ses sabots tranchants comme des rasoirs. Dirigeant sa pique vers elle, Eddie fit mine d'avancer brusquement. L'animal chargea. Le Cubain attendit la dernière seconde, puis, se laissant tomber sur un genou, il planta le talon de sa lance dans la terre selon un angle d'une vingtaine de degrés et maintint l'arme ainsi pointée de toute la force de ses deux bras. Quand la laie fondit sur lui, l'extrémité durcie au feu de la lance pénétra sous son groin levé et s'enfonça dans les chairs molles de sa poitrine. Eddie tomba à la renverse sous l'impact, mais parvint à ne pas lâcher l'épieu. L'animal, qui continuait de se projeter en avant avec des cris horribles pour mettre son adversaire à portée de ses défenses, ne réussit qu'à s'empaler encore plus profondément sur la perche de bois. Elle mourut un instant plus tard en grognant et renâclant, tachant de son sang le devant de la chemise d'Eddie et répandant une âcre puanteur.

« Comment saviez-vous à quel endroit l'embrocher ? demanda Holliday. Elle n'a même pas bronché quand elle a reçu ma balle. »

Eddie repoussa la laie et se remit péniblement debout.

« Quand j'étais jeune, j'allais chasser le sanglier avec Domingo, mon frère aîné, dans la ferme de notre oncle, dans la province de Holguín, répondit-il.

— Eh bien, j'ai l'impression qu'on a eu de la chance, déclara Raffi.

— Ne parlez pas trop vite », dit Holliday, dont l'attention venait d'être attirée par une série de déclics qu'il aurait reconnus entre mille.

Au moment où les yeux se tournaient vers lui, quatre garçons de dix ou onze ans aux visages froids et sans expression sortirent des fourrés, AK-47 fermement braqués. Holliday les regarda, avec le sentiment d'être passé en un instant de *Voyage au centre de la Terre* à *Sa Majesté des mouches*.

20

Le bar restaurant Die Krone était conforme à la description qu'en avait faite Euhler : un décor tout de verre et de marbre étincelant derrière la façade d'une maison blanche traditionnelle à colombages dans une rue entièrement bordée de maisons blanches traditionnelles à colombages et dont les pavés semblaient avoir été récemment astiqués.

Lenny Euhler avait troqué son costume pour un jean serré, des mocassins et un pull à col roulé bleu ciel. Il portait des lunettes à monture rouge vif et non plus noire. Assis au bar, il buvait un *mojito* en se donnant des airs blasés, un verre déjà vide contenant un zeste mâchouillé de citron vert posé près de lui.

Saint-Sylvestre prit place à côté du banquier en lui adressant son sourire le plus engageant. Euhler parut rassuré, comme libéré de la crainte d'avoir manqué une affaire d'un demi-milliard de dollars en faisant fuir un client potentiel par la révélation de son orientation sexuelle. Pour achever de réconforter le pauvre bougre, Saint-Sylvestre lui posa une main sur l'épaule et pressa doucement – aucun muscle, uniquement du gras et de l'os. Les yeux d'Euhler s'emplirent de larmes de soulagement.

« Lenny ! Vous attendez depuis longtemps ?

— Seulement quelques minutes, mon cher Tarik. J'ai pris un peu d'avance, répondit le Suisse en désignant le verre vide, mais il est horriblement difficile d'obtenir une bonne table ici à cette heure-ci, aussi je suis venu un peu plus tôt et j'ai graissé la patte au maître d'hôtel.

— Soyez sans crainte, Lenny, je vous assure que je saurai rattraper le temps perdu. »

Un barman vint prendre la commande de Saint-Sylvestre, qui choisit un *margarita*.

« Pour rester dans la note festive, précisa-t-il avec un nouveau sourire à l'adresse du banquier.

— Excellent », dit ce dernier, rayonnant.

Au bout d'une dizaine de minutes, qu'ils passèrent à parler boutique, taux d'intérêt et rendement global de tel ou tel placement, on vint leur annoncer que leur table était prête et ils se rendirent dans la salle de restaurant, où étincelait l'argenterie posée sur des nappes blanches empesées. En entrée, Euhler prit des coquilles Saint-Jacques sautées sur leur lit de mesclun, et Saint-Sylvestre le fameux steak tartare couronné d'un jaune d'œuf luisant. Le banquier opta ensuite pour des blancs de poulet tandoori servis avec du *wasabi*, tandis que Saint-Sylvestre, qui essayait de se remettre après son steak haché sanguinolent mouillé de jaune d'œuf, choisit un simple poisson au beurre d'amande. Ils arrosèrent le tout de plusieurs bouteilles de castanar Riserva Barrique 2005, un vin rouge suisse qui, contre toute attente, était buvable.

Au fur et à mesure qu'avançait le repas, Saint-

Sylvestre dégustant son vin à petites gorgées alors qu'Euhler engloutissait verre sur verre, la conversation, adroitement aiguillée par le policier, glissa peu à peu du général au particulier pour s'orienter *in fine* vers les potentialités qu'offrait l'Afrique en matière d'investissements miniers. Puisque Saint-Sylvestre avait trouvé la carte de visite d'Euhler dans le discret appartement de location où il avait vu entrer sir James Matheson et François Nagoupandé, il lui paraissait évident que l'industriel était en train de négocier avec le tout nouveau général de brigade un accord sur l'attribution d'un droit d'exploitation minière quelconque en échange de la tête de Kolingba et de l'accession à la présidence du Kukuanaland.

La coïncidence d'un coup d'État au Kukuanaland et de la soudaine découverte par Matheson d'un gisement dans le même pays ayant de fortes chances d'éveiller les soupçons de la presse internationale et de provoquer la création par le palais de Westminster tout proche d'une commission d'enquête parlementaire sur les pratiques commerciales de la compagnie, le magnat de l'industrie minière se servait probablement d'Euhler pour se démarquer à la fois du putsch et de la trouvaille que sa société avait faite. Restait à comprendre quel rôle exact était dévolu au banquier.

Au bout de la troisième bouteille de vin, sous l'effet duquel la voix d'Euhler avait grimpé de trois octaves, Saint-Sylvestre suggéra qu'ils finissent la soirée comme promis chez le Suisse. Celui-ci, ravi, insista pour qu'ils fassent le chemin à pied par les rues pavées menant à la rivière Aare qui avait donné son nom à la ville.

Selon Lenny, Aarau, située dans le « Triangle d'or »

Zurich-Berne-Bâle, et de ce fait l'une des municipalités les plus dynamiques du pays, offrait des perspectives remarquables aux investisseurs. Saint-Sylvestre lui fit comprendre clairement que les gens dont il était le représentant – des spéculateurs avisés – souhaitaient investir dans les ressources naturelles en général, et plus spécifiquement dans l'or, l'argent et le platine. Lenny lui serra le bras et lui adressa un clin d'œil théâtral.

« Il se pourrait bien que j'aie exactement ce qu'il vous faut, Tarik, mon très cher ami. »

L'appartement d'Euhler, au dernier étage d'une sorte de pyramide de béton blanc ultramoderne, dominait la rivière et les contreforts du Jura. Somptueux pour un « pied-à-terre », il comprenait deux chambres, deux vraies salles de bains dont une attenante à une des chambres, un salon, une salle à manger et un cabinet de travail. Saint-Sylvestre constata avec satisfaction l'absence de caméras de surveillance – un bon point, car des images de son passage à la banque avaient à coup sûr été enregistrées, même s'il n'avait été qu'un visiteur parmi tant d'autres.

« Vous travaillez beaucoup chez vous ? » demanda-t-il, comme incidemment, tout en jetant un coup d'œil dans le cabinet de travail, où il aperçut un ordinateur Acer Veriton dernier cri doté d'une station d'accueil pour de nombreux périphériques à vocation bancaire, tel un téléscripteur donnant les cours de la Bourse en temps réel. Le mobilier n'était qu'acier et cuir noir, le seul élément décoratif un écran de télévision de soixante-dix pouces accroché au mur et réglé sur un programme numérique montrant une chute d'eau dans une forêt. La même image servait de fond d'écran sur l'ordinateur. Le policier remarqua qu'un des tiroirs du bureau était en fait un petit coffre-fort équipé d'une serrure à combinaison numérique.

« Cela m'arrive », acquiesça Lenny.

Il passa lui aussi la tête à l'intérieur de la pièce et se rapprocha de Saint-Sylvestre de manière à lui frôler doucement la hanche.

« Cet ordinateur est connecté directement à celui de la banque, ajouta-t-il, ce qui me permet parfois d'avoir un coup d'avance sur mes collègues, en particulier dans les affaires touchant aux monnaies et aux métaux précieux. »

Le policier nota avec intérêt que la voix avinée du banquier redevenait tout à fait claire quand il parlait d'argent.

« J'espère que vous n'avez pas choisi un mot de passe trop évident, comme votre date de naissance, par exemple, dit-il sur le ton de la plaisanterie. Cela me chagrinerait de penser que les fonds de mes clients ne sont pas en sécurité. »

Lenny lui adressa un sourire.

« Aucune inquiétude à avoir sur ce plan, assura-t-il en l'entraînant vers le seuil du salon, d'où il désigna d'un grand geste dramatique la vue que l'on découvrait de la fenêtre en s'exclamant mystérieusement : aussi grand que les monts du Jura ! »

Renonçant à comprendre de quoi parlait le banquier, Saint-Sylvestre le suivit dans la grande pièce. Lenny n'était clairement pas du genre à se creuser la tête en matière de décoration : ici aussi, comme dans le bureau, régnaient le cuir et l'acier, sauf que la couleur dominante était le blanc et non le noir. Au mur, au-dessus d'une cheminée à gaz, était accrochée une grande photo panoramique encadrée montrant une chaîne de montagnes.

« Vous faites de l'escalade ? s'enquit Saint-Sylvestre comme ils s'asseyaient sur le grand canapé blanc.

— J'en faisais quand j'étais au pensionnat. J'ai été président des clubs d'escalade et de photo de l'école trois ans de suite. Ce que vous voyez là, ce sont les crêtes du Jura. Il faut environ deux semaines et demie pour les parcourir à pied d'un bout à l'autre. Je ne repense jamais à cette époque sans émotion. »

Saint-Sylvestre vit les yeux noyés d'alcool du banquier se gonfler de larmes et se demanda s'il n'avait pas connu ses premières expériences charnelles entre les bras d'un solide condisciple en Pataugas et short de cuir. Il se leva pour aller examiner la photo. Au-dessus de chaque montagne étaient soigneusement inscrites à l'encre son altitude et ses coordonnées géographiques. La plus haute semblait être le mont Tendre.

« À quelle école étiez-vous ? demanda-t-il en se rasseyant.

— Saint-George, à Montreux. Mon père m'avait envoyé là-bas pour que j'apprenne l'anglais. Beaucoup de nos clients viennent d'Angleterre.

— Ceci explique donc cela : c'est un ami anglais qui m'a recommandé la Gesler Bank.

— Oserais-je vous demander de qui il s'agit ?

— C'est un secret que j'aimerais mieux garder pour moi, répondit Saint-Sylvestre, affectant l'embarras. Tout ce que je peux vous dire, c'est qu'il est actuellement en négociation avec un autre de mes clients, un Africain.

— Intéressant, dit Euhler, qui se leva à son tour et se dirigea vers la gauche de la cheminée, où trônait un minibar équipé d'un évier. Figurez-vous que je viens justement d'ouvrir un compte pour quelqu'un de ce genre. »

Il revint avec un *mojito* pour Saint-Sylvestre, qui trempa ses lèvres dans le cocktail très chargé en rhum.

« Peut-être votre client en sait-il plus que vous ne pensez… déclara le policier d'une voix légèrement empâtée.

— Ah ? Et qu'entendez-vous par là, au juste, mon cher Tarik ? »

Le regard d'Euhler s'était assombri. L'homme était à l'évidence alléché, à présent, comme le désirait Saint-Sylvestre, qui connaissait depuis longtemps les deux principes sur lesquels reposait tout l'art de l'interrogatoire : s'arranger pour que le sujet n'ait pas l'impression d'être interrogé, et faire en sorte que ce soit lui, et non l'interrogateur, qui pose les bonnes questions. Ainsi bercé par l'illusion d'être en position de force, il arrivait souvent que le sujet s'épanche librement sans même s'en rendre compte.

« Rien, rien du tout », marmonna le policier, feignant la gaucherie et l'engourdissement.

Il se rapprocha d'Euhler jusqu'à ce que leurs cuisses se touchent. Le Suisse caressa d'un doigt replié la joue bien rasée de Saint-Sylvestre, qui réprima un mouvement de recul et ferma les yeux.

« Allons, Tarik, nous sommes amis, murmura le banquier, cajoleur. Si je ne me trompe pas, il se pourrait même que nous ayons tous les deux en tête les intérêts du même client.

— François Nagoupandé, lâcha Saint-Sylvestre, agitant l'appât au bout de sa ligne. Il s'appelle François Nagoupandé.

— Et que croit-il savoir que je ne sache pas ?

— Il croit savoir que la Matheson Resource Industries essaye de le déposséder frauduleusement de sa part légitime de…

— De sa part de quoi, Tarik ? » demanda Euhler avec une inflexion pressante attribuable non pas à la crainte qu'un secret n'ait été trahi, mais tout simplement à la cupidité. Il flairait la bonne affaire et cela le mettait en appétit. S'agissait-il d'or, d'argent, de platine, de diamants, peut-être, quatre ressources déjà découvertes par le passé sur le territoire de la Centrafrique ?

Cependant, ni les diamants charriés depuis les sources du Nil – d'ailleurs de qualité médiocre car petits et d'origine alluviale – ni les métaux précieux n'avaient été trouvés en quantité suffisante pour être exploités de façon rentable, ou pour justifier un coup d'État militaire destiné à placer une pitoyable marionnette comme Nagoupandé sur le trône de Kolingba. Alors, qu'est-ce qui se tramait ?

« Sa part de quoi ? répéta Euhler, plus impérieux cette fois.

— Je sais pas, grommela Saint-Sylvestre d'une voix lasse, abandonnant l'anglais pour un français relâché. Trop fatigué pour réfléchir. Peut-être qu'un petit somme… Ensuite je vous dirai ce que Nagoupandé m'a confié. Juste un petit somme, Lenny, s'il vous plaît.

— Mais il s'agit d'une affaire importante, Tarik, mon bon ami, s'exclama Euhler, très agité. Une affaire qui peut nous rapporter des millions. En plus de ce que nous toucherons au nom de nos clients. Il faut vous réveiller !

— Donnez-moi une bonne raison, mon charmant ami suisse.

— Attendez, je vais vous montrer… »

Euhler quitta la pièce et revint quelques instants plus tard muni d'un papier qu'il posa devant Saint-Sylvestre sur le plateau de verre de la table basse.

C'était un titre boursier de couleur orange vif décoré d'une femme ailée assise sur une dalle de pierre brute et drapée dans de grands voiles, le regard braqué par-dessus son épaule vers un blason où se lisaient les mots « Silver Brand Mining Company Limited ». D'après les informations inscrites sous l'emblème, le capital de la société se montait à dix millions de dollars, sous la forme de dix millions d'actions d'un dollar chacune. Le titre avait été vendu à son détenteur le 6 décembre 1919, et l'enregistrement effectué à Vancouver, dans la province canadienne de Colombie-Britannique.

« Je ne comprends pas… dit le policier, toujours de la même voix endormie.

— Cette société existe réellement, expliqua Euhler. Mon client voudrait que je prenne contact avec ses actionnaires majoritaires afin de leur racheter leurs parts. Ces actionnaires détiennent sept des dix millions d'actions en circulation, mon client possède pratiquement tout le reste, à présent. Ce sont des titres qui ne valent plus rien : tout au plus dix à douze cents chacun à la Bourse de Vancouver. Mon client en offre cinquante cents aux propriétaires actuels, soit la moitié de la valeur nominale. Mais il n'effectue pas la transaction lui-même, cela va de soi : il passe par un intermédiaire – moi, en l'occurrence. Les propriétaires sont deux sœurs âgées, Betty et Margaret Brocklebank.

Elles recevront chacune deux millions de dollars pour leurs actions et auront l'impression d'avoir gagné le gros lot. Elles ont déjà le chèque. Il n'y manque que ma signature pour qu'elles puissent l'encaisser. Ce sont des jumelles, toutes les deux retraitées, qui vivent à Vancouver. Il faut que j'aille leur faire signer une procuration. Elles ont déjà donné leur accord.

— Je ne comprends toujours pas. Qu'est-ce que tout ceci a à voir avec Nagoupandé ?

— L'idée est de mettre les titres en vente libre dans le monde entier, puis de faire circuler le bruit que de l'or a été découvert en Colombie-Britannique. Le prix des actions montera aussitôt et les gens se les arracheront. Ensuite, l'existence du gisement aurifère sera démentie, le cours des actions s'effondrera, et mon client les rachètera pour un prix inférieur à leur valeur d'introduction sur le marché. À ce moment-là, Nagoupandé, qui aura déjà été placé à la tête de l'État du Kukuanaland, annoncera qu'une société canadienne, la Silver Brand Mining, détient le monopole sur tout ce qui pourra être découvert dans le sous-sol de son pays. Si des curieux décident d'enquêter, toutes les pistes les mèneront au directoire de la Silver Brand, dont tous les membres sont des employés de la Gesler Bank, mais ne détiennent pas d'actions de la société. Ainsi, le nom de mon client n'apparaîtra jamais. Tout ce que nous avons à faire est d'acquérir une quantité suffisante d'actions à cinquante cents pour profiter nous-mêmes de l'aubaine.

— Il me faudrait un peu de temps pour discuter de tout ça avec mes amis cubains, dit Saint-Sylvestre. Quand signez-vous la procuration ?

— Nagoupandé doit être installé dans ses fonctions

de chef d'État le 31 de ce mois-ci. Mon client veut avoir la procuration une semaine avant cette date. Je pars après-demain.

— L'affaire est pour demain en huit, donc.

— Ce doit être ça, acquiesça Euhler en caressant de nouveau la joue de Saint-Sylvestre. Un autre verre, Tarik ? Pour fêter notre fructueuse rencontre ?

— D'accord, mais il faut d'abord que j'aille aux toilettes. Désolé.

— Il y a deux salles de bains. Vous... Tu peux utiliser celle de ma chambre, si tu veux.

— Très bonne idée. Et ensuite, nous pourrons peut-être boire notre verre là.

— Parfait ! s'exclama le Suisse, radieux. C'est la première porte à gauche. Je m'occupe des boissons.

— Et moi de faire pipi. »

Euhler pouffa et se dirigea vers le bar.

Dans la chambre de son hôte, Saint-Sylvestre vit une chaîne Bang & Olufsen BeoSound 9 000 montée sur un pied près d'une longue commode basse et, à la tête du lit couvert d'une courtepointe en satin noir, un cosy de style moderne où étaient rangés des livres – surtout des ouvrages de critique littéraire et de poésie, dont beaucoup de García Lorca, ce qui n'avait rien d'étonnant.

La salle de bains attenante comprenait une baignoire, une douche à l'italienne et un lavabo en porcelaine décoré à la main. Un téléviseur à écran plat fixé au mur au-dessus de la vasque permettait sans doute au banquier de suivre les nouvelles ou les cours de la Bourse en se brossant les dents. L'armoire de toilette contenait du colorant capillaire, un rasoir électrique – Braun, bien entendu – et tout un assortiment de médicaments, la plupart contre la douleur, les allergies et l'insomnie. Il y avait aussi une boîte d'une douzaine de pilules de Viagra. Saint-Sylvestre fit un rapide inventaire des somnifères et des antalgiques : du Percocet 10 mg et de l'Opana, un opioïde semi-synthétique encore plus puissant ; du Seconal et du phénobarbital comme somnifères ; et même plusieurs antidépresseurs et relaxants, tels l'Ativan, le diazépam et le Zanaflex.

Apparemment, Euhler utilisait surtout l'Ativan, dont le flacon de plastique était aux trois quarts vide. Saint-Sylvestre compléta le volume disponible avec un mélange des autres comprimés en privilégiant l'Opana et le phénobarbital, puis il referma le flacon et tira la chasse d'eau.

Fermant les yeux, il repassa un moment dans sa tête le scénario à mettre en œuvre avant de déboutonner les trois premiers boutons de sa chemise pour retourner dans la chambre. Euhler était assis sur le lit, en boxer bleu ciel et chaussettes noires montantes, un verre dans chaque main. Une bosse révélatrice gonflait son short. Les haut-parleurs de la chaîne diffusaient une musique insipide dans le genre Vangelis.

« Ah, te voilà ! chantonna le banquier d'une voix flûtée.

— Me voilà », répondit Saint-Sylvestre en s'asseyant près de lui.

Euhler lui tendit un verre, qu'il prit et posa sur la table de nuit.

« Pose le tien aussi, dit le policier. Tu m'as l'air nerveux. Je vais te faire un massage dont tu me diras des nouvelles.

— C'est vrai que je suis toujours un peu... tendu

dans ce genre de situation, avoua le Suisse avec un rire coincé. Un petit massage sera le bienvenu, tu as raison. »

Il donna son verre à Saint-Sylvestre, qui le posa près du sien avant de se déplacer sur le lit de façon à se trouver derrière Euhler et à laisser pendre ses jambes puissantes de part et d'autre des siennes.

« Tu n'as aucune raison d'être stressé, Lenny, je t'assure », murmura Saint-Sylvestre.

Essayant de faire abstraction de la forte odeur d'après-rasage dont le banquier avait dû s'asperger, il s'appuya contre lui et se mit à lui pétrir habilement les épaules. Comme Euhler frémissait de contentement, il resserra son étreinte, le faisant gémir. Enfin, il lui passa son bras gauche autour du cou, agrippa fermement son poignet avec sa main droite et, s'avançant un peu plus, il accentua encore la pression latérale de ses cuisses.

« J'ai plutôt l'impression d'être chez le kiné ou l'ostéopathe, ronchonna Lenny.

— Ça y ressemble, en effet, admit Saint-Sylvestre avant de gonfler ses poumons et ses pectoraux.

— Pas très romantique, tout de même, protesta faiblement le banquier.

— Pas très, non. »

Saint-Sylvestre était soulagé d'avoir les médicaments à sa disposition. Bien sûr, il aurait pu faire le travail à mains nues, mais la méthode qu'il avait choisie présentait le double avantage d'être plus propre et de ne laisser aucune trace exploitable par d'éventuels enquêteurs. Il augmenta de façon continue la pression de son biceps sous l'oreille gauche d'Euhler conjointement à celle de son avant-bras sous l'oreille droite, puis il appuya fortement son front contre la nuque. La combinaison de ces pesées contradictoires de plus en plus fortes sur les carotides et les jugulaires interrompit rapidement l'irrigation sanguine du cerveau. Au bout de trois secondes dans cet étau, le banquier avait déjà perdu connaissance, mais Saint-Sylvestre compta vingt secondes supplémentaires pour s'assurer qu'Euhler resterait évanoui une ou deux minutes. En insistant davantage, il aurait risqué de le transformer en légume, voire de le tuer.

Le policier se laissa aller en arrière et redressa le corps inerte, qu'il retint de sa main droite en même temps qu'il tirait de sa poche-revolver une paire de gants chirurgicaux en latex. Il ne lui fallut que quelques instants pour les enfiler et se mettre à l'ouvrage.

Il sortit de sa poche gauche le flacon de comprimés et en fit sauter le couvercle, qui roula sur le sol. Puis, tout en maintenant Euhler en position assise, il lui versa progressivement dans la bouche le contenu du flacon, alternant quelques pilules et quelques centilitres de *mojito*, et lui massant doucement la gorge pour éviter qu'il ne régurgite ce qu'il avalait. Une fois le flacon vide, il l'essuya sur sa chemise avant de le laisser tomber près du lit. Il se dégagea ensuite du corps à moitié dévêtu du banquier, qui ronflait bruyamment, et se leva en s'étirant. Après une inspection détaillée de la chambre, il mit en application point par point le plan qu'il avait imaginé.

D'abord, il reboutonna sa chemise et acheva de déshabiller Euhler, qu'il laissa affalé sur la courtepointe de satin. Cela fait, il tira la courtepointe de sous le corps nu et la jeta par terre au pied du lit, où elle s'étala en une sorte de tache noire informe. Calant ensuite une pile d'oreillers, eux aussi en satin, contre la tête de lit, il y appuya le buste à demi redressé. Les ronflements d'Euhler s'espaçaient dangereusement, avec des périodes d'apnée suivies de hoquets de suffocation. Il sombrait de plus en plus profondément dans l'inconscience sous l'effet du cocktail de drogues. Saint-Sylvestre prit un livre dans le cosy – une anthologie poétique compilée par un certain Thomas Whipple et intitulée *Porte-parole*. Il le feuilleta au hasard et, après avoir découvert ce qu'il cherchait, préleva avec un sourire la dernière strophe d'une page en la déchirant. Il s'agissait d'un poème de Carl Sandburg, *La mort crible de petits coups le nez des orgueilleux* – un titre tout à fait de circonstance.

Le policier plaça le morceau de papier chiffonné dans la main d'Euhler et lui replia les doigts par-dessus. Abandonnant le livre sur le lit, il quitta la pièce pour regagner le salon, puis le bureau, où il s'installa devant l'ordinateur et tapa sur une touche de façon aléatoire. La cascade animée qui servait de fond d'écran s'effaça, remplacée par un écran bleu nuit barré de la phrase « Veuillez entrer votre mot de passe » sous laquelle clignotait un curseur.

Muni d'un crayon et d'un petit bloc trouvés dans un tiroir, il retourna dans le salon. Là, debout devant la belle photo des monts Jura, il nota l'altitude du mont Tendre – 1 679 m – ainsi que les coordonnées inscrites en dessous – 46° 35' 41" N 6° 18' 36" E.

De retour devant l'ordinateur, il recopia le tout sans tenir compte des symboles parasites, obtenant une série de chiffres – 167946354161836 – qu'il tapa sur le clavier. L'écran s'éclaircit et une liste de fichiers apparut.

Il les enregistra tous sur une douzaine de cédéroms qu'il dénicha dans un autre tiroir.

Cette opération terminée, il éteignit l'ordinateur et s'absorba un instant dans la contemplation du coffre à combinaison intégré au bureau. Sans grand espoir, il afficha 1679, l'altitude du mont Tendre. Rien ne se produisit. Il essaya l'inverse, 9 761… et la porte s'ouvrit avec un déclic. Le coffre contenait un passeport, une poignée de krugerrands sud-africains en or et une liasse respectable de billets de cinq cents euros.

Le seul autre objet présent était un paquet de lettres et de photos attachées ensemble, sans surprise, par un ruban rouge. Les clichés, comme les lettres, étaient pornographiques, et, sans avoir un excellent niveau d'allemand, Saint-Sylvestre devina aisément ce que pouvaient signifier des phrases comme *Ich möchte dir einen Blasen* ou *Bumsen wir wie Tiere*.

Sur les photos, Lenny avait le rôle passif ; le rôle actif revenant à son jeune ami, un blond très musclé. Toutes les lettres commençaient par *Mein süßer liebster Liebling Lenny* et étaient signées *Dein liebevolles Baby, Lutzie*. Des lettres d'amour d'un homme à un autre. Saint-Sylvestre retourna dans le salon pour y faire un peu de ménage, mettre les verres dans le lave-vaisselle et éliminer tout indice montrant qu'Euhler avait reçu un invité ce soir-là.

Puis il retourna dans la chambre, où il constata qu'Euhler avait vomi et perdu le contrôle de ses sphincters. Soit le cœur du banquier avait progressivement cessé de battre, ralenti par les médicaments, soit l'homme s'était étouffé en vomissant. Quoi qu'il en soit, il était mort. Saint-Sylvestre laissa tomber les lettres et le ruban sur la moquette, de façon à créer l'illusion que leur lecture avait constitué le dernier acte de la vie d'Euhler, avant qu'il n'arrache du livre de poésie sa petite citation larmoyante et n'avale ses comprimés avec un grand verre de *mojito*, en bon noceur qu'il était.

Tout semblait clair, rien ne permettait de soupçonner un homicide : un homosexuel vieillissant s'était donné la mort après avoir compris que les choses ne s'arrangeraient pas avec son *liebevolles Baby Lutzie*. Au pire, le dénommé Lutzie serait localisé et interrogé par la police, mais l'affaire n'irait sûrement pas plus loin.

Satisfait, Saint-Sylvestre consulta sur son téléphone portable la liste des vols pour Vancouver au départ de Zurich. Il trouva un Zurich-Paris de la compagnie Swiss Air qui décollait une heure et demie plus tard, et un Paris-Vancouver d'Air Canada dont l'atterrissage était prévu à 7 heures, heure locale.

Il prit le vieux titre boursier sur la table basse, le plia et le glissa dans la poche intérieure de sa veste tout en jetant un dernier coup d'œil autour de lui. Puis, Euhler déjà oublié, il sortit de l'appartement et referma doucement la porte derrière lui, l'esprit désormais tout entier occupé par deux sœurs jumelles qui vivaient à l'autre bout du monde.

21

Les enfants les conduisirent à travers la jungle selon les règles les plus strictes de l'art militaire, le plus petit ouvrant la voie une dizaine de mètres en avant, deux autres les encadrant à droite et à gauche, le dernier fermant la marche. Tous les quatre tenaient leur arme trop grande d'une main ferme, prêts à faucher leurs prisonniers au moindre signe de résistance.

Le premier avait pris à Peggy son appareil photo et le portait à présent autour de son cou, tel un inquiétant touriste miniature qui aurait guetté l'apparition de Mowgli ou de Baloo sur la piste.

Ils avançaient sans un mot, ne communiquant que par gestes ou sifflements, toute leur attention concentrée sur la nature alentour et sur leurs captifs. Leurs visages ne trahissaient aucune émotion. Peut-être parce qu'ils n'en éprouvaient plus, songea Holliday.

Pour son dixième anniversaire, son oncle lui avait offert une copie grandeur nature du Buntline Special, le Colt Peacemaker à canon de trente centimètres qu'utilisait d'après la légende le shérif Wyatt Earp. Si les adultes avaient dû le trouver bien drôle, à l'époque, avec son énorme pistolet, les quatre gardes qui l'entouraient à présent ne donnaient pas du tout envie de rire. Tragiquement, les AK-47 semblaient tout à fait à leur place entre les mains de ces gamins dont l'aîné n'avait pas plus de douze ans et qu'on sentait capables de commettre sans hésiter un meurtre de sang-froid.

Ils marchèrent ainsi en pleine forêt pendant une heure, puis deux. Au début, Holliday pensa qu'ils se dirigeaient vers trois collines lointaines qui paraissaient se hisser de haute lutte au-dessus de la canopée, mais ils changèrent de cap. Comme ils franchissaient une petite crête, il aperçut, entre eux et la rivière, les ruines fumantes d'un village.

Ce fut au moment où ils atteignaient le pied du coteau, quelques minutes plus tard, qu'il vit les premiers restes humains : un bras d'homme coupé au ras de l'épaule, l'os mâchuré montrant sa moelle jaune à l'endroit du sectionnement souillé de sable, le sang dans la poussière, la main à demi ouverte, comme pour recevoir une aumône qui ne viendrait jamais ; un peu plus loin sur le chemin, une tête tranchée, presque entièrement ouverte transversalement au niveau des sourcils par un coup de lame à la manière d'un œuf à la coque.

Raffi se mit à vomir, Peggy à pleurer en silence. Curieusement, Eddie, lui, se mit à chanter en espagnol sur l'air de *Ce n'est qu'un au revoir*. Le Cubain fredonnait les paroles à mi-voix, comme celles d'une berceuse, si doucement qu'hormis Holliday personne ne devait les entendre.

Por qué perder las esperanzas
de volverse a ver,
Por qué perder las esperanzas
si hay tanto querer.

La paisible mélodie devait cependant receler pour lui un sens qui n'avait rien de pacifique, si l'on en jugeait par la contraction de sa mâchoire et le gonflement de la veine qui lui traversait le front. Plus ils progressaient sur le sentier en pénétrant dans le village incendié, plus les traces de carnage étaient manifestes. Ici, c'était un bébé qu'on avait aspergé d'essence avant de le jeter dans un feu de camp, là, des corps masculins hachés d'entailles sanglantes, là encore, des femmes et des jeunes filles pendues à des arbres à l'aide de cordes à piano qui les avaient à moitié décapitées. Partout régnait une atroce odeur de sang et d'excréments.

Des pleurs attirèrent l'attention de Holliday vers la rivière. Une quinzaine d'enfants étaient alignés sur la berge, attachés les uns aux autres par une corde reliée à la poupe d'une des grosses pirogues. À bord de celle-ci, pagaie en main, une douzaine d'autres enfants un peu plus âgés semblaient attendre un signal.

Les quatre gardiens armés d'AK-47 conduisirent leurs prisonniers de l'autre côté d'une grande case qui achevait de se consumer – probablement la maison commune servant de dortoir aux hommes célibataires. Une jeep russe UAZ camouflée à l'ancienne était garée là, un homme assis sur une des ailes. Le quidam portait un masque en forme de tête de dragon, un maillot orange et bleu des New York Nicks et un vieux pantalon de treillis à deux tons de vert rentré dans des baskets montantes noir et blanc démodées. Un fastueux tatouage en trois couleurs représentant un cobra ornait son épaule droite.

Près de lui, sur le capot du véhicule, était posée une machette tachée de sang. La crosse d'un Colt.45

semi-automatique dépassait d'un holster attaché à sa ceinture. La tête de dragon semblait sculptée dans du bois tendre. Les écailles, sur le crâne, étaient peintes alternativement en vert et en doré, la face en rouge et les yeux en jaune. Une langue noire, longue et sinueuse, se détachait sur le fond ivoire éclatant des crocs.

« Mon Dieu ! souffla Raffi.

— Quoi ? demanda Holliday.

— Ce masque ! C'est une figure de proue ! Je vous assure. Une figure de proue scandinave !

— Qu'est-ce que vous voulez dire ? Que ce type est le descendant de nos copains vikings qui ont gravé les runes, là-haut ?

— Non, il s'agit d'une sorte de mimétisme, de "culte du cargo".

— Fini de papoter ? » fit une voix à l'intérieur de la tête de dragon.

L'homme retira le masque et le posa près de la machette. Sur la lame, le sang à demi séché commençait à prendre une teinte rouille. Le bourdonnement des mouches était omniprésent.

« Où avez-vous trouvé ce masque ? s'enquit Raffi.

— Ça ne vous regarde pas vraiment, mais je l'ai pris sur le sorcier… Sur sa tête, plus exactement », répondit l'homme au maillot des Nicks.

Il éclata de rire, révélant une dentition entièrement en or.

« Qui êtes-vous ? demanda Holliday.

— Je suis celui qui tient votre vie entre ses mains, *Nduku*, mon frère. Le nom que ma mère m'a donné est Jérémie Salamango, mais maintenant je m'appelle Jérémie Salamango du Christ, l'exterminateur en Son saint nom. Le violeur de tentatrices en Son saint nom, le libérateur des âmes en Son saint nom, Dieu soit loué ! Vous comprenez ça ? Je tue pour mon Dieu et je Lui adresse mes prières à genoux cinq fois par jour. Et en ce jour que Dieu a fait, réjouissons-nous de répandre le sang en Son nom ! Alléluia, Dieu soit loué !

— Pourquoi nous avoir emmenés ici ? »

La puanteur était insupportable et les mouches qui se posaient sur la peau de Holliday y laissaient des marques poisseuses.

« D'abord, nous avons vu vos traces. Et puis nous avons vu les corps de ceux que vous avez tués, et Jérémie Salamango était curieux de connaître des hommes capables de se battre avec des lances et des flèches contre des pistolets-mitrailleurs. Après, quand mes éclaireurs m'ont fait leur rapport, je me suis dit que je ferais de vous des messagers qui raconteront l'histoire de Jérémie dans tout le pays et rempliront tous les gens de crainte en annonçant sa venue. Et c'est finalement ce que Jérémie Salamango a décidé de faire. Quand j'ai appris que la femme avec vous avait un appareil photo, c'était encore mieux, parce que comme ça, vous pourrez montrer le visage de Jérémie Salamango au journal du soir de CBS avec Katie Kouric. Votre appareil fait des vidéos ?

— Oui, répondit Peggy.

— Jérémie pense que vous avez beaucoup de chance d'être celle qui sait faire les photos, sinon il vous aurait donnée à manger à ses lions… Ou plutôt à ses lionceaux, précisa Salamango en désignant de ses mains ouvertes les enfants qui les entouraient. À ses lionceaux affamés.

— Vous êtes malade, dit Raffi.

— Vous pourriez mourir dans très peu de temps si Jérémie se met en colère.

— Tais-toi, Raffi ! » ordonna Peggy.

Salamango se laissa glisser au sol et se dirigea vers la rivière en suivant un étroit sentier qui avait à l'évidence été la rue principale du village. Poussés par le garçon qui portait l'appareil de Peggy, les prisonniers accompagnèrent le supporter des Nicks sur le chemin bordé de huttes en torchis calcinées que jonchaient des corps démembrés abandonnés là comme des détritus.

« Le tout est de les forcer à tuer leurs parents, pour commencer. À fracasser le crâne de leur mère, égorger leur père, violer et éventrer leurs sœurs. Une fois qu'ils ont fait ça pour vous et pour sauver leur propre vie, ils vous appartiennent, comme des objets, comme des chiens. Et un ordre n'a pas besoin d'avoir de sens : du moment qu'il vient de vous, ils obéiront comme un chien obéit au sifflet de son maître », expliqua le fou de Dieu.

Holliday se mit à chercher du regard une arme quelconque, ne serait-ce qu'une simple pierre, tout en calculant ses chances d'arracher les yeux ou la langue du psychopathe avant d'être assailli et taillé en pièces par sa marmaille de nervis.

Il lui était arrivé une ou deux fois, tout au plus, au cours de son existence, d'éprouver le sentiment qu'il était opportun, et même raisonnable, de sacrifier sa vie pour une cause. Il était dans cet état d'esprit à présent. Tuer ce monstre reviendrait à accomplir ce que Raffi appelait une *mitzvah* – un acte pour le bien de l'humanité.

Ils arrivèrent au bord de l'eau. L'une des grosses pirogues, équipée d'un moteur hors-bord, avait tiré au milieu de la rivière plusieurs embarcations de pêche attachées ensemble dans lesquelles étaient entassés les habitants restants du village, essentiellement des vieillards et des enfants en bas âge des deux sexes qui hurlaient ou gémissaient. Une forte odeur d'essence saturait l'air et Holliday comprit tout de suite ce qui se préparait quand il aperçut autour des bateaux les dos écailleux d'une meute de crocodiles en train de rôder dans l'attente de leurs proies. Sur la rive, une autre meute, celle des enfants-soldats, s'était rassemblée pour assister au spectacle en ricanant.

« Le sale fils de pute sadique ! Il va les faire bouffer par les crocodiles ! siffla Eddie, qui regardait la scène en serrant ses énormes poings, les yeux flamboyant de colère, la veine de son front battant sous sa peau.

— Pas si je le tue avant, murmura Holliday.

— Avec quoi ? demanda, rigolard, Salamango, qui avait entendu l'échange. Vous savez ce qu'ils ont dit, ces gens, là-bas, dans les barques, quand on a commencé à brûler leurs maisons et à violer leurs filles ? Ils ont dit qu'ils étaient protégés par les dieux. Par les *umufo omhloshana*. Vous savez ce que ça signifie ?

— "Les étrangers à la peau claire", traduisit Eddie.

— Exactement, fils de Cham, les Peaux-Claires. Et à part vos amis, là, je ne vois pas beaucoup de peaux claires par ici, et encore moins de protecteurs », dit Salamango avec un rire gras.

Il aboya un ordre et le garçon qui portait l'appareil photo s'avança. À un nouveau commandement de son chef, le gamin tendit de mauvaise grâce l'appareil à Peggy avant de reculer d'un pas.

« Vous commencez à prendre les photos quand je le dis et vous n'arrêtez pas avant que je le dise, reprit le désaxé. Compris, petite Blanche ? Si vous commencez ou si vous arrêtez avant mon ordre, je vous coupe en deux… Je veux faire des cartes postales pour envoyer aux Nations unies », ajouta-t-il avec un sourire.

Voyant Raffi sur le point de bondir, Holliday lui écrasa le pied d'un vigoureux coup de talon. Peggy sanglotait, le visage inondé de larmes.

« Pourquoi voulez-vous faire une chose pareille ? demanda-t-elle. Pourquoi ? »

Salamango la toisa avec un rictus de mépris.

« J'avais un frère de huit ans qui s'appelait Felicianos, répondit-il. Des hommes sont venus dans notre village, une nuit, et ils ont tué presque tout le monde. Ils ont gardé Felicianos jusqu'à la fin, puis ils lui ont coupé son *orgão* avant de le jeter vivant dans le feu. C'étaient des gens du FNLA, le Frente nacional de libertação de Angola, des Portugais avec des armes américaines, parce que les Américains avaient peur que l'Angola ne devienne marxiste.

— C'est affreux, mais ce n'est pas une raison pour faire comme eux, plaida Peggy.

— Je fais des choses épouvantables pour montrer que je suis épouvantable. Mille fois plus épouvantable que les porcs qui ont tué mon frère. Je les fais pour un million de Felicianos. »

Eddie cracha sur le sol gorgé de sang.

« Tu le fais surtout parce que tu aimes ça, *cabrón*. J'ai déjà connu des salopards de ton espèce qui puent la haine et se vengent sur tout le monde.

— Tout à fait mon avis, approuva Holliday.

— Vous autres, minables, avec votre démocratie et votre communisme, vous ne connaissez rien à nos règles du jeu, répliqua Salamango avec hauteur. Ici, dans mon Afrique, le chef est celui qui sait se faire craindre de sa tribu et de toutes les autres. Et l'homme que l'on craint est celui qui tue. Et l'homme que l'on craint le plus est celui qui tue le plus. C'est ainsi depuis dix mille ans et ce sera ainsi pendant dix mille ans encore, jusqu'à notre mort à tous. C'est ça, l'Afrique. Et tous ceux qui prétendent le contraire sont des Blancs ou des menteurs. Et sans doute les deux à la fois. »

Il se tourna, poing levé, et cria : « *Kuf-wa !* »

Le garçon qui tenait la barre de la grande pirogue lança quelque chose dans la barque de pêche la plus proche. Aucune flamme ne s'éleva dans un premier temps : l'air parut seulement se gondoler sous l'effet de la chaleur, déformant les silhouettes des malheureux qui hurlaient dans le premier bateau. Puis l'équipage de la pirogue libéra les embarcations, qui partirent à la dérive, et les gens commencèrent à se jeter à l'eau, vêtements et chairs en feu, pour être aussitôt dévorés par les crocodiles à l'affût. En moins d'une minute, autour des bateaux qui flambaient, l'eau ne fut plus qu'un effroyable bouillonnement de sang au milieu duquel on entendait craquer des os.

Ce fut alors que la chose se produisit.

Hasard ou pas, la première fléchette atteignit Salamango à l'œil droit, pénétrant intégralement dans l'orbite à l'exception d'un étroit cône blanc qui semblait fait de papier ordinaire. La seconde lui perça les joues de part en part. La pointe de la longue aiguille métallique, en forme de diamant aplati et enduite d'une sorte de goudron noir, ressortit du côté droit, le cône blanc dépassant du côté gauche.

Holliday se retourna et vit des cônes blancs fleurir comme par enchantement sur les visages, les dos, les torses et les ventres des quatre gardiens, frappés, comme leur chef, à plusieurs reprises.

L'effet produit, instantané, rappelait celui de la strychnine : paralysie, étouffement, convulsions, cambrement du dos, écume aux lèvres, puis relâchement complet des sphincters presque immédiatement suivi de la mort.

Seuls Holliday, Peggy, Raffi et Eddie étaient indemnes. Au milieu de la rivière, la grande pirogue dérivait à son tour. Le corps du garçon qui avait mis le feu aux bateaux de pêche pendait par-dessus le plat-bord et deux crocodiles se le disputaient.

Les autres embarcations n'étaient plus que des coques calcinées, leurs occupants brûlés vifs ou entraînés vers le fond boueux de la Kotto par les reptiles géants. Il ne s'était pas écoulé plus de quelques secondes entre la mort de Salamango et celle du dernier enfant-soldat, et tout s'était passé en silence : pas une parole prononcée, pas un coup de feu tiré.

Peggy se mit à photographier l'étrange champ de bataille autour d'elle puis s'arrêta soudain, les mains agitées de tremblements. Holliday suivit le regard stupéfait de sa cousine. Des dizaines d'hommes étaient en train de sortir de la jungle, tous vêtus de pagnes au drapé compliqué qui faisaient penser à des kilts, et chaussés de sandales dont les lanières entrecroisées leur montaient au genou selon un modèle qu'il connaissait bien. Chacun tenait à la main un tube de bambou d'au moins un mètre soixante-dix et portait à la ceinture un carquois contenant les fléchettes empennées avec les cônes blancs.

Certains étaient affublés d'un casque en bois muni d'une crête en crins durcis et de rabats protégeant les joues, d'autres d'une simple coiffe assortie à leur pagne. Mais ce qui frappait le plus était la couleur de leur peau – d'un marron clair proche de celui d'un café-crème. Ils avaient des cheveux bruns, raides, et leurs traits étaient indubitablement européens, et non négroïdes. À l'ébahissement de Holliday, quelques-uns de ces hommes si curieusement accoutrés avaient même les yeux bleus.

« *Umufo omhloshana*, dit Eddie à mi-voix.

— Les Peaux-Claires », acquiesça Holliday.

22

« Entrez ! » cria sir James Matheson en entendant un coup frappé à sa porte.

Allen Faulkener pénétra dans le somptueux cabinet de travail et s'avança jusqu'au bureau.

« Leonhard Euhler est mort, annonça-t-il, l'air contraint.

— Bon Dieu ! s'exclama Matheson. Qu'est-ce qui lui est arrivé ?

— Une histoire d'homo qui a mal fini, d'après la police suisse. Des lettres d'amour, un mot expliquant le suicide... »

Matheson réfléchit un moment, immobile comme une statue, mains posées à plat sur le plateau vide et bien ciré de son bureau, puis il se pencha, ouvrit un tiroir transformé en cave à cigares et en sortit un Robusto Romeo y Julieta Short Churchill.

Refermant doucement le tiroir, il prit dans son gousset un coupe-cigares emporte-pièce Dunhill en or avec lequel il prépara le Robusto. Puis il se laissa aller contre le dossier de son fauteuil et alluma le havane avec un briquet Dunhill assorti au coupe-cigares, prenant bien soin d'afficher le plus grand flegme. Car il n'était jamais bon pour un patron de montrer sa peur devant un employé comme Faulkener. Or c'était bien de peur que venait d'être saisi sir James Matheson, pour la première fois depuis longtemps.

Matheson ne croyait guère au hasard et aux coïncidences. Quelles que soient les preuves dont disposait la police suisse, il avait du mal à imaginer qu'Euhler ait choisi ce moment précis pour tirer sa révérence en conclusion d'une dérisoire liaison sentimentale. Il sentait confusément que son plan commençait à prendre l'eau, mais, si c'était effectivement le cas, il ignorait qui avait provoqué la fuite et comment la colmater.

« Rien qui laisserait supposer un meurtre ? demanda-t-il.

— Apparemment non. Il a avalé des comprimés. Et puis il y a les lettres d'amour, comme je vous le disais. Le garçon qui les a écrites est mort dans un accident de voiture.

— Récemment ?

— Il y a six ans. »

Pourquoi un homme, gay ou pas, irait-il se tuer six ans après la disparition d'un être aimé ? L'histoire semblait de plus en plus louche et ne pouvait pas être sans rapport avec l'opération Kolingba.

« J'aimerais voir les rapports d'enquête et d'autopsie, et aussi toutes les vidéos de surveillance qui ont pu être enregistrées.

— J'ai déjà vérifié ce point, sir James. La résidence d'Euhler n'est pas équipée de caméras, mais il y en a à l'intérieur et à l'extérieur de la banque.

— Prenez contact avec Herr Gesler en personne. Dites-lui qu'étant donné la sensibilité du dossier qu'Euhler était en train de traiter pour nous, je lui serais très reconnaissant de me faire parvenir les enregistrements dans les plus brefs délais. S'il se fait tirer l'oreille, faites un peu pression en lui rappelant le dossier que nous avons en notre possession sur sa vie privée. Il me faut les vidéos prises le jour du décès, mais aussi la veille et le lendemain. D'autre part, Euhler devait faire signer des procurations pour le rachat de la compagnie minière que vous avez trouvée : l'a-t-il fait ?

— Pas à ma connaissance, sir James. »

Bien entendu. Tuer le banquier n'aurait eu aucun sens si les procurations avaient déjà changé de mains. Donc, quelqu'un essayait de les capter à son profit. Mais qui ? Nagoupandé ? Ce type avait à peine le QI d'une mouche, comment imaginer qu'il ait pu mettre en œuvre une telle machination, ou en avoir seulement eu l'idée ?

Kolingba, lui aussi, en aurait sûrement été incapable, mais peut-être pas son petit Raspoutine personnel, Oliver Gash. Matheson doutait toutefois de cette hypothèse : d'après son dossier, Gash était un criminel rusé, mais dépourvu de la finesse d'esprit requise pour mener à bien une fraude boursière à grande échelle. Ce n'était pas son domaine.

L'industriel tira une nouvelle bouffée de son cigare, prit quelques secondes pour en savourer l'arôme complexe, puis revint aux choses sérieuses.

« Arrangez-vous pour savoir où nous en sommes, avec ces procurations. Si Euhler ne les a pas fait signer, vous irez en Colombie-Britannique vous-même pour obtenir les signatures à sa place. J'en ai des copies ici.

— Très bien, monsieur.

— Avons-nous des nouvelles de Harris et des hommes de main de Mme Sinclair, en Afrique ?

— Non, monsieur. Aucune.

— Dans ce cas, nous pouvons être certains qu'ils ont été éliminés du circuit et que Holliday et son ami l'archéologue courent toujours. Nous risquons d'être exposés à un trop grand battage médiatique si ces deux-là survivent. Trouvez quelqu'un de plus compétent que Harris pour les empêcher de nuire.

— Bien, monsieur.

— Encore combien de temps avant l'intervention de notre ami autrichien Lanz ?

— La nouvelle lune est la semaine prochaine.

— Ses gardes du corps veillent sur lui ?

— Oui, monsieur.

— Très bien. Trouvez-moi ces vidéos et renseignez-vous à propos des procurations. Sans elles, je n'irai pas loin.

— Bien, monsieur. »

Faulkener parti, Matheson se renversa dans son fauteuil. Il s'apprêtait à enfreindre une bonne moitié des lois boursières de son pays et de tous ceux où il comptait vendre les titres de la Silver Brand Mining Company, ce qui lui vaudrait de passer le reste de sa vie derrière les barreaux s'il se faisait prendre. Comparé à lui, Bernard Madoff serait relégué au rang d'amateur en matière d'escroquerie. Il risquait en outre une inculpation pour meurtre avec préméditation ainsi que pour complot visant à la chute d'un chef d'État étranger et corruption active de son successeur. Et comme si cela ne suffisait pas, il semblait à présent qu'un mystérieux concurrent se soit mis en tête de lui disputer les dépouilles du Kukuanaland.

Son sourire s'élargit et il aspira avec délice une bouffée suave de son petit cigare trapu. Jamais il n'avait éprouvé un tel degré de crainte et d'exaltation mélangées depuis le jour de ses quatorze ans où il avait été déniaisé par la maîtresse de son père. Retirant le havane d'entre ses lèvres, il souffla un nuage de fumée odorante en direction du plafond mouluré. C'était pour des moments comme celui-ci que la vie valait d'être vécue.

Une silhouette masculine solitaire émergea à son tour de la jungle. L'homme portait un masque en bois hérissé sur ses bords de brins de rotin doré imitant la crinière d'un lion et pourvu d'une crête en croissant que terminait un faisceau de crins rigides rouge sang évoquant la coiffure d'un centurion romain.

Les yeux, peints en rouge, saillaient du visage sculpté, dont la bouche de bois carrée, ajourée verticalement pour figurer les dents, rappelait la grille de protection des casques de gladiateurs. Le nouveau venu portait comme les autres une sorte de kilt en toile blanche, de fortes sandales lacées jusqu'au genou et un carquois garni de fléchettes, mais sa peau à lui était d'un noir d'ébène.

Il avait dans la main gauche la même sarbacane que ses compagnons et dans la droite deux bâtons qui ressemblaient à la crosse et au fléau des pharaons – emblèmes du caractère divin et de la puissance du souverain. À l'instar des sceptres trouvés entre les bras de Toutankhamon, ceux que tenait l'inconnu étaient en or massif. Un gros anneau d'or serti d'énormes diamants bruts et d'émeraudes ornait en outre son bras.

Tout en se dirigeant vers Holliday et les autres, il glissa ses insignes d'or dans sa ceinture et ôta son masque, révélant un visage intelligent au regard sombre. L'un des guerriers à peau claire s'avança aussitôt en courbant la tête pour le lui prendre des mains avec déférence. Comme la crosse et le fléau, le masque était à l'évidence l'attribut d'une haute fonction.

L'homme sourit et Holliday aperçut un plombage à l'ancienne sur sa première prémolaire gauche. Une chose était certaine, le personnage n'avait rien d'un broussard, au sens péjoratif où l'entendent les Africains.

S'arrêtant devant Holliday, il lui tendit la main.

« Bonjour, colonel Holliday, dit-il. Je suis le docteur Amobe Barthélemy Limbani. Puis-je vous demander de me présenter à vos amis ? »

23

Le capitaine Jean-Luc Saint-Sylvestre ne connaissait des États-Unis que ce qu'il avait pu en voir lors d'un voyage organisé de deux semaines à Miami auquel il s'était inscrit un été par simple curiosité. Et son expérience du Canada et de Vancouver était encore plus limitée : quelques interviews filmées dans des rues trempées de pluie qu'il avait regardées à la télévision à l'occasion des récents Jeux olympiques d'hiver.

En débarquant du 747 d'Air Canada, il eut l'agréable surprise de découvrir une aérogare moderne, propre et plutôt efficace dans son fonctionnement. S'ils faisaient preuve d'une naïveté confondante, les douaniers étaient au moins polis, ce qui les différenciait avantageusement des gorilles en uniforme auxquels il avait eu affaire à l'aéroport international de Miami.

Dans un guide touristique acheté pendant sa brève escale à Paris, il avait choisi un hôtel chic du centre-ville, bien nommé Hotel Vancouver, pour le cas où il lui faudrait inviter les vieilles dames à prendre le thé, et il y avait réservé une suite par Internet en utilisant une des cartes de crédit d'Euhler. Aussi n'eut-il qu'à indiquer le nom de l'établissement au chauffeur du taxi qu'il prit devant le hall des arrivées.

Dès la sortie de l'aéroport, il put constater que Vancouver était une ville où l'eau et les ponts tenaient une grande place. L'aéroport lui-même était bâti sur une île, dans l'estuaire d'un fleuve, et on apercevait l'océan Pacifique sur la gauche.

Le taxi parcourut Granville Street, une large avenue bordée de cerisiers en fleurs rose et blanc d'où l'on voyait au loin des montagnes couvertes de sapins, puis traversa un nouveau plan d'eau baptisé False Creek, sur lequel était construit une sorte de centre commercial pour touristes.

Le trajet ne dura que quinze minutes jusqu'à l'Hotel Vancouver, une espèce de château à la française au toit de cuivre verdi par le temps et les éléments qui occupait tout un pâté de maisons. Saint-Sylvestre se présenta à la réception avec une autre carte de crédit prise à Euhler. Contrairement à ce qui se passait dans de nombreux hôtels ailleurs dans le monde, on ne lui demanda pas de montrer son passeport, et personne ne s'étonna de ce qu'un Noir parlant l'anglais avec un fort accent français porte un nom à la consonance aussi évidemment germanique qu'Euhler. Le policier sourit.

À l'époque de la guerre froide, et encore aujourd'hui, les passeports canadiens étaient les documents d'identité les plus prisés des services de renseignement : leurs détenteurs pouvaient en effet entrer sans visa dans cent cinquante-sept pays et obtenir un visa après leur arrivée dans presque tous les autres. Le bruit courait pendant les années 1960 que les vols en provenance d'Ottawa ou de Toronto amenaient aux États-Unis davantage d'espions que de passagers ordinaires, et en 1997 c'étaient également des passeports canadiens qu'avait utilisés le Mossad lors de sa tentative d'assassinat manquée sur Khaled Meshal, le tristement célèbre chef du Hamas. Oui, décidément, ils étaient bien naïfs, ces Canadiens, songea Saint-Sylvestre pour la deuxième fois de la journée.

Il fut accompagné jusqu'à la petite suite qu'il avait louée par un bagagiste vieillissant à qui il glissa un pourboire de cinq dollars prélevé sur la liasse de billets multicolores qu'il avait reçue à l'aéroport en échange de ses francs suisses.

La suite, classiquement décorée dans les tons beiges, comprenait tous les éléments de confort attendus, de la wifi au spa en passant par les peignoirs en éponge et les téléviseurs à écran large. Le genre de luxe susceptible de faire germer des idées révolutionnaires dans l'esprit des masses frustrées, comme les publicités sur papier glacé pour les jeans APO à quatre mille dollars ou les sacs à main Marc Jacobs à trente mille. Une notion qui semblait échapper à son bien-aimé et insouciant dirigeant, le général Salomon Kolingba, quand il faisait étalage de ses Range Rover bariolées, de sa Rolex President sertie de diamants et de ses lunettes de soleil Dolce & Gabbana à trois mille dollars.

Kolingba... Il semblait bien, justement, que son insouciance soit en train de lui jouer des tours. Le ventripotent président du Kukuanaland au crâne en pain de sucre n'était pas, malheureusement, le Robin des bois qu'il s'était vanté d'être. Les fortunes que lui et Gash amassaient grâce à leur commerce criminel sortaient rarement de l'enceinte bien gardée du palais de Fourandao, ou de celle de la banque située sous les locaux où travaillait Saint-Sylvestre. En tout cas, elles ne profitaient jamais à la population démunie du pays.

Contrairement au policier, le général Kolingba n'était pas un grand lecteur d'ouvrages historiques – ni d'autres genres d'ouvrages, d'ailleurs – et n'avait pas conscience d'une banalité bien connue de tous les professeurs d'histoire et de tous les dictateurs déchus, à savoir que quiconque vit par le coup d'État a de fortes chances de périr par le coup d'État.

L'hôtel possédait plusieurs salles de restaurant, mais proposait également un service de restauration en chambre très complet. Saint-Sylvestre ordonna donc qu'on lui monte un petit déjeuner de nanti antirévolutionnaire composé d'un jus d'orange frais pressé, de *bagels* accompagnés de crème et de saumon fumé local, d'un steak-frites avec un œuf à cheval bien moelleux et d'un thermos de café viennois. Après avoir pris une douche rapide et s'être drapé dans un confortable peignoir blanc, il s'installait pour lire l'exemplaire du *Globe and Mail* – le quotidien canadien de référence offert par l'établissement – quand on lui apporta son repas. Il s'attabla et mangea avec appétit tout en mettant mentalement en place un plan d'action pour la journée.

À 11 heures, il était prêt. Un rapide coup d'œil à l'annuaire téléphonique lui apprit que les sœurs Brocklebank habitaient dans une rue sobrement nommée The Crescent, dans un quartier de Vancouver appelé Shaughnessy. Il passa vingt minutes à consulter Internet dans le centre d'affaires, au sous-sol de l'hôtel, et découvrit que les Brocklebank étaient une vieille et respectable famille de Vancouver qui cachait dans ses placards tous les squelettes souhaitables, entre autres la faillite retentissante dans les années 1920 d'une grosse mine d'argent qui avait pratiquement mis sur la paille son propriétaire surendetté, A. G. Brocklebank, le grand-père des deux sœurs.

Quant à P. T. Brocklebank, le père de ces dernières et le fils d'A. G., il avait épousé l'héritière d'une famille richissime qui avait fait fortune dans le sucre. Malheureusement, le mariage avait tourné à l'aigre, sa femme s'étant aperçue que non seulement P. T. entretenait une liaison avec son beau-frère, mais qu'il avait aussi détourné des millions de l'affaire familiale pour les dilapider sur le marché à terme de Toronto.

Le scandale avait été énorme à Vancouver. Cependant, tout escroc dévoyé et piètre homme d'affaires qu'il ait pu être, P. T. aimait sincèrement ses filles et les avait désignées comme bénéficiaires d'une assurance-vie extrêmement généreuse qu'il avait souscrite bien avant de se jeter du haut des falaises de soixante mètres de Wreck Beach, non loin du complexe universitaire, au volant du très chic coupé décapotable V12 Packard 1936 de sa femme.

Rien n'étayant la thèse du suicide ou de l'état d'ivresse, l'assurance n'avait eu d'autre choix que d'honorer le contrat, y compris la clause de double indemnité qu'il contenait, et de verser la somme convenue. Les jumelles, qui continuaient à vivre dans la demeure de famille des Brocklebank, sur The Crescent, étaient redevenues riches du jour au lendemain et l'étaient restées grâce aux conseils avisés de leurs avocats et de leurs banquiers.

Ni l'une ni l'autre ne s'était mariée. Faute d'héritiers et d'ayants droit, le patrimoine des Brocklebank irait à leur décès au club féminin de l'université de

Vancouver, dont elles étaient membres actifs depuis l'obtention de leur diplôme, un demi-siècle plus tôt, au Royal Victoria College, l'annexe de l'université McGill pour les filles.

Bien que militantes de longue date pour diverses causes féministes, les deux femmes n'avaient jamais travaillé. Sans véritable raison, Betty était proavortement et marxiste, Margie antiavortement et farouche partisane du capitalisme monopolistique.

Saint-Sylvestre composa le numéro de téléphone qu'il avait trouvé dans le bottin.

« Oui ? » répondit craintivement à la septième sonnerie une petite voix féminine.

Le timbre était ténu, tremblant : celui d'une femme âgée que l'on appelle rarement, et le plus souvent pour lui annoncer une mauvaise nouvelle. Le policier imagina une vieille dame toute menue en robe d'intérieur, assise dans une entrée remplie d'anciens portraits de famille poussiéreux et éclairée chichement par souci d'économie.

« Mademoiselle Brocklebank ? demanda-t-il du ton le plus anodin possible.

— Betty Brocklebank à l'appareil. Qui êtes-vous, je vous prie ?

— Je m'appelle Wolfgang Gesler, mademoiselle Brocklebank, répondit Saint-Sylvestre. Je représente la banque Gesler d'Aarau, en Suisse, et j'ai été dépêché dans votre belle ville par mon père, M. Horst Gesler, le président de la banque. Je vous appelle à propos de la cession des titres de la Silver Brand Mining Company, dont vous-même et votre sœur détenez la majorité.

— Comme c'est curieux, nous avons justement reçu un coup de téléphone d'un représentant de votre banque hier, s'exclama Betty Brocklebank. Il doit venir nous prendre en limousine cet après-midi pour nous emmener au Sylvia, où nous discuterons de la situation en prenant le thé », ajouta-t-elle d'une voix plus animée.

Saint-Sylvestre jura intérieurement. Il ne lui était pas venu à l'esprit que les gens de Matheson pourraient le devancer.

« Oh, ne voyez là rien de curieux, mademoiselle Brocklebank ! dit-il, s'efforçant de paraître enjoué. Mon père a effectivement évoqué la possibilité d'envoyer deux émissaires, car il juge l'affaire assez importante. Il semblerait qu'il y ait eu une petite erreur de transmission entre lui et moi.

— En effet.

— Pourriez-vous m'indiquer lequel de nos employés mon père a désigné pour me seconder ?

— Un certain M. Euhler, si c'est bien ainsi que le nom se prononce.

— Votre prononciation est parfaite, mademoiselle Brocklebank, assura Saint-Sylvestre. Et Leonhard est un très bon choix. Un excellent collaborateur. Vous aurait-il par chance laissé un numéro de téléphone ? Je me sentirais un peu ridicule si je devais appeler mon père pour le lui demander.

— Il est descendu à l'hôtel Georgia, chambre 1124, répondit Betty Brocklebank. Je crois que l'établissement s'appelle Rosewood Georgia, ou Georgia Rosewood, à présent... C'est que Margie et moi ne sortons plus que rarement, ces derniers temps, voyez-vous. Pour être franche, ma sœur perd un peu la tête, si vous voulez mon avis. Je passe mon temps à ramasser les affaires qu'elle laisse traîner et à lui rappeler que son chat siamois adoré est mort depuis des années, si vous voyez ce que je veux dire. Margie est parfois un peu pénible à supporter. »

Elle prononçait « Marguie », avec un *g* dur.

« Je suis vraiment navré de l'apprendre, mademoiselle Brocklebank... M. Euhler vous a-t-il dit à quelle heure il passerait vous chercher ?

— À 15 heures, répondit sans hésiter la vieille dame. Oh, mon Dieu ! Mais c'est bientôt l'heure ! Il faut que je nous prépare... Il a *vraiment* parlé d'une limousine, vous savez, insista-t-elle.

— Et il a bien fait. Ce n'est pas du tout un problème, mademoiselle Brocklebank. Je vous dis donc à tout à l'heure. 15 heures ?

— 15 heures, confirma-t-elle. Au revoir, Herr Gesler. »

Le policier coupa la communication, réfléchit un instant, puis appela la réception.

« Deux questions, dit-il quand l'employée décrocha. Pouvez-vous m'indiquer où se trouve l'hôtel Rosewood Georgia et où je pourrais louer une limousine sans réservation ? »

Le hasard voulut que l'hôtel Rosewood Georgia soit situé assez près du sien pour qu'il puisse s'y rendre à pied. Après avoir retenu une limousine chez un loueur local, Saint-Sylvestre prit donc Burrard Street jusqu'à West Georgia Street, dans laquelle il tourna à droite. Le soleil brillait. Vers le nord, une chaîne de montagnes se détachait avec netteté sur un ciel bleu éclatant.

Dans l'ensemble, Vancouver semblait être une ville bien de son temps. Aucun des bâtiments n'avait plus de cent ans et, abstraction faite d'une version miniature du British Museum appelée le Tribunal, mais qui se révéla être le musée d'art de Vancouver, le verre et l'acier régnaient partout en maîtres.

Situé à l'angle de West Georgia Street et de Howe Street, l'hôtel Rosewood Georgia était un édifice de douze étages parmi les plus anciens avec une façade de brique délavée par un ravalement récent et une entrée surmontée d'une marquise sous laquelle se tenait un portier. Le décor rouge, or et marron du hall, sans doute rénové depuis peu, jurait avec le style années vingt plutôt désuet de l'extérieur, mais c'était bien là le cadet des soucis de Saint-Sylvestre.

Il prit seul l'ascenseur jusqu'au onzième étage et trouva la chambre 1124. Sortant de sa poche de veste les gants de chirurgien qu'il avait déjà utilisés chez Euhler, il les enfila, puis frappa à la porte et fit un pas à gauche.

« Oui ? fit une voix étouffée après un moment de silence.

— Fax, monsieur Euhler. »

On pouvait refuser d'ouvrir à un garçon d'étage ou à une femme de chambre ; le porteur d'un fax, en revanche, avait toutes les chances d'être reçu.

Utiliser le nom d'Euhler constituait un risque réel, bien que calculé, car si l'occupant de la 1124 ne s'était pas inscrit sous ce pseudonyme à la réception, s'entendre appeler ainsi éveillerait aussitôt ses soupçons. Par ailleurs, si Betty Brocklebank téléphonait à l'hôtel pour une raison quelconque, demandait M. Euhler et apprenait que personne de ce nom n'y résidait, cela lui donnerait inévitablement à réfléchir.

Saint-Sylvestre entendit le bruit d'une chaîne de sécurité qu'on ôtait et le claquement d'un verrou. Faisant glisser de sa manche dans sa main droite le couteau à steak de son petit déjeuner, il s'avança au moment où la porte s'ouvrait.

Sans une hésitation, visant le diaphragme de l'individu qui lui faisait face, il lui enfonça de toutes ses forces la lame en acier inoxydable dans le corps, tranchant vers le haut, juste sous l'appendice xiphoïde, à la base du sternum. Le fer pénétra dans le ventricule droit et trancha l'artère pulmonaire et l'aorte, coupant pratiquement le cœur en deux.

Comme les cinq litres et demi de sang qui commençaient à remplir la cavité thoracique de l'homme se mettaient à jaillir de sa bouche et de son nez, le policier le refoula dans la petite entrée, refermant du pied la porte derrière lui. Après une dernière poussée, il recula d'un pas tout en lâchant le manche du couteau.

L'inconnu tomba en arrière et Saint-Sylvestre s'écarta rapidement. Il s'assura que la porte était bien fermée, tourna le verrou, remit la chaîne, puis revint vers sa victime. Tout s'était passé sans un bruit, si l'on exceptait le choc du corps sur la moquette beige. Un coup d'œil au miroir de l'entrée confirma au policier qu'il n'avait sur lui aucune tache de sang, sauf sur les doigts de son gant droit.

Il s'agenouilla pour essuyer le sang sur le tapis, mais sans ôter les gants pour le moment.

L'homme gisait légèrement en biais, les jambes dans le vestibule, le haut du corps dans la chambre proprement dite. Grand, grisonnant, il portait une moustache de style militaire. Il était vêtu d'une chemise blanche dont le devant était à présent trempé de sang, un pantalon à fines rayures et des chaussures de prix à lacets, cirées à la perfection. Il avait au doigt une chevalière montrant une corne à poudre suspendue à une cocarde et entourée de la devise latine *celer et audax* – vitesse et audace. Si Saint-Sylvestre ne se trompait pas, il venait de tuer un ex-officier du King's Royal Rifle Corps.

Ne voyant rien d'autre sur le cadavre qui puisse l'intéresser, et doutant que l'homme ait été du genre à mettre son portefeuille dans sa poche revolver, il ne prit pas la peine de le retourner sur le ventre, mais l'enjamba et entra dans la chambre.

Bien moins grande que la suite de Saint-Sylvestre à l'Hotel Vancouver, la pièce était néanmoins décorée dans les mêmes coloris beiges et marron. Une valise fermée était posée sur un porte-bagages au pied du lit, et un attaché-case ouvert sur un petit bureau devant l'unique fenêtre. La veste de costume du mort était pendue au dossier de la chaise qui allait avec le bureau.

Dans la poche intérieure droite de la veste, le policier trouva un portefeuille Coach, et dans la gauche un Smartphone BlackBerry Torch. Le portefeuille contenait toutes sortes de papiers d'identité au nom d'Allen Faulkener, dont un permis de conduire, une carte-clé biométrique de la Matheson Resource Industries et un permis de port d'arme délivré par le Home Office pour un pistolet semi-automatique 9 mm Heckler & Koch P30.

Soucieux de ne pas faciliter le travail aux policiers qui ne manqueraient pas d'enquêter sur le meurtre et chercheraient à identifier le corps, Saint-Sylvestre glissa le portefeuille dans sa propre poche de veste et prit également le Smartphone.

Il s'intéressa ensuite à l'attaché-case, dans lequel il découvrit une copie des procurations concernant les parts de la Silver Brand Mining détenues par les sœurs

Brocklebank sous la forme d'un épais dossier bleu ainsi qu'un passeport britannique marron de l'Union européenne. Rien d'autre dans la mallette, qui sentait le neuf. L'absence de souche de billet d'avion ou de carte d'embarquement suggérait que Faulkener était venu à Vancouver en jet privé. Le tampon des services d'immigration canadiens dans le passeport portait la date de la veille. Il n'avait donc fallu que quelques heures pour que la nouvelle du décès d'Euhler parvienne à Faulkener – un constat qui laissa Saint-Sylvestre songeur.

Au Kukuanaland, il lui suffisait d'un regard pour inspirer la terreur et son influence sur Kolingba était presque aussi grande que celle d'Oliver Gash, mais il opérait ici sur le terrain de Matheson et il lui vint à l'esprit qu'il avait peut-être eu les yeux plus gros que le ventre. D'un autre côté, bien sûr, Matheson ignorait son existence, du moins pour l'instant ; or l'invisibilité constituait parfois l'arme la plus redoutable de toutes.

Le policier jeta le portefeuille, le téléphone et le passeport dans l'attaché-case et alla inspecter la valise. Il n'y vit que deux objets susceptibles de lui servir : une cravate en soie aux couleurs des Rifles, vert, rouge et noir, et un 9 mm H & K dans un bel holster rigide Bianchi en cuir moulé. Prenant l'arme, il s'assura que le chargeur était plein puis le remit en place d'un coup sec. Le pistolet était certainement préférable au couteau à steak, mais aussi plus risqué à porter sur soi, la législation canadienne en matière de détention d'armes étant encore plus sévère que la britannique, ce qui n'était pas peu dire. Quoi qu'il en soit, il alla mettre le 9 mm et la cravate avec le reste de son butin dans la mallette, qu'il referma en brouillant la combinaison de la serrure après l'avoir reprogrammée.

Cela fait, la mallette à la main, il retourna près de Faulkener, s'accroupit, lui retira sa chevalière de l'index droit et la passa à son propre doigt. Elle était un peu lâche, mais pas au point de glisser. Se relevant, il regarda une dernière fois autour de lui. À part la présence incongrue d'un corps sur la moquette, tout était en ordre. Il enjamba de nouveau le cadavre et gagna la porte. Après avoir décroché de la poignée l'écriteau « Ne pas déranger », il déverrouilla, tira le battant et sortit dans le couloir, qui était désert. Enfin, il referma en prêtant l'oreille pour entendre le déclic de la serrure, suspendit l'écriteau à la poignée extérieure, puis ôta ses gants, qu'il glissa dans la poche de son pantalon. Quatre-vingt-dix secondes plus tard, il entrait dans l'ascenseur vide qui le redescendit dans le hall. Trente secondes encore et il ressortait dans le grand soleil par la porte principale de l'hôtel.

Invisible.

24

Ils avaient passé la plus grande partie de la journée à marcher dans la jungle et le soleil déclinant filtrait à travers les branches, jetant sur la large piste des taches de lumière tantôt verte, tantôt cuivrée ou dorée. Les singes protestaient bruyamment tandis que des aigrettes prenaient leur envol en poussant des cris de colère quand ils passaient près d'un marais.

La piste se dirigeait plein ouest ou presque, suivant à peu près l'axe de la rivière, qu'ils apercevaient parfois dans le lointain, vers le sud. D'après Limbani, la piste était un parcours migratoire jadis emprunté par les éléphants, mais abandonné depuis des décennies.

Comme ils atteignaient le bout d'une étroite vallée entre deux collines basses couvertes de végétation luxuriante, Limbani leva une main et s'arrêta. Regardant par-dessus son épaule, Holliday vit que tous les guerriers à la peau claire avaient également fait halte au signal de leur chef. Peggy, qui se trouvait juste derrière lui, ouvrit la bouche pour parler, mais il l'en empêcha d'un signe de tête. Un sifflement aigu se fit entendre loin devant et Limbani parut soudain plus détendu.

« Les éclaireurs vont partir en reconnaissance », déclara-t-il.

Le contraste entre le vocabulaire militaire et la tenue exotique de celui qui l'utilisait fit sourire Holliday. Limbani brandit le poing et les guerriers se mirent au repos le long de la piste.

« Nous pouvons nous reposer ici un moment, dit-il d'une voix tranquille en s'accroupissant sous un arbre aux feuilles oblongues et luisantes chargé de fruits bleus en forme de poires.

— On dirait des aubergines, commenta Peggy en se laissant tomber près de lui.

— *Dacryodes edulis*, énonça Limbani avec un sourire. On les appelle aussi *safous*, avocats d'Afrique ou prunes d'Afrique.

— Comestibles ? demanda Raffi.

— Ils sont même très bons. Prenez-en un. La couleur bleuâtre signifie qu'ils sont mûrs. On peut comparer leur goût à celui d'une prune un peu acide, ou d'une poire. »

Limbani secoua la tête avant de poursuivre : « Kolingba aurait pu employer des milliers de gens à cultiver ces arbres. Les fruits en sont délicieux, crus ou cuits, leur teneur en acides gras est naturellement plus élevée que celles de la plupart des espèces comparables et, convenablement exploités, ils pourraient être encore plus productifs que les tournesols. Même leur bois est commercialisable : c'est un excellent substitut de l'acajou, et plus approprié au développement durable. »

Se levant, Raffi tendit les bras pour détacher un fruit d'une branche basse.

Limbani porta soudain la main sous son thorax avec une grimace, comme s'il avait un point de côté.

Holliday prit alors conscience que l'ex-gouverneur de district devait approcher les soixante-dix ans et que le rythme de marche qu'il avait lui-même imposé était celui d'un homme bien plus jeune.

« C'est encore loin ? demanda-t-il, n'ayant pas la moindre idée de leur destination.

— Une journée, répondit Limbani, qui pointa son doigt devant lui. Ces collines s'appellent les "Yeux du crocodile". Nous camperons sur l'œil droit, ce soir. »

Holliday suivit du regard la direction indiquée. Les deux éminences qui semblaient émerger des eaux de la rivière pouvaient effectivement évoquer les yeux haut placés d'un saurien.

« Les Yeux sont un endroit idéal pour bivouaquer ou tendre une embuscade, mais ils marquent aussi la limite orientale du territoire de mon peuple, reprit le vieil homme. L'*Umufo omhloshana. Isikaya indawo.* »

Holliday se tourna vers Eddie, qui traduisit :

« Notre foyer. Le lieu de nos ancêtres. »

Raffi, qui avait entre-temps cueilli assez de *safous* pour tout le monde, distribua sa récolte à la ronde. Holliday en goûta un : comme l'avait dit Limbani, le fruit, très juteux, avait une saveur qui tenait à la fois de la prune et de la poire. Il mordit une nouvelle fois dans la chair tendre puis s'essuya la bouche avec sa manche.

« Vous ne m'avez toujours pas expliqué comment vous connaissez nos noms, remarqua-t-il.

— Vous avez vu mon masque, répondit Limbani avec un petit sourire désabusé. Qui sait ? Je suis peut-être un griot, un sorcier.

— Ha ! Ha ! intervint Peggy, railleuse. Un sorcier titulaire d'un diplôme de spécialiste en maladies tropicales de la faculté de médecine de Paris ? Vous êtes un sorcier plutôt bien formé, dites-moi !

— Alors, comme ça, vous savez des choses à propos d'Amobe Limbani ! déclara l'Africain, un pétillement malicieux dans son regard fatigué. Et que croyez-vous pouvoir dire de lui après l'avoir vu à l'œuvre ?

— Qu'il est maître dans l'art d'éluder les questions, intervint à son tour Raffi avant de mordre dans son fruit. Pourquoi ne répondez-vous pas à celle que vous a posée Doc ?

— Doc ? répéta Limbani, feignant une perplexité amusée. Vous êtes donc docteur, vous aussi ? À voir votre façon de vous déplacer, je vous aurais plutôt pris pour un soldat de métier.

— Voilà que vous recommencez ! » s'exclama Holliday en riant.

Le médecin ouvrit de grands yeux innocents.

« Que je recommence à faire quoi ?

— À éluder la question, rappela Peggy.

— Quelle question ?

— Vous le savez très bien, affirma Holliday. Comment avez-vous su qui nous sommes ?

— Ah, cette question-là ! La réponse est très simple. Je vous ai fait espionner.

— Par qui ?

— Réfléchissez, vous allez trouver. »

Comme Holliday l'avait jadis enseigné lui-même à ses lieutenants, il était facile à un combattant obnubilé par les choix tactiques immédiats de perdre de vue la stratégie globale qui permettrait à terme de remporter la bataille, voire la guerre.

Ainsi, depuis leur arrivée à Umm Rawq, l'urgente nécessité d'éviter les balles ou les fléchettes empoisonnées avait relégué les considérations de stratégie globale à l'arrière-plan de son esprit. Mais à présent qu'il pouvait prendre le temps de raisonner, il n'eut aucun mal à deviner l'identité de l'espion de Limbani :

« Mutwakil Osman. C'est lui qui vous renseigne.

— Le type de l'hydravion ? demanda Peggy.

— Le type de l'hydravion, oui, acquiesça Holliday.

— Tout à fait exact, confirma le médecin. Mutwakil est l'ami des *Umufo omhloshana* depuis qu'il a commencé à assurer la desserte de la rivière. C'est un adepte convaincu du "vivre et laisser vivre". Il pense que ce sont les gens eux-mêmes qui doivent être les artisans de leur destin. Il nous ravitaille de temps à autre en médicaments et autres produits de première nécessité, mais, surtout, il nous alerte sur les événements extérieurs susceptibles d'avoir des conséquences pour nous.

— Des événements comme la venue d'Archibald Ives ?

— Précisément, dit Limbani en soupirant. L'arrivée d'un prospecteur diplômé en géologie pourrait très bien être le signal de la fin pour les gens d'ici, et pour tout ce qu'ils connaissent.

— Vous ne croyez peut-être pas si bien dire. Au cas où vous l'ignoreriez, Ives a été assassiné, et un certain sir James Matheson s'intéresse de près aux ressources du Kukuanaland. Il possède l'une des plus grosses compagnies minières au monde.

— Je sais qui est Matheson.

— Il s'intéresse également à nous, dit Raffi. Il s'est aperçu que nous étions comme lui attirés par la région, quoique nos motivations soient différentes des siennes. »

Limbani soupira de nouveau, d'un air las qui lui fit paraître pleinement son âge.

« Je les connais, vos motivations, à vous aussi ! Les mines du roi Salomon, la reine de Saba, et peut-être même la fortune du "roi des rois" Mansa Moussa, ou Tombouctou, pourquoi pas ! Une vision de l'histoire en Technicolor digne de George Lucas et d'Indiana Jones ! De la science de cow-boy ! »

Holliday s'attendait à l'habituelle réaction cinglante que Raffi réservait à quiconque mettait en cause son approche un peu intuitive de l'archéologie, mais l'Israélien resta étonnamment courtois.

« Je vous assure, docteur, que les mines et les légendes m'intéressent beaucoup moins que les gens extraordinaires qui y ont ajouté foi. Ce ne sont pas des élucubrations d'internautes sur les "secrets de la pierre de Rosette" qui nous ont poussés à venir jusqu'ici, mais la découverte d'une tombe en Éthiopie : celle d'un chevalier du Temple appelé Julien de La Roche-Guillaume, qui était à la recherche d'une chose qu'un Viking avait déjà cherchée deux siècles avant lui, et pour laquelle un légionnaire romain était mort mille ans avant cela. Les légendes peuvent se raconter et se déformer pendant des millénaires, mais il reste toujours un fond de vérité suffisant pour que des rêveurs y croient. Heinrich Schliemann a lu Homère, un rêveur comme lui, et a retrouvé le site de Troie. Non, croyez-moi, docteur Limbani, ce sont les rêveurs qui me passionnent, pas les rêves. »

Limbani lui adressa un regard sceptique puis, avec un haussement d'épaules :

« Un petit discours très séduisant. Vous l'avez prononcé souvent ?

— Vous en avez la primeur. »

Le vieil homme dévisagea longuement l'archéologue avant de prendre de nouveau la parole.

« Si ce que vous me dites est vrai, docteur Wanounou, attendez-vous à une grande surprise quand nous aurons atteint notre destination. Une très grande surprise, même. »

L'immense propriété des Brocklebank était cachée aux regards par un mur en pierre de trois mètres de hauteur. Située au milieu d'un parc de trois hectares, la maison, une énorme bâtisse en brique à colombages mêlant styles Tudor et Art nouveau, comprenait onze salles de bains, trois cuisines, seize chambres dont huit pourvues de leur propre cheminée, et cent seize fenêtres à vitraux, certains colorés, le tout réparti sur quatre mille mètres carrés de surface habitable.

Comme la limousine s'engageait dans l'allée après avoir franchi la grille d'entrée à ouverture commandée par interphone, Saint-Sylvestre s'émerveilla de la façon dont les jardins étaient entretenus. Les sœurs Brocklebank devaient disposer d'une armée de jardiniers et être obsédées par les fleurs.

Au bout de la longue allée, la voiture s'arrêta devant le porche de la demeure.

« Attendez-moi ici. Je ne devrais pas en avoir pour plus de vingt minutes, dit le policier au chauffeur en se penchant par-dessus le dossier du siège avant.

— Bien, monsieur, à votre service », répondit l'homme en uniforme.

Empoignant l'attaché-case de Faulkener, Saint-Sylvestre sortit de la limousine, grimpa les marches en pierre du perron et appuya sur la sonnette. Des profondeurs de la maison lui parvint le carillon étouffé de Big Ben. Une bonne minute se passa, puis un cliquetis de talons se fit entendre et la porte s'ouvrit sur une vieille dame qui eut un haut-le-corps en voyant sa couleur de peau, mais se reprit aussitôt. Son éducation datait d'une époque où les gens comme Saint-Sylvestre se présentaient à l'entrée de service, pas à la grande porte.

« Herr Gesler ? » s'enquit-elle.

Son visage ridé était rose de poudre et ses cheveux gris tordus en chignon auraient été du meilleur effet sur une femme en robe à bustier coiffée d'un grand chapeau. En l'occurrence, elle portait des escarpins foncés à talons mi-hauts et un tailleur bleu marine à passepoil blanc parfaitement coupé, sans doute un Chanel des années 1950. Avec le grand sac à main en cuir verni qui pendait à son bras, elle ressemblait tout à fait à feu la reine mère. Une vieille dame peut-être, mais tirée à quatre épingles et non affublée d'une robe d'intérieur, comme Saint-Sylvestre se l'était figurée.

« Mademoiselle Brocklebank ? » répondit-il en s'inclinant légèrement.

Il hésita à baiser la main qu'elle lui tendait, mais, jugeant que le geste serait un peu – juste un peu – excessif, il se contenta de la lui serrer.

« Elle-même, acquiesça-t-elle. Ma sœur, Margaret, est dans la bibliothèque. Dois-je aller la chercher ?

— Il m'est venu à l'esprit que nous pourrions peut-être régler notre affaire avant d'aller prendre le thé, mademoiselle Brocklebank, sans vouloir vous bousculer.

— C'est que… Je ne voudrais pas que nous soyons en retard… » objecta-t-elle, manifestement peu désireuse d'être frustrée de son plaisir.

À l'évidence, les Brocklebank n'aimaient pas qu'on leur dise non, même si c'était pour leur faire gagner beaucoup d'argent.

« Cela ne prendra pas plus de dix minutes, je vous le promets, assura le policier. Juste le temps pour moi de contresigner le chèque et de vous faire parapher de nouveau les procurations.

— Je croyais que nous avions déjà fait cela – les procurations, j'entends.

— C'est exact », confirma Saint-Sylvestre, adoptant délibérément le ton légèrement condescendant que l'on emploie souvent pour s'adresser aux infirmes ou aux personnes âgées qui « perdent un peu la mémoire ».

Saisissant aussitôt la nuance, la vieille dame se raidit, mais baissa pavillon.

« Si vous insistez, Herr Gesler, dit-elle sèchement en s'écartant pour laisser entrer le policier.

— Je vous assure que ce sera rapide et sans douleur, mademoiselle Brocklebank. »

Betty Brocklebank ouvrant la voie, ils traversèrent un petit vestibule qui conduisait à un vaste hall d'entrée tout en marqueterie et parquet ciré, pourvu d'une immense cheminée en pierre brute et d'un escalier à double révolution. Les massacres de divers animaux typiques de la faune nord-américaine décoraient les murs. Un immense tapis persan sûrement authentique recouvrait le sol.

Ils tournèrent à droite et pénétrèrent dans une large pièce dont le parquet était habillé de tapis plus petits. Deux des murs étaient garnis de bibliothèques intégrées, un troisième s'ornait d'une grande cheminée, le quatrième d'une baie en vitrail qui donnait sur les jardins.

La vue sur l'extérieur semblait encadrée par les quatre rangées de vitraux colorés en bleu, vert, or et violet qui formaient le périmètre de la verrière et dont le dessin compliqué, mêlant des cygnes, des couronnes et des épées, devait représenter le blason des Brocklebank.

Le mobilier, de style colonial indien ou thaïlandais, se composait d'imposants fauteuils en rotin à dossier en éventail et de tables basses en bambou. Une seconde vieille dame était assise dos à la fenêtre sur un canapé en osier demi-circulaire drapé d'un imprimé à grandes fleurs de magnolia multicolores sur fond bleu marine.

L'occupante du canapé ressemblait à s'y méprendre à Betty, sauf que ses cheveux permanentés étaient coiffés en boucles serrées sous lesquelles se devinait un cuir chevelu très pâle tirant sur le bleu et le rose. Elle portait le même tailleur que Betty, mais avec des couleurs inversées : passepoil bleu sur tissu blanc.

« Margie, je te présente M. Gesler, de la banque suisse, annonça Betty Brocklebank. Monsieur Gesler, ma sœur, Margaret Brocklebank.

— Betty se croit plus maligne que moi parce qu'elle est mon aînée de trois minutes et demie, monsieur Gesler, déclara Margie... J'ignorais qu'ils avaient des Noirs en Europe, à présent, ajouta-t-elle, regardant le policier avec curiosité. Je ne me souviens pas en avoir vu là-bas avant-guerre.

— Ma mère était d'Alexandrie, en Égypte. Elle a rencontré mon père à l'université de Zurich. Il était étudiant en mathématiques, elle en physique, expliqua Saint-Sylvestre, tirant les mensonges de son imagination comme un prestidigitateur sort un lapin de son chapeau.

— Je vois », dit Margaret Brocklebank, qui ne voyait rien du tout.

Si la présence d'un Noir dans son salon confinait pour elle à l'incompréhensible, l'idée qu'une Noire puisse être diplômée passait complètement son entendement. Saint-Sylvestre prit place dans un des fauteuils qu'une table basse à piètement de bambou et plateau de verre séparait du canapé.

« Voulez-vous que j'aille chercher les papiers ? demanda Betty Brocklebank, qui quitta la pièce sans attendre la réponse, ses talons claquant sur le parquet entre les tapis.

— J'ai été *valedictorian*, à Crofton House, vous savez, chuchota Margie Brocklebank sur le ton de la confidence. Betty n'était que *salutatorian*.

— Vous m'en direz tant, répondit le policier, qui ne comprenait pas un mot.

— C'est la pure vérité. »

Betty Brocklebank revint, un classeur à soufflets entre les mains. Elle s'assit près de sa sœur sur le canapé et posa le classeur sur la table.

« J'imagine qu'elle a prétendu avoir été la première de notre promotion et moi la deuxième, comme à son habitude, dit-elle. Je ne me trompe pas, monsieur Gesler ? »

Saint-Sylvestre resta muet. Margaret Brocklebank rougit jusqu'aux oreilles.

« J'en étais sûre, reprit Betty Brocklebank avec un sourire de triomphe. C'est son affabulation préférée, après l'histoire de Mickey Hill, qui m'aurait prétendument posé un lapin au bal de promotion de la Saint-George, à Crofton House.

— Pourquoi “prétendument” ? Il t'a posé un lapin,

tu le sais aussi bien que moi, affirma la cadette en se renfrognant.

— Peut-être, mais moi, au moins, il m'avait invitée, répliqua aigrement l'aînée avant de se tourner vers Saint-Sylvestre. Pouvons-nous nous mettre au travail, maintenant, monsieur Gesler ?

— Mais certainement », répondit le policier.

Il prit l'attaché-case, le posa à plat sur la table, fit jouer les fermoirs et souleva le couvercle. Plongeant ensuite la main dans la mallette, il saisit le H & K P30 avec lequel il tira deux balles dans la poitrine de chacune des sœurs. Rapide et sans douleur, comme promis.

Toujours soucieux de soigner la finition, il se leva, contourna la table basse et leur logea une balle supplémentaire dans la tête avant d'utiliser le bas de la jupe de Betty Brocklebank pour astiquer soigneusement le pistolet, qu'il posa sur la table. Le numéro de série de l'arme mènerait les enquêteurs jusqu'à Allen Faulkener, puis de lui à Matheson, ce qui, espérait-il, aurait l'effet d'un coup de pied dans une fourmilière. Cette besogne accomplie, il referma l'attaché-case après avoir vidé dedans le contenu du classeur et mit en œuvre la suite de son plan.

Un quart d'heure plus tard, Saint-Sylvestre sortit sur le perron et respira une grande goulée d'air frais. Dans quinze minutes, avec les robinets de gaz de la cuisinière et des radiateurs grands ouverts et les veilleuses éteintes, le détonateur rudimentaire qu'il avait bricolé en se servant d'une cigarette et d'une boîte d'allumettes pleine transformerait le rez-de-chaussée du vieux manoir Brocklebank en un immense brasier.

Il faudrait encore dix minutes aux pompiers pour intervenir et dix de plus pour que la nouvelle parvienne aux médias.

Cela lui laissait un créneau d'une quarantaine de minutes pour se faire reconduire en limousine à l'Hotel Vancouver et prendre un taxi jusqu'à l'aéroport. Si tout se passait bien, le chauffeur ne ferait pas le rapprochement entre son passager et l'incendie avant une heure. D'ici là, l'ineffable Leonhard Euhler aurait définitivement cessé d'exister.

Avant même que Saint-Sylvestre n'atteigne le pied des marches, le chauffeur avait jailli de la limousine et se tenait près de la portière arrière ouverte. Comme le policier s'approchait, l'employé sortit de sa poche un Kleenex froissé mais apparemment propre qu'il lui tendit.

« Vous avez quelque chose sur votre cravate, monsieur.

— Ah, merci », dit Saint-Sylvestre.

Il monta dans la voiture et s'assit, le chauffeur refermant derrière lui, puis il souleva sa cravate de soie pour essuyer avec le Kleenex le petit fragment gélatineux provenant du cerveau de Margie Brocklebank. Le chauffeur se mit au volant et ils démarrèrent.

25

Ils atteignirent les chutes de Kazaba et la vallée des Peaux-Claires le lendemain au coucher du soleil. Ils s'arrêtèrent au sommet des falaises et regardèrent, hypnotisés, l'eau glisser en un bombement lisse par-dessus le bord du précipice pour se jeter dans l'abîme avec un fracas assourdissant au milieu d'un brouillard irisé qui montait autour d'eux et détrempait la roche. Le soleil, bas sur l'horizon, colorait l'ensemble d'une teinte rose mordorée.

« C'est bien ça ! dit Holliday en forçant sa voix pour couvrir le grondement de tonnerre de la cataracte. Tout à fait la vision paradisiaque de votre chevalier du Temple. »

Il lui semblait en effet voir la fresque de la tombe du lac Tana prendre vie sous ses yeux : les trois cascades qui formaient la chute – chacune encadrée de rostres de pierre noire –, le serpent argenté de la rivière, tout en bas, sillonnant la vallée, et les trois collines émergeant de la jungle tels les dos bossus de gigantesques bêtes préhistoriques. La confirmation de toutes les hypothèses formulées par Raffi depuis leur départ de Jérusalem était là.

« Il n'y manque que les pirogues à hauts bords et les mineurs qui descendent cn zigzag la colline du milieu avec leur panier sur la tête, acquiesça l'archéologue.

— À vous entendre, on pourrait croire que vous êtes déjà venu ici, remarqua Limbani, qui avait écouté l'échange.

— Moi, non, mais un templier a fait le voyage il y a plus de huit siècles et il a représenté ce site dans une fresque peinte sur les murs de son tombeau. Il s'appelait…

— Julien de La Roche-Guillaume. »

Raffi se tourna vers le médecin, l'air stupéfait.

« Ne me dites pas que c'est votre espion Osman le pilote qui vous a appris ça ! Je n'ai jamais parlé de cette histoire devant lui.

— Oh, le nom de La Roche-Guillaume m'était familier bien avant que je rencontre Osman, répondit Limbani avec un sourire mélancolique. Je l'ai appris enfant, quand mon père m'amenait ici.

— Parce que votre père connaissait cet endroit ?

— Et son père avant lui. Pendant plus d'un siècle, notre famille a été pour les *Umufo omhloshana* ce que Mutwakil Osman est pour moi aujourd'hui : un lien avec l'extérieur et le monde moderne. C'est pour cette raison que mon père est devenu gouverneur de la province de Vakaga. Notre région était idéale pour le développement. Il était question de construire des routes dans la jungle, de réguler le cours de la rivière et même d'utiliser les chutes de Kazaba comme source d'énergie hydroélectrique.

« L'existence des *Umufo omhloshana* aurait été découverte et tous les secrets dont ils étaient héritiers détruits à jamais : un peuple fier réduit à mendier misérablement les aumônes de l'État. Quand mon père a été assassiné sur ordre du gouvernement, je l'ai remplacé. Aux yeux des habitants de cette vallée, je suis l'*Umlondolosi*, le Protecteur, et c'est pour moi un devoir sacré d'assumer cette responsabilité.

— *Le Monde perdu* de Conan Doyle… commenta Raffi.

— Ou plutôt la série des *Turok*, rectifia Holliday.

— *Turok* ? Qu'est-ce que c'est que ce truc ? demanda Peggy.

— Une BD que je lisais quand j'étais petit. Oncle Henry m'en achetait quand j'allais en vacances chez lui. Tu es bien trop jeune pour avoir connu ça.

— Venez, dit Limbani. Nous devons nous dépêcher, maintenant. Le soleil sera bientôt couché et le sentier qui longe les falaises est traître dans le noir. »

Ils commencèrent à descendre lentement. Le chemin, large tout au plus d'un mètre cinquante, était constitué par endroits de terre tassée, mais surtout de marches de pierre usées par les pas des voyageurs qui les foulaient depuis la nuit des temps.

« Ces marches ont été taillées par les esclaves d'un roi guerrier de Wagadou, au VIIe siècle, expliqua Limbani par-dessus son épaule, devançant la question qu'allait lui poser Holliday. Mais les rois guerriers, les *ghanas*, exploitaient déjà des mines dans ces collines mille ans auparavant.

— Et le roi Salomon, dans tout ça ? demanda Peggy, qui marchait derrière Holliday dans la longue file.

— Les *ghanas* de ce qui est devenu le Mali ont été supplantés par les *mansas*, les empereurs qui régnaient sur cette région-là, et en particulier par Sogolon Djata, dont le nom traduit en anglais est Salomon, mais qui n'a aucun rapport avec le roi Salomon de la Bible, fils de David. Même si les chrétiens, les Juifs et les musulmans ont une fâcheuse tendance à considérer que l'histoire débute avec l'Ancien Testament, je peux vous assurer que l'histoire de l'Afrique est bien plus ancienne que cela. »

Ils poursuivirent leur descente périlleuse sur le raidillon qui, heureusement, commençait à s'élargir quelque peu. Holliday, qui scrutait la jungle loin en contrebas, prit soudain conscience que le paysage comportait des formes aussi étranges qu'énigmatiques. Il devina que seule la lumière rasante du soleil couchant révélait leur présence en projetant des ombres nettes à des endroits où il n'aurait pas dû en voir, mais il dut attendre d'être à une vingtaine de mètres des arbres pour comprendre enfin de quoi il s'agissait.

« Incroyable ! s'exclama-t-il. Vous avez camouflé la moitié de la vallée ! Que cachez-vous là-dessous ?

— Nous nous adaptons au monde moderne, répondit Limbani. Mon père a obtenu son premier diplôme de médecine à l'université de Cambridge. Pendant la Seconde Guerre mondiale, il appartenait au Magic Gang de Jasper Maskelyne.

— Ah, oui ! L'homme qui est parvenu à dissimuler Alexandrie et le canal de Suez à l'aviation allemande. Celui qui a aussi massé deux mille chars d'assaut factices en contre-plaqué dans la plaine de Salisbury et peint des armées entières en trompe-l'œil pour leurrer les pilotes ennemis en mission de reconnaissance.

— Lui-même, confirma Limbani. Ces gens-là n'ignoraient pas l'importance de la photographie aérienne comme arme de désinformation. Et c'est une arme d'autant plus utile à l'heure actuelle, avec les dizaines de satellites qui nous surveillent vingt-quatre heures sur vingt-quatre.

— Mais que cherchez-vous à dissimuler ?

— En premier lieu, l'existence même des *Umufo omhloshana*. Ce ne sont ni des Bayas, ni des Bandas, ni même des Yakimas, que Kolingba considère déjà comme un fléau. Si Kolingba découvrait leur présence, ce serait le génocide assuré. Comme la plupart des dictateurs africains, Salomon Kolingba est raciste. Et, dans son cas, le racisme est exacerbé par la folie. Et puis, en second lieu… Mais vous verrez bientôt par vous-même… »

Ils avaient atteint le pied de la falaise. Le chemin se poursuivait à présent en pente plus douce au milieu de broussailles en direction du mur de feuillage qui marquait l'orée de la jungle. Quand Holliday ne fut plus qu'à une vingtaine de mètres de la lisière, ce « mur » lui apparut pour ce qu'il était réellement : un ensemble de filets auxquels étaient accrochés des bandes d'étoffe multicolores et des branchages. Passant par une petite ouverture dans le camouflage, ils pénétrèrent dans la forêt au-delà.

« Extraordinaire ! murmura Holliday en regardant autour de lui. Extraordinaire ! »

Assis seul à une table du bar de l'hôtel Trianon, Oliver Gash dégustait son café brûlant d'après-dîner, se délectant de l'arôme de cannelle et de la saveur d'orange amère du Grand Marnier. À l'exception du barman, Marcel Boganda, et de deux officiels chinois occupés à se soûler dans un coin, la salle était déserte. Il suffisait en effet que Gash entre dans une pièce pour qu'elle se vide aussitôt de ses occupants, mais il était habitué à provoquer cette réaction sur le bas peuple autochtone.

Pour l'heure, Kolingba concentrait ses attentions sur les deux prostituées que Gash avait fait venir de Bangui – des filles assez téméraires pour se risquer au lit avec un dictateur de cent cinquante kilos au comportement volontiers brutal. Gash pouvait donc s'octroyer une soirée de détente. Mais il se sentait tout sauf détendu. C'était en se fiant à son instinct et à son intuition qu'il avait échappé au pire vingt ans plus tôt en fuyant le Rwanda et qu'il avait pu survivre dans la jungle d'un autre genre qu'étaient les quartiers sud de Baltimore. Or, depuis une quinzaine de jours, son intuition et son instinct s'étaient mis à sonner l'alarme dans son esprit et tous ses sens en alerte lui adressaient le même message : *Fous le camp en vitesse pendant qu'il est temps !*

Il termina lentement son café tout en s'efforçant de discerner un fil conducteur logique reliant entre eux tous les petits faits et rumeurs disparates dont il était quotidiennement informé en raison des fonctions qui étaient les siennes.

Cela avait commencé avant même l'arrivée du Canadien qui parlait avec un accent allemand. Un nombre croissant de personnes prétendaient avoir aperçu Limbani, et Gash sentait dans l'air une fébrilité inquiète – comme celle que l'on éprouve en voyant quelqu'un mourir sous les roues d'un autobus. Nul besoin d'entendre les tam-tams pour deviner que les indigènes soupçonnaient quelque chose et, plus préoccupant, qu'ils espéraient quelque chose. Deux générations plus tôt, ces gens étaient encore des sauvages qui couraient tout nus après leurs proies et, Gash en était certain, ils se rueraient comme à la curée sur leurs dirigeants au premier signe de faiblesse.

Sans aucune nouvelle de Saint-Sylvestre depuis plus d'une semaine, ce qui était en soi bizarre, il avait mené sa propre enquête et appris qu'Archibald Ives était ingénieur des mines. Il n'avait pas été difficile de reconstituer le parcours du prospecteur avant son assassinat sur une route du Soudan : après avoir descendu à bord du vapeur *Pevensey* la rivière Kotto d'Umm Rawq jusqu'à la première cataracte, qui marquait réellement la frontière entre le Soudan et le Kukuanaland, il s'était enfoncé dans la jungle en pirogue. Si Saint-Sylvestre ne se trompait pas, Ives avait découvert quelque chose de suffisamment important pour lui valoir d'être tué. D'après le rapport que lui avait communiqué un policier corrompu de Khartoum, le meurtre n'avait pas été le fait de bandits de grand chemin soudanais choisissant leur victime au hasard. Ceux-ci se servaient en effet de vieux fusils d'infanterie italiens Mannlicher-Carcano de la Seconde Guerre mondiale, or Ives avait été abattu avec une carabine de précision sud-africaine de calibre 50. Les tireurs disposant de ce genre d'arme ne couraient pas les rues, et leurs services n'étaient pas bon marché. Alors, qui avait recruté ce mercenaire ?

Il y avait forcément un lien entre l'utilisation de ce calibre inusité et l'apparition de Lanz, même si celui-ci n'était pas un trafiquant d'armes, comme le prouvaient ses activités pendant son séjour à Fourandao, où il s'était montré beaucoup plus enclin à se promener en ville qu'à parler affaires. De fait, les investigations de Gash semblaient bien corroborer la thèse de Saint-Sylvestre selon laquelle Lanz manigançait un coup d'État.

Au cours de plusieurs voyages en Angleterre qu'il avait entrepris pour prendre contact avec d'importants réseaux de trafic de drogue, Gash s'était fait quelques relations privées qui le renseignaient sur ses partenaires commerciaux actuels ou futurs. Et ces relations l'avaient informé trois jours plus tôt d'un fait encore plus troublant que le reste : la présence à Londres de François Nagoupandé lui-même, en uniforme de général de l'armée britannique. Nagoupandé, l'ex-vice-gouverneur félon de la province de Vakaga à l'époque de Limbani, était le cauchemar du gros Kolingba, qui vivait dans une terreur paranoïaque de le voir surgir à la tête d'une armée fantôme équipée par Dieu sait qui, alors même que les espions de Gash chargés de sa surveillance avaient constaté qu'il sortait rarement de l'immense propriété qu'il possédait au Mali. Nagoupandé en uniforme de général… Ce choix vestimentaire témoignait-il seulement de sa propension à prendre ses désirs pour des réalités ou y avait-il anguille sous roche ?

Dernier fait, carrément alarmant celui-là, venu à la connaissance de Gash : la destruction du *Pevensey* par un assez gros avion du type Cessna Caravan. Question : qui avait intérêt à empêcher ce bateau de livrer aux riverains de la Kotto des œufs qu'ils troquaient contre des fourrures, du gibier, des poissons, des légumes ou, parfois, quelques grains d'or tamisés ou un diamant de mauvaise qualité ? Réponse : personne. À moins de supposer que le commandant du rafiot, un expatrié cubain, n'ait transporté des marchandises moins innocentes que de la viande de chevreau…

À moins, encore, d'imaginer que l'éventuel coup d'État se préparait dans ce secteur.

Gash réfléchit un moment à plusieurs choses : au fait que Kolingba ne faisait pas confiance aux banques, par exemple, et que les murs du deuxième étage du palais recelaient des milliards en or et en devises… Et aussi au fait que, d'après le calendrier qu'il avait consulté, la dernière phase de la lune tombait dans trois jours, date à laquelle, si son flair ne le trompait pas, toutes les questions qu'il se posait trouveraient leur réponse.

Il avala d'un coup le reste de son café brûlant. Quoi qu'il fasse, quelque parti qu'il soutienne, il en était persuadé, le Kukuanaland aurait radicalement changé de visage avant la prochaine lune. Il quitta sa table à peine éméché. Il avait beaucoup à faire, et en très peu de temps.

Il alla au bar payer sa note de trente dollars à Marcel, le vieux barman noir au visage indéchiffrable. Il régla en billets américains, les seuls acceptés au Kukuanaland, d'une part parce qu'ils se lisaient facilement, d'autre part parce que, contrairement aux autres coupures utilisées en Afrique, il ne suffisait pas d'une simple boîte de crayons de couleur pour les falsifier. Marcel lui tendit un reçu et lui rendit sa monnaie, qu'il lui laissa en guise de pourboire. Il ne déplia le reçu qu'une fois de retour chez lui, dans le palais.

Le message que contenait le papier était sans détour : *Limbani vu vivant et en bonne santé en compagnie de plusieurs Blancs près des chutes de Kazaba, sur la Kotto.*

Il prit son Zippo à l'effigie des Baltimore Orioles et brûla la note dans le cendrier de cuivre posé sur son bureau. Aucun bruit de coups ni aucun cri ne lui parvenant des appartements de Kolingba, au-dessus des siens, il estima plus sage de remettre au lendemain l'annonce de la nouvelle au général. Kolingba avait en effet la déplorable habitude de tirer sur le messager dans des moments comme celui-ci.

26

Dès les filets de camouflage franchis, Holliday put apprécier avec quel génie les Peaux-Claires avaient aménagé leur campement. Plutôt que de campement, d'ailleurs, il aurait mieux valu parler d'un vrai village.

Sur la moitié de la vallée, bien cachés par les hautes voûtes de la canopée et par des tapis de branchages entrelacés suspendus à différentes hauteurs entre les arbres, s'élevaient une cinquantaine d'enclos circulaires faits de gros pieux en bambou de trois bons mètres solidement fichés dans des remblais de terre à pic.

L'entrée de chacun de ces enclos se faisait par une échelle posée sur le talus qui pouvait être ôtée, rendant impossibles l'escalade et l'accès à l'intérieur. Dans leur partie haute, les remparts étaient percés de meurtrières d'où les guerriers de Limbani pouvaient sans doute tirer avec leurs sarbacanes.

Au centre de chaque enceinte se dressait un poteau soutenant de grandes pièces de toile triangulaires susceptibles d'être tendues au-dessus du sol s'il se mettait à pleuvoir. Holliday reconnut là la technique du vélum qu'utilisaient les Romains pour couvrir les arènes :

à n'en pas douter un héritage des sapeurs de la « légion disparue ».

« Vous avez déjà compris, j'imagine, que les toits de toile qui couvrent les enclos sont d'inspiration romaine, dit Limbani, qui marchait devant.

— Oui, mais pas les enclos eux-mêmes, remarqua Holliday.

— En effet, ces constructions sont typiques de la région, bien qu'on en voie de semblables, en pierre, dans les ruines du Grand Zimbabwe.

— Un système ingénieux. Chaque enceinte est indépendante, mais touche sa voisine par un point. Les attaquants sont surplombés par les remparts, qui les cernent comme les murs d'un labyrinthe. De quoi perdre son sens de l'orientation, et se marcher dessus en essayant de forcer les entrées.

— Autre avantage, si une brèche s'ouvre dans un enclos, les défenseurs se réfugient tout simplement dans le suivant.

— Comme dans les fortifications emboîtées des forteresses templières », murmura Holliday.

De grands arbres avaient été laissés en place à l'intérieur de certains enclos ainsi qu'au milieu du chemin. La combinaison de la canopée elle-même et des centaines d'écrans de feuillages suspendus devait rendre l'ensemble invisible à trente mètres, et parfaitement indétectable par un satellite.

« Combien de personnes vivent dans chaque enclos ? s'enquit Holliday comme ils serpentaient au milieu du dédale.

— Difficile à dire, répondit le médecin par-dessus son épaule. Car chacun abrite plusieurs activités artisanales : tissage, tannage, confection de matériel de pêche ou de filets pour attraper les oiseaux... L'un d'eux est réservé à l'apiculture, un autre à la fabrication des sarbacanes et des fléchettes, et un troisième à la préparation des différents poisons que nous utilisons, tous conçus à partir de toxines naturelles, végétales ou animales. Le toxique dont nous nous servons le plus est un concentré de ricine provenant de graines de ricin. Quant aux poisons d'origine animale, ce sont essentiellement des venins de serpents comme la vipère du Gabon ou le *boomslang* – le serpent des arbres. Il nous arrive parfois d'avoir recours à l'*Androctonus australis*, le scorpion à queue large.

— Fatal ?

— Immanquablement. Mes connaissances en médecine m'ont beaucoup servi à améliorer l'efficacité de nos armes.

— Mais pourquoi une telle violence ? Vous ne devez pas avoir grand-chose à craindre par ici.

— C'est vrai, ou plutôt ça l'était. Pendant des milliers d'années, ces gens ont vécu à leur guise dans la jungle, accomplissant le destin que leur réservaient les dieux. Mais tout cela est en train de changer. Cette période bénie touche à sa fin. Nous n'avions pas connu de prédateur comme Kolingba jusqu'à présent, mais il ne sera pas le dernier de son espèce si nous laissons faire. Il va nous falloir agir, colonel, et plus tôt que vous ne le pensez. Ce n'est plus qu'une question de jours.

— Comment pouvez-vous en être sûr ?

— N'allez pas croire que Mutwakil Osman soit mon seul espion. D'autres personnes de ma tribu sont les amis des *Umufo omhloshana*.

— Mais que pouvez-vous faire contre un type comme

Kolingba ? S'il décidait de s'en prendre à vous, l'affaire serait réglée en une journée. Il dispose d'hélicoptères, de lance-roquettes, de mitrailleuses. Vous n'auriez aucune chance. Ce serait un suicide de combattre ces gens-là.

— Et s'exposer à un génocide de ne pas les combattre, répondit tranquillement Limbani.

— Vous n'avez aucun moyen de vous défendre contre de telles armes.

— Rappelez-vous les leçons de l'histoire, colonel.

— Lesquelles ?

— Celles de l'histoire militaire. Votre spécialité, selon ce que m'a appris le professeur Wanounou.

— En tant que spécialiste, je peux vous exposer succinctement les faits : vous êtes en infériorité numérique et technique. Et en cas de siège, vous mourrez de faim. La lutte est trop inégale.

— Avez-vous combattu au Viêtnam, colonel ?

— À deux reprises. À dix-huit ans, puis à dix-neuf. Exactement trois cent soixante-cinq jours de terrain pour le bleu que j'étais, et aucun de ces trois cent soixante-cinq jours n'a cessé de me hanter depuis. Je n'ai pas aimé la guerre du Viêtnam, docteur. Les adolescents ne sont pas faits pour tuer des gens. Ça leur esquinte le cerveau, croyez-moi !

— Donc, vous avez une certaine expérience du combat dans la jungle.

— On peut le dire, acquiesça Holliday, amer, le regard lointain.

— Vous conviendrez alors que notre camouflage nous protège des hélicoptères, qui servent en premier lieu à la détection. Quant aux lance-roquettes ou autres pièces d'artillerie, vous savez mieux que moi qu'ils sont inopérants dans la jungle. Même chose pour les chars et les blindés, nous sommes d'accord ?

— En gros, oui.

— Même les systèmes de visée infrarouges et le guidage laser sont inefficaces, dans ce contexte, de jour comme de nuit. De jour, les interférences sont trop nombreuses ; de nuit, le sol renvoie une telle quantité de chaleur dans l'atmosphère qu'on est aveuglé si on regarde à travers des lunettes de vision nocturne. L'Occident a toujours employé des armes inadaptées aux théâtres d'opérations extérieurs. Les chars Abrams étaient conçus pour rouler à trois de front sur des autoroutes allemandes, comme les T-90 soviétiques : les envoyer par avion dans des pays tels l'Afghanistan ou la Bosnie est une perte de temps, et ils sont inutilisables dans les déserts, comme ceux d'Irak, parce que le sable grippe leurs roulements.

« En Afghanistan, les Américains ont oublié tout ce qu'ils avaient appris au Vietnam en matière de guérilla, et les Russes toute l'expérience de leurs guerres révolutionnaires. Vous êtes-vous jamais demandé pourquoi les victoires remportées par des puissances étrangères sur le sol de l'Afrique ne l'ont jamais été contre des Africains, mais contre d'autres étrangers ? C'est parce que chez nous l'art de la guerre obéit à un scénario d'une terrible simplicité : deux forces se font face, et celle qui utilise les armes les plus rudimentaires, les moins sensibles aux aléas du terrain et du climat, l'emporte le plus souvent. Voilà pourquoi nous ne perdrons pas, colonel Holliday.

— Un discours plein de noblesse, docteur Limbani, mais êtes-vous prêt à parier sur la rhétorique pour sauver ces gens ?

— La vie est toujours un pari, colonel. Heureusement, il est parfois possible de compenser les déséquilibres. Venez avec moi. »

Le médecin commença à gravir l'échelle d'accès à un enclos apparemment plus grand que les autres, proche du centre du dispositif. Parvenu au sommet de la levée de terre, il se pencha pour reprendre son souffle et Holliday aperçut devant le vieil homme un décrochement dans la palissade. Une porte ?

« *Skalle-odelle* ! appela Limbani d'une voix forte.

— Quelle langue est-ce là ? demanda Holliday.

— Ces gens ont des mots sacrés. Ceux que je viens de prononcer en font partie. Pour les échanges courants, ils parlent un ancien dialecte malinké de l'époque de Sogolon.

— On dirait du danois ou du suédois, dit Peggy.

— *Skalle*, crâne… Ragnar Casse-Têtes ? murmura Raffi, qui se tourna vers Holliday avant de poursuivre : Ce serait plausible, puisque nous savons maintenant que c'est bien ici qu'est venu Julien de La Roche-Guillaume. Cela expliquerait la tenue des Peaux-Claires. Ils s'habillent d'un simple pagne de lin, comme les Égyptiens du peuple il y a huit cents ans. Si Ragnar et ses hommes ont remonté le Nil, on peut raisonnablement penser qu'ils ont adopté le costume autochtone. »

Limbani éclata de rire.

« Vous m'impressionnez, docteur Wanounou, s'exclama-t-il. La plupart des archéologues évitent les raccourcis intuitifs de ce genre.

— C'est que Raffi n'est pas un archéologue comme les autres, intervint Peggy en souriant. Il est plutôt du genre à foncer en terrain inconnu pour découvrir de nouvelles formes de vie et de civilisation. »

Devant leurs yeux, un pan de la palissade large de deux mètres cinquante se souleva à la manière d'un pont-levis. Au-delà de l'ouverture commençait un passage d'environ quatre mètres de hauteur dont les murs et le plafond étaient faits de planches massives. Les parois de ce faux tunnel étaient perforées à intervalles réguliers d'orifices ronds d'un diamètre légèrement supérieur à celui d'une sarbacane.

« Astucieux ! commenta Holliday. Une barbacane avec toutes ses meurtrières.

— Des meurtrières... répéta Limbani comme ils s'engageaient dans le couloir. Des trous qui portent bien leur nom !

— Il y a toujours eu des noms évocateurs pour désigner ce genre de chose », remarqua Holliday, sarcastique.

La porte se referma derrière eux avec fracas, une autre, à deux battants, s'ouvrit devant eux, et ils débouchèrent au milieu de l'enclos. Six « maisons longues » en planches, à l'indienne, étaient disposées en arc de cercle autour du terre-plein central, chacune décorée à l'extrémité de sa poutre faîtière d'un totem en forme de figure de proue. L'une des sculptures était identique au masque qu'avait porté Jérémie Salamango, le « destructeur au nom du Christ ».

« Mais ce sont des maisons vikings ! chuchota Raffi, tout exalté. Nous avons atterri dans un monde qui n'existe plus ! »

Des femmes et des enfants circulaient d'une maison à l'autre tandis que de très jeunes bambins vêtus d'un simple pagne jouaient dans la poussière et se pourchassaient entre les bâtiments. Une douzaine d'adolescents, garçons et filles, étaient assis côte à côte en tailleur face à une rangée de plateaux en planches dressés à une trentaine de mètres d'eux, sur lesquels étaient peintes des cibles grossières composées d'un petit disque blanc entouré d'un grand cercle jaune vif.

Chacun des jeunes gens avait une sarbacane sur les genoux et portait autour du cou un carquois cylindrique en fibre tressée rempli de fléchettes. Les garçons étaient torse nu, les filles avaient la poitrine ceinte d'une simple bande d'étoffe.

Aucun ne parlait. Tous avaient la même expression concentrée, presque méditative. Ils semblaient se livrer à un exercice respiratoire. Un adulte se tenait debout derrière eux, appuyé sur sa sarbacane comme sur un bâton. Son visage était barré d'un grand *X* noir. Ses yeux étaient d'un bleu profond de pierre précieuse, ses cheveux, longs et nattés, blonds comme les blés.

« Le blond est un *umculisi*, un maître. Ses élèves sont des *ibuso-sha*, des apprentis guerriers, expliqua Limbani. Ils s'entraînent à maîtriser leur souffle selon les préceptes du Sarbacana.

— Pas très africain, comme pratique, remarqua Peggy.

— C'est exact, répondit le médecin. Quand Julien de La Roche-Guillaume a quitté la Terre sainte, il a voyagé en Orient, et même jusqu'au Tibet, où il a reçu les enseignements d'un lama qui a plus tard formé Drogön Chögyal Phagpa, le guide spirituel de Kubilai Khan. Il est ensuite rentré pour un court séjour en France et y a ouvert une petite école secrète où il enseignait une pratique qu'il appelait le "sarbacana", consistant à développer les capacités d'attention par le contrôle du souffle. Cette méthode a été “réinventée” par un gourou français dans les années 1970, mais il s'agit bien du même procédé.

— On entre de plain-pied dans le bizarre, marmonna Peggy. D'abord le templier avec sa tombe en or massif, maintenant les gourous tibétains et Kubilai Khan… Bientôt, ce sera Olivia Newton-John qui nous chantera *Xanadu*.

— Ce “sarbacana” est un art martial ? demanda Holliday, ignorant le commentaire de sa cousine.

— Absolument.

— Et vous pensez vraiment qu'on peut se mesurer à un AK-47 rien qu'en maîtrisant sa respiration ? »

Limbani adressa un signe de tête à l'homme blond.

« *Impumphuthe* », dit ce dernier d'une voix tranquille.

Chacun des jeunes gens sortit d'une pochette cousue dans la ceinture de son pagne un bandeau qu'il tendit à son voisin ou sa voisine, puis tous se bandèrent mutuellement les yeux.

« Si vous désirez vérifier les bandeaux… proposa Limbani.

— Inutile, je vous fais conscience, répondit Holliday. Ce n'est pas un tour de magie. »

Le médecin hocha de nouveau la tête.

« *Lungisela !* » ordonna le maître.

Les adolescents prirent une fléchette dans leur carquois et la glissèrent dans leur sarbacane, qu'ils portèrent à leurs lèvres.

« Au combat, bien sûr, les pointes des fléchettes seraient enduites de poison mortel, précisa Limbani. Il fut un temps où les pointes étaient en fer, mais nous nous sommes rendu compte que des clous d'aluminium aiguisés à la meule comme des rasoirs donnaient un résultat équivalent pour un travail moindre.

— *Dubuela* », murmura le maître sur un clignement d'yeux du médecin.

Il y eut un léger soupir immédiatement suivi d'un cliquetis évoquant la chute de gouttes de pluie sur un toit métallique, puis d'une série de chocs sourds parfaitement échelonnés quand les fléchettes atteignirent leurs cibles. Les élèves aux yeux bandés avaient tiré l'un après l'autre à intervalles réguliers et chacun avait frappé dans le mille. Impressionnant.

« Tous les habitants de cette vallée sont capables de faire ce que vous venez de voir, certains plus adroitement et plus vite de nuit, d'autres de jour, dit Limbani. Et nous sommes quatre mille, ici, colonel. Ces gens sont les derniers survivants de leur peuple et tous sont prêts à mourir pour leur liberté. Alors ? Sarbacane ou AK-47 ?

— Difficile à dire. Les deux se valent.

— Accepteriez-vous de nous prêter main-forte, colonel ? L'aide et les conseils d'un vrai soldat nous seraient précieux. »

Holliday n'hésita pas une seconde. Ce n'était pas tous les jours que se présentait l'occasion de défendre une bonne cause.

« D'accord, dit-il. Je vous aiderai. Mes compagnons aussi. »

27

Matheson avait choisi la salle numéro 9 de la Tate Gallery – « Le Sublime dans l'art » – pour son rendez-vous avec Lanz. Le mercenaire le rejoignit devant le tableau de John Martin *The Great Day of His Wrath*, une immense représentation apocalyptique de la fin du monde, thème préféré de l'artiste.

« Vous connaissez John Martin ? demanda Matheson.

— Jamais entendu parler. »

Pour Lanz, l'art se résumait à la décoration des boîtes de chocolats. Il regarda la toile d'un mètre quatre-vingts sur trois mètres, les flammes orange de l'enfer à l'horizon, l'éclair aveuglant déchirant le ciel de la vallée, les montagnes entières basculant dans l'abîme, entraînant avec elles les multitudes de personnages nus et hurlants du premier plan. Il imagina que cela devait symboliser la rétribution des péchés, mais ne ressentit aucune émotion. La religion ne lui parlait pas plus que l'art.

« Il était fou à lier, bien sûr, dit à mi-voix l'industriel. Issu d'une famille de fous. Son père exerçait le métier de maître d'armes. Martin avait été placé comme apprenti chez un artisan qui peignait des blasons sur les portières des carrosses. Son frère aîné, qui s'appelait aussi John, était le pire incendiaire que l'Angleterre ait connu à l'époque. Martin ne voyait dans la peinture rien de plus qu'un passe-temps : sa véritable passion était de concevoir un nouveau système d'égouts pour la ville de Londres. Fou à lier, vous dis-je.

— Qu'essayez-vous de me faire comprendre, sir James ?

— Il arrive que de grands hommes passent pour fous parce que personne ne sait apprécier leur génie à sa juste valeur.

— Sir James…

— Pensez-vous que je sois fou, Lanz ?

— Je ne suis pas qualifié pour en juger, monsieur.

— Allen Faulkener est mort. Il a été assassiné dans sa chambre d'hôtel à Vancouver. Le même jour, les deux vieilles dames avec qui il traitait ont péri dans un incendie… Mais il s'est révélé plus tard qu'elles avaient en fait été tuées avec l'arme de Faulkener.

— Des événements à rapprocher de la situation en Afrique, j'imagine ?

— Oui.

— Souhaitez-vous reporter l'opération ?

— Je n'ai encore pris aucune décision. »

Matheson fit quelques pas et s'arrêta devant le tableau suivant, petit en comparaison du John Martin, avec son mètre de côté : *Death on a Pale Horse* – « La Mort sur un cheval pâle » – de William Turner, une vision d'horreur évanescente noyée de fumées où le cheval était à peine visible et la mort un squelette ricanant ouvrant grandes des mâchoires voraces. L'industriel resta un instant pétrifié face à la toile qui, il le savait, représentait l'avenir. Mais l'avenir de qui ?

« J'ai donné des assurances, dit Lanz. La plupart de mes recrues refuseront d'attendre et, si nous laissons passer la nouvelle lune, nous devrons retarder l'affaire d'un mois. Cela coûtera cher.

— Combien ?

— Au moins un million, peut-être plus. Il faudra payer les hommes si nous voulons qu'ils patientent. Une prime sera également nécessaire pour nous assurer que les avions resteront disponibles. »

Matheson réfléchit. Les sœurs Brocklebank étaient mortes et les procurations se trouvaient à présent entre les mains d'un protagoniste aussi évanescent que la figure de la mort dans le tableau de Turner. Certes, il possédait une grande partie des titres en circulation de la société-écran, mais il n'en était pas moins minoritaire, et s'il se risquait à révéler que cette société avait découvert d'immenses richesses dans un coin perdu d'Afrique, les mystérieux assassins de Faulkener et des Brocklebank n'auraient qu'à exercer leur droit d'actionnaires majoritaires pour s'approprier le pactole. S'il se contentait de mettre une croix sur les parts qu'il détenait et de négocier un arrangement séparé avec Nagoupandé, il s'en tirerait avec des pertes relativement limitées, mais qui pouvait dire combien de temps le faux général corrompu resterait loyal ?

Quelle était cette devise ridicule que Faulkener citait sans arrêt ? *Qui audet adipiscitur* – « Qui ose gagne ». On ne pouvait pas dire qu'elle ait été d'un grand secours à cet imbécile, tué, d'après le rapport du médecin légiste de Vancouver, à l'aide d'un simple couteau à steak, mais la situation ne laissait guère d'autre choix que de tester la formule. Les dés étaient jetés : il ordonnerait à Lanz de garder un pistolet braqué sur la tempe de Nagoupandé pour s'assurer de sa loyauté jusqu'au moment où les concessions minières reviendraient à la compagnie Matheson.

« Nous suivons le plan prévu, dit-il en se détournant du macabre tableau de Turner. Pas de report. Début de l'opération à la nouvelle lune.

— Entendu, à la nouvelle lune », acquiesça Lanz en redressant instinctivement le dos.

Le général Salomon Bokassa Sesesse Kolingba se réveilla en sursaut, ce qui lui était très désagréable. Un rai de soleil éclatant perçait par un petit écart entre les lourds rideaux de velours ordinairement tirés avec soin pour éviter ce genre d'inconvénient. Il n'était pas de ceux qui accueillent avec enthousiasme les débuts de journée. Il aimait mieux émerger du sommeil par étapes, en commençant par boire plusieurs bouteilles de bière de banane Mongozo avant de passer une bonne demi-heure aux toilettes à se libérer le ventre.

Ensuite, il avait coutume de prendre un petit déjeuner comportant œufs brouillés, saucisses, boudin, bacon, champignons, haricots blancs en sauce, pommes de terre sautées, rognons grillés, deux harengs fumés d'Écosse, trois toasts et une demi-tomate pour la couleur, le tout arrosé de plusieurs pichets de chocolat chaud ou de café noir sucré selon son humeur.

Il dégustait généralement ce repas dans son salon, assis dans son fauteuil inclinable préféré, tout en regardant les nouvelles de CNN ou de la BBC transmises par satellite sur un téléviseur à écran plat démesuré. Parfois, s'il trouvait les actualités ennuyeuses, il se mettait un vieux film.

Sur le coup de 11 heures, il passait un treillis

camouflé et montait sur le toit s'exercer au tir au pigeon pendant une heure avant le déjeuner. Introduire un changement quelconque dans cette routine était risqué ; quiconque la brisait sans une excellente raison pouvait subir des conséquences très dommageables.

Deux jours avant la nouvelle lune, soit le 26 du mois, Oliver Gash pénétra dans les appartements privés du général Kolingba à 4 h 51, une minute avant l'heure officielle de lever du soleil. À l'entrée de la chambre, il s'immobilisa dans l'ombre, loin du grand lit à baldaquin qui occupait un angle à l'autre bout de la pièce. Le plus angoissant était que Kolingba ne ronflait jamais. Il dormait dans un silence presque complet, énorme masse immobile en pyjama de soie jaune canari et masque de soie noir.

« Mon général », dit Gash à mi-voix.

Pas de réponse, mais un léger déclic se fit entendre derrière les rideaux fermés du lit : Kolingba venait d'armer l'un de ses deux Colt.45 de collection. Gash serra un peu plus fort la crosse du Glock 17P déjà armé qu'il portait dans sa poche de veste.

« Mon général ? »

Le silence se prolongea encore un long moment, puis :

« Vous êtes là pour m'assassiner dans mon lit, Gash ?

— Non, monsieur.

— De toute façon, j'y vois comme un chat dans le noir. J'aurais tiré le premier.

— Bien sûr, monsieur, je ne l'ignore pas, répondit Gash, songeant au chemin tortueux qui l'avait mené du Rwanda à Baltimore en passant par Bangui pour aboutir là où il se trouvait.

— Je suis *uSathane-umufo*, un homme-démon, fit la voix de Kolingba dans l'obscurité. Je devine vos pensées.

— Je sais cela aussi, mon général, et je ne me serais jamais permis de troubler votre sommeil sans une raison majeure. »

Les lourds rideaux du baldaquin s'écartèrent soudain et, dans la pénombre, Gash vit Kolingba rejeter le drap de satin noir qui couvrait son corps éléphantesque. Balançant ses jambes, le dictateur s'assit au bord du lit, cuisses étalées à la manière des sumos, son pistolet en plaqué argent luisant dans sa main droite. Après avoir soulevé une de ses gigantesques fesses, il lâcha un vent retentissant.

« Parlez, ordonna-t-il en bâillant.

— J'ai plusieurs nouvelles, Votre Altesse. Mises bout à bout, elles ne peuvent mener qu'à une seule conclusion.

— Quelles nouvelles ?

— D'abord, Saint-Sylvestre a disparu.

— Le policier ?

— Oui.

— Qu'est-ce que j'en ai à faire, qu'un policier disparaisse. Ce n'est pas une raison pour me tirer de mes rêves, Gash. Mes rêves sont des prophéties. Ils sont mes guides, comme je suis moi-même un guide pour mon pays ! »

Oh, bon sang, songea Gash avant de poursuivre : « Il a disparu après avoir pris en filature un homme qu'il soupçonnait d'être un mercenaire, Votre Altesse.

— Quel genre de mercenaire ?

— L'individu en question voyageait avec un passeport canadien, mais Saint-Sylvestre pensait qu'il était allemand.

— Un mercenaire, ici ? Pourquoi ?

— D'après Saint-Sylvestre, il était sûrement à Fourandao pour reconnaître le terrain.

— Reconnaître le terrain ? Pourquoi quelqu'un viendrait-il ici reconnaître le terrain, Gash ?

— Pour préparer un coup d'État, Votre Majesté. »

Gash attendit la réaction. Il n'y en eut aucune, si ce n'est que le doigt de Kolingba se crispa légèrement sur la détente de son gros automatique.

« C'est impossible. Mes ennemis ont été éliminés. Mon peuple m'adore.

— Peut-être, Votre Majesté, mais certains rapports ont signalé la présence d'un ingénieur des mines qui s'intéressait à la région des chutes de Kazaba.

— Il n'y a rien, là-bas. Seulement la jungle et des marais. »

Gash prit son courage à deux mains et se lança.

« Des témoins ont vu Limbani…

— Ne soyez pas ridicule ! railla Kolingba. Limbani est un *isipokwe*, un fantôme.

— Je crains bien que non, Votre Altesse. Limbani n'est pas un fantôme. Il a été vu près de la première cataracte en train de parler avec un groupe de Blancs. Il est tout ce qu'il y a de vivant. »

Kolingba se dressa soudain, telle une montagne de chair jaunâtre dans la pénombre.

« Alors trouvez-le ! hurla-t-il, les yeux exorbités, en agitant son Colt. Trouvez-le ! Il me le faut, Gash ! Vous m'entendez ? Vous devez le tuer ! Je dois le tuer ! C'est un fléau ! Une vermine ! Tuez-le ! »

Puis, tout aussi vite qu'elle était apparue, sa colère retomba et il jeta son arme sur sa table de nuit.

« Que comptez-vous faire ? demanda-t-il.

— Je pensais que nous pourrions prendre un des hélicoptères pour essayer de détecter des signes de sa présence en remontant la rivière. Il est évident qu'une attaque sur Fourandao ne pourra venir que de l'est. Si un coup d'État devait être mené à partir de Bangui, nous en serions déjà avertis.

— Mes rêves me disent que le danger vient de l'ouest. Peut-être de Bangui, ou même de plus loin.

— Vous pourriez aller voir par vous-même, suggéra Gash, qui connaissait d'avance la réponse.

— Vous savez bien que je refuse de voler dans ces engins, répliqua Kolingba en se renfrognant. Allez-y pour moi.

— À vos ordres, Votre Majesté. Vous me donnerez carte blanche, je suppose ?

— Bien entendu ! Bien entendu !

— Par écrit ? insista Gash, sachant que si coup d'État il devait y avoir, ce serait à lui d'y faire face.

— Oui, oui ! » répondit Kolingba, grimaçant, tout en lui intimant d'un geste impatient l'ordre de sortir de la pièce.

Gash faillit éclater de rire en comprenant soudain la cause de cette hâte : le dictateur avait un besoin urgent d'accéder au pot de chambre qu'il avait sous son lit.

Il recula vers la porte, un œil sur le Colt, qui n'était qu'à quelques centimètres de la main de Kolingba.

« Et faites-moi monter mon petit déjeuner ici, exceptionnellement, voulez-vous ? ajouta le général. Il faut que j'approfondisse cette histoire.

— Tout de suite, Votre Altesse. »

Gash ouvrit la porte en tâtonnant dans son dos et sortit rapidement. Comme il se dirigeait vers les cuisines, il se surprit à réfléchir au meilleur moyen d'accéder en cas de besoin à l'argent liquide caché derrière les murs du bureau de Kolingba. Dans l'escalier, il se mit à siffloter le thème musical de la vieille série *Agence tous risques*, sa préférée du temps où il vivait à Baltimore. Quand il atteignit le rez-de-chaussée, il souriait de toutes ses dents. Il avait toujours éprouvé un grand plaisir à voir ses plans prendre tournure.

28

Sir James Matheson, neuvième comte d'Emsworth, possédait deux domiciles officiels en Angleterre. Le premier était Huntington Hall, l'immense demeure ancestrale du XVIIe siècle, dans le Derbyshire, le second un superbe appartement de dix pièces dans la résidence des Albert Hall Mansions, située sur Kensington Gore entre l'Albert Hall et la Royal Geographical Society, dont les fenêtres donnaient sur l'Albert Memorial et les jardins de Kensington.

Le comte et son épouse, la comtesse Edwina, née lady Edwina Talbot, respectaient depuis longtemps un accord selon lequel l'un ne devait pas se présenter chez l'autre sans l'en avoir informé au moins vingt-quatre heures à l'avance ou y être invité. Expédiés dès l'âge de cinq ans au pensionnat de Barlborough Hall, où ils devaient passer encore six ans avant d'être réexpédiés à Oxford ou Cambridge, leurs fils jumeaux, Justin et Jonathan, ne leur posaient aucun problème.

Ni sir James ni la comtesse Edwina n'accordait le moindre intérêt aux activités de son conjoint et ils se laissaient mutuellement libres de leurs mouvements, sauf à l'occasion de certaines manifestations mondaines tels les *garden-parties* royales, le Grand National ou le Royal Ascot. Pour l'essentiel, Huntington Hall était le fief de la comtesse, Londres celui de sir James.

À l'instar de la plupart des Anglais titrés soucieux de leur image, ils avaient tous deux leurs bonnes œuvres, qui nécessitaient des collectes de fonds. Sur les conseils de ses comptables, sir James avait choisi d'apporter son soutien dans le domaine culturel au Royal College of Music, quand bien même il était notoirement dépourvu d'oreille musicale et incapable de chanter juste, ne serait-ce que le *God Save the Queen*. Il finançait donc plusieurs dîners, concerts et cocktails de charité par an au profit de cette institution.

La malchance avait voulu que la date d'un de ces galas de bienfaisance tombe juste quarante-huit heures avant le déclenchement à la nouvelle lune de sa guerre privée contre le Kukuanaland. Pis encore, cette réception, comme toutes les autres, devait se tenir dans son appartement des Albert Hall Mansions.

Ce dernier se trouvait au troisième étage d'un immeuble qui en comptait quatre, sans compter l'entresol, et écrasait de sa masse aussi bien la Royal Geographical Society que l'Albert Hall lui-même. Aidé par la chance, ou par ses largesses, le père de Matheson, huitième comte du nom, était parvenu à acquérir l'un des appartements centraux doté d'un balcon couvert qui courait sur toute la largeur de la façade et pouvait être utilisé par mauvais temps.

À droite d'un grand hall d'entrée dallé de noir et blanc s'ouvrait une salle de réception de cent mètres carrés ; à gauche, une porte donnait accès aux cuisines, aux chambres, aux salles de bains ainsi qu'à un salon.

À la première grande salle succédait une seconde, d'où l'on pouvait gagner une ancienne chambre à coucher transformée par Matheson en bureau et bibliothèque, ces deux dernières pièces donnant sur le balcon voûté. Lors d'une récente évaluation fiscale, l'appartement avait été estimé à huit millions deux cent mille livres.

Pour l'heure, les lieux étaient envahis par une bonne centaine d'invités qui pâturaient autour d'un buffet à plusieurs milliers de livres comprenant bouchées de parmesan fourrées à la crème de chou-fleur, toasts à la confiture de concombre et fraise des bois, palmiers aux cèpes tartinés de fromage de chèvre, œufs de caille florentine à la sauce hollandaise, sans oublier le thon rouge parfumé au *miso* à huit livres pièce. Quarante vases de cristal étaient par ailleurs disposés stratégiquement dans l'entrée, les deux salles de réception ainsi que les trois salles de bains mises à la disposition des convives, et les meilleurs crus français, allemands et italiens, sans parler des alcools les plus divers, étaient servis à discrétion. Le service était assuré par une trentaine de serveurs et de barmen, plus une équipe de dix personnes chargées de faire le ménage après la fête.

Dans la plus petite des deux salles de réception, un DJ en smoking diffusait par l'intermédiaire du système audio « multiroom » Bose de l'appartement des séquences de musique classique et de jazz alternées auxquelles absolument personne ne prêtait attention. En smoking eux aussi, six gardes armés fournis par Blackhawk, l'agence de sécurité de Kate Sinclair, veillaient à ce que personne ne fasse main basse sur l'argenterie de famille ou n'écharpe son voisin à propos des mérites respectifs d'Alexander Konstantinovich Glazunov et de Carl Heinrich Carsten Reinecke.

Tout cela donnait une forte migraine à sir James Matheson, qui avait bien d'autres préoccupations en tête que cette pantomime.

À 22 heures, il raccompagnait dans l'entrée les derniers de ses invités, qui avaient tous promis d'envoyer des dons substantiels à la Royal Academy. À 23 h 30, les employés du traiteur quittaient à leur tour les lieux. À minuit, enfin, l'appartement était de nouveau à lui. Il déverrouilla la porte de son cabinet de travail, resté interdit d'accès toute la soirée, et il entra.

La pièce, que seule éclairait une petite lampe verte posée sur le bar, baignait comme d'habitude dans une pénombre reposante. Il se versa un verre de pur malt Auchentoshan de trente ans d'âge et alla chercher un vieux flacon de comprimés antidouleur qu'il rangeait dans un tiroir. Ce fut en allumant la lampe du bureau qu'il vit l'homme en tenue de soirée assis dans le fauteuil, la tête rejetée en arrière, les narines bordées de poudre de cocaïne, le plastron de son habit imbibé du sang qui s'écoulait de sa gorge ouverte. Plusieurs lignes de coke étaient disposées devant lui sur le plateau du bureau, près d'un billet de cinq livres roulé en cylindre. Matheson posa son verre. Il reconnut dans le cadavre Simon Wells, un échotier qui couvrait les événements mondains et rédigeait des chroniques où le nom des personnalités apparaissait en caractères gras. Un type des plus inoffensifs avec un penchant somme toute assez banal pour la drogue. L'espace d'un instant, Matheson songea à « sniffer » les « rails » de poudre du mort pour se calmer les nerfs, mais il se ravisa.

Un lampadaire s'alluma dans l'angle opposé de la pièce, révélant la présence d'un grand Noir mince qui tenait négligemment un automatique. Lui aussi portait un smoking, et des plus chics. Un verre – sans doute de gin-tonic – était posé sur une table près du fauteuil où il était assis. Il le prit de sa main libre et but une petite gorgée, faisant tinter les glaçons contre le luxueux cristal de Bohème.

« Je suis le capitaine Jean-Luc Saint-Sylvestre, de la Direction générale de la sécurité extérieure du Kukuanaland, autrement dit, la police secrète de cet État », déclara-t-il.

Matheson n'était ni assez sot ni assez ivre pour se risquer à bluffer ou à menacer. Si l'intrus avait voulu le tuer, il l'aurait déjà fait. Et s'il venait du Kukuanaland, il connaissait sûrement l'existence des fabuleux gisements de néodyme et de tantale découverts par Ives, assez importants pour permettre à la Matheson Resource Industries de briser à elle seule et en un clin d'œil le monopole chinois sur les terres rares.

« Puis-je vous demander pour quelle raison vous avez tué ce pauvre Simon ?

— Il a eu le malheur de se trouver là en train de prendre sa drogue quand je suis entré. Il devait mourir pour que ma visite reste secrète.

— La porte était fermée à clé, remarqua Matheson, qui s'efforçait de réfléchir tout en continuant à alimenter la conversation macabre.

— Pas la porte-fenêtre côté balcon. Soit vous l'aurez laissée ouverte, soit votre ami toxicomane l'aura forcée à l'aide d'une carte de crédit.

— Puis-je m'asseoir ?

— Non. Restez où vous êtes.

— Comment avez-vous fait pour pénétrer dans l'appartement ? Seuls les invités pouvaient être reçus.

— J'ai volé le carton d'invitation d'Elton John dans

l'ascenseur, ou du moins de quelqu'un qui lui ressemblait beaucoup. Personne ne s'est étonné quand je l'ai présenté au contrôle. J'aurais tout aussi facilement pu entrer avec les extras et empoisonner l'ensemble de vos convives.

— Que voulez-vous ?

— Beaucoup d'argent, ainsi qu'une part de tout ce qu'aura pu découvrir Archibald Ives près des chutes de Kazaba. Disons un million de livres en liquide et un pour cent des concessions qui seront accordées à la Matheson Resource Industries, payable en actions privilégiées de cette société, bien sûr, puisque vous ne pouvez plus agir à travers la Silver Brand Mining.

— Un pour cent ? Ce n'est pas beaucoup », dit Matheson.

Comment son interlocuteur pouvait-il avoir connaissance de l'opération sur la Silver Brand sans pour autant savoir exactement ce qu'Ives avait trouvé ? se demanda-t-il, tentant désespérément de faire fonctionner son cerveau embrumé par la migraine et les vapeurs d'alcool. Y avait-il dans cet apparent paradoxe un moyen de contrer le maître chanteur ?

« Je ne suis pas gourmand, répondit Saint-Sylvestre. Ce que je réclame n'est pas suffisant pour que vous couriez le risque de me le refuser et de me voir divulguer ce que je sais avant l'opération. Et après l'opération, je serai comme une épée de Damoclès suspendue au-dessus de votre tête jusqu'à la fin de vos jours. Vous savez comme moi que la révélation de tels secrets peut aisément couler un gouvernement, et, *a fortiori*, une entreprise industrielle comme la vôtre.

— Les ressources minérales sont mon fonds de commerce, monsieur…

— Capitaine, corrigea Saint-Sylvestre en l'interrompant. Votre fonds de commerce risque surtout d'inclure bientôt un génocide.

— Quel précieux secret me concernant croyez-vous connaître ?

— Dans trente-six heures, vous comptez déclencher un coup d'État au Kukuanaland avec pour objectif le remplacement de Salomon Kolingba par François Nagoupandé. L'opération doit être menée par un mercenaire nommé Konrad Lanz qui s'est installé à l'hôtel Ali Pacha, à Clapham Street, pour recruter des officiers et des sous-officiers. Les hommes de troupe seront embauchés en Sierra Leone par des agents qui sont tous d'ex-membres du Front national patriotique du Liberia, c'est-à-dire des bouchers.

« Si le putsch réussit, la première décision de Nagoupandé au pouvoir sera de faire massacrer le plus grand nombre possible de Bayas – l'ethnie à laquelle appartient Kolingba. Cela fait, il s'en prendra aux Yakimas. Vous pensez que Kolingba est dangereux parce qu'il est fou, mais votre bon ami Nagoupandé, affublé de l'uniforme ridicule que vous lui avez offert, est encore plus nuisible pour la bonne raison qu'il est sain d'esprit. C'est un pragmatique, lord Emsworth. Et un adepte du coup de balai. Or, en Afrique, donner un coup de balai signifie éliminer physiquement ses ennemis. Vous êtes sur le point de transformer le Kukuanaland en camp d'extermination.

— Vous vous croyez bien informé, à ce que je vois.

— Les joutes verbales ne m'intéressent pas, lord Emsworth, dit Saint-Sylvestre d'un ton égal. J'ai tué votre banquier, Leonhard Euhler, de la Gesler Bank d'Aarau. J'ai tué les sœurs Brocklebank, à Vancouver, pour court-circuiter votre manœuvre sur la Silver Brand. Et j'ai tué Allen Faulkener parce qu'il me gênait. Vous allez me payer ce que j'exige parce que, contrairement à moi, vous êtes très gourmand, et aussi parce que vous me savez capable de tuer sans remords.

« Refusez-moi ce que je demande et j'irai tuer votre femme, à Huntington Hall. Et comme cela n'est pas de nature à vous affecter beaucoup, je la tuerai dans le lit conjugal au côté de Jeremy Congreve, le jeune fils de votre régisseur, Tom Congreve, ce que vous trouverez sans doute très humiliant compte tenu des bruits qui courent déjà sur votre impuissance sexuelle. Je pourrais aussi tuer vos fils jumeaux, Justin et Jonathan, à Barlborough Hall, avant de les vider comme des poissons et de les laisser flotter dans l'étang de Butchertown, derrière le bâtiment principal de l'école. Et si cela ne suffisait pas à vous convaincre, j'irais tuer votre vieille mère de quatre-vingt-trois ans dans sa résidence pour personnes dépendantes de l'Oxfordshire. Et avec elle je prendrais tout mon temps, lord Emsworth, vous pouvez me croire.

— Pourquoi faites-vous ça ? demanda Matheson, les jambes flageolantes, un goût de bile au fond de la bouche.

— Pour l'argent, comme vous. Et je vous conseille de ne pas traîner à me donner satisfaction. Vous n'avez plus beaucoup de temps. »

29

Debout dans la chaleur accablante sur le tarmac de l'aéroport de Mopti, dans le centre du Mali, Konrad Lanz regardait une équipe d'une douzaine d'ouvriers s'agiter comme des fourmis sur l'échafaudage branlant dressé autour du vieux Vanguard. Ils étaient en train de recouvrir le cèdre vert de l'empennage et les rayures rouges de la Lebanese Air Transport d'une peinture au pistolet noir mat qui rendrait l'appareil pratiquement invisible du sol la nuit.

Tout ce qui pouvait réfléchir la lumière subissait le même traitement, depuis les baguettes chromées autour du parebrise jusqu'aux cônes d'hélice en aluminium des fuseaux moteurs en passant par les jantes du train d'atterrissage. Le pare-brise lui-même était tapissé intérieurement d'un film polarisant.

La furtivité n'était cependant pas une véritable priorité aux yeux de Lanz. Le Mali ne possédait en effet que quelques chasseurs à réaction ; le Nigeria une quinzaine, de fabrication chinoise, mais seulement cinq pilotes qualifiés ; quant au Cameroun, trois de ses quatre avions d'attaque légers étaient hors service et le quatrième cloué au sol depuis la mort de l'unique instructeur des forces aériennes camerounaises l'année précédente. Par une nuit sans lune, il était donc peu vraisemblable que le Vanguard fasse une mauvaise rencontre en plein ciel.

Une intervention sol-air n'était pas vraiment à craindre non plus. Le Nigeria et le Cameroun ne disposaient respectivement que de vingt et douze canons de DCA russes anciens rassemblés autour de leur capitale, et le Mali n'avait même pas de système de défense antiaérienne.

Il resta encore un moment à regarder travailler les hommes, le temps de s'assurer qu'ils respecteraient le délai fixé à 22 heures le lendemain. Une fois repeint, le Vanguard devait également être équipé de filets supplémentaires pour arrimer la cargaison et de strapontins pour accueillir les deux compagnies de deux cents combattants. Les licences concernant les armes légères achetées en Belgique, en Espagne et sur le port croate de Rijeka avaient été validées à Beyrouth et le stock devait être livré à Mopti le jour même.

Les autorités locales avaient fermé les yeux sur le petit camp de toile installé au bout de l'unique piste d'atterrissage et les deux cents hommes qui l'occupaient, ainsi que sur les étranges transformations apportées au vieux Vanguard à turbopropulseurs. Mais, si un nombre suffisant de pattes avaient été graissées pour calmer le zèle des fonctionnaires pendant trente-six heures, Lanz n'ignorait pas que la présence de ses hommes alimentait déjà la rumeur dans la ville de cent mille habitants située à quelques kilomètres sur le fleuve Niger.

Tournant le dos à l'avion, il se dirigea en faisant crisser le sable sous ses semelles vers la grande tente

« Marabout » où était établi le quartier général. Il adressa un hochement de tête aux gardes qui se tenaient de part et d'autre de l'entrée, tous deux en tenue léopard de l'époque du Vietnam et coiffés de chapeaux de brousse, bien plus pratiques que des bérets – les officiers, eux, portaient des casquettes de base-ball camouflées, seule marque de leur rang.

Lanz pénétra sous la tente, où trois grandes maquettes à l'échelle posées sur des tables occupaient le centre, celle de gauche représentant l'aéroport de Fourandao, celle du milieu l'enceinte du palais, celle de droite le port.

Le capitaine Pierre Laframboise, qui commandait Vanguard Un, était en train d'étudier soigneusement les deux premières. Pour avoir travaillé ensemble sur de nombreux projets au fil des années, Lanz et Laframboise éprouvaient l'un pour l'autre estime et amitié. Laframboise était un géant barbu et ventripotent qui aimait presque autant la bonne chère que le combat.

« Tu as des doutes, Pierre ?

— J'en ai toujours, mon vieux.

— Qu'est-ce qui te chiffonne ?

— Je me demandais ce qui se passerait si ce cinglé de Kolingba avait eu vent de notre opération et nous attendait. Quelle distance aurons-nous à parcourir entre l'aéroport et le palais, le fort, ou je ne sais quoi ?

— À peine un kilomètre et demi. Quinze minutes au petit trot.

— À travers la jungle. Kolingba pourrait avoir un bataillon en embuscade pour nous accueillir.

— Il ne dispose pas d'un bataillon, Pierre. Nous allons là-bas à deux contre un. »

D'entendre Laframboise caqueter comme une poule

inquiète faisait toujours sourire Lanz. Il fallait que le colosse se pose des questions, c'était presque un rituel. Seulement, plus d'une fois, c'était grâce à ses doutes que l'un et l'autre avaient eu la vie sauve.

« Mais je vois ce qui te gêne, reprit Lanz. Nous pourrions faire partir Vanguard Deux cinq minutes après Vanguard Un.

— Ce serait mieux, approuva Laframboise. Pas parfait, mais un peu mieux.

— Autre chose ?

— Ce type, là, Limbani. Ce serait une catastrophe s'il s'amenait. Nous ne pouvons pas nous battre sur deux fronts. Pas plus qu'Hitler ou Napoléon.

— Limbani est un mythe, une chimère. Ça fait près de sept ans que Kolingba a pris le pouvoir. Si Limbani était vivant, il se serait déjà manifesté.

— Tu vieillis, mon ami. L'Alzeihmer te guette. Tu parles comme si tu avais des certitudes, mais il n'y a jamais rien de sûr, dans notre métier, tu ne l'ignores pas.

— Pierre, dis-toi qu'avec ce que notre client nous paye, nous pourrons prendre notre retraite ! Tu pourras ouvrir le restaurant de tes rêves à Tours, et moi voir ma fille un peu plus souvent, comme quelqu'un de normal.

— On nous paye toujours très bien, Konrad, répondit Laframboise avec un sourire triste. Il ne manquerait plus qu'on nous paye mal ! Après tout, nous sommes censés nous faire tuer si nécessaire pour l'argent qu'on nous verse. Et tu sais bien que nous ne serons jamais des gens normaux avec le métier que nous exerçons. C'est ce qui fait que nous sommes toujours brouillés avec nos familles et que nos projets de restaurant à

Tours ou autres sont sans cesse remis à plus tard. Nous mourrons un jour dans un endroit comme celui-ci, mon ami, je ne t'apprends rien. »

Lanz tourna les talons et ressortit dans le plein soleil. Grimpant dans la cabine du camion militaire Bedford S Type des années 1950 garé devant la tente « Marabout », il prit la route de Mopti et du fleuve, par où les armes devaient arriver de Bamako à bord de deux grosses pinasses.

Au bout de la piste d'atterrissage, il vira entre les deux rangées de tentes du campement. La plupart des hommes étaient dehors, assis sur des sièges de camping ou de jardin dénichés Dieu savait où.

Torse nu, ils jouaient aux cartes ou aux échecs en buvant des bouteilles de bière Castel dont l'achat avait été prévu dans le budget. Quelques-uns s'occupaient à cirer leurs rangers, remplacer leurs lacets, polir leur ceinture ou à d'autres menus travaux de ce genre.

La plupart d'entre eux étaient de jeunes Noirs de vingt-cinq ans au plus, anciens soldats mis sur la touche, déserteurs ou démissionnaires désabusés d'armées africaines qui les nourrissaient à peine et leur payaient rarement leur solde. Avec les sommes qu'ils espéraient toucher dans les quelques jours à venir, ils pourraient entretenir leur famille pendant des mois, voire des années. Pour eux, le jeu en valait la chandelle.

Presque tous, noirs ou blancs, jeunes ou moins jeunes, riaient ensemble en se racontant des histoires drôles, mais, de loin en loin, il surprenait un regard absent et lointain. Ceux qui fixaient ainsi le vide étaient généralement les vieux baroudeurs au cuir tanné par le soleil et couturé de cicatrices, ses meilleurs éléments, ceux qu'il avait connus à l'époque du Congo belge, ou même avant – des gens comme lui, drogués à l'adrénaline du combat, prêts à jouer aux dés contre le diable une fois de plus, en espérant cette fois encore forcer le destin.

À l'extrémité de la piste de sable durci, il prit la route en direction de Mopti et du port grouillant d'activité sur le grand fleuve somnolent. Tout en conduisant, il repensait à sa conversation avec Laframboise, un vieux de la vieille qui, comme lui, tendait à devenir superstitieux.

Il avait affirmé que Limbani était un mythe et le croyait sincèrement, mais il savait aussi que les mythes s'ancraient parfois dans la réalité. « Pas de fumée sans feu », disait l'adage. Limbani avait disparu depuis près de dix ans. Les rumeurs le concernant n'étaient-elles qu'un filet de fumée inconsistant né de l'espoir presque en cendres de quelques-uns, ou avaient-elles un fondement plus concret ? Il appuya sur l'accélérateur, poussant un peu plus le moteur du vieux camion bringuebalant, et chassa Limbani de son esprit. Les seuls éléments dignes d'être pris en compte étaient les caisses d'AK-47 et de munitions encore emballées qui l'attendaient sur les quais.

L'hélicoptère d'attaque Kamov Ka-52 « Alligator » s'éleva de son aire de stationnement nez pointé vers le bas dans le vacarme de machine à laver de ses rotors contrarotatifs. Dans le tintamarre soudain et les mouvements chaotiques du décollage, Oliver Gash faillit se séparer de son repas de midi. L'appareil acheva sa manœuvre par un brusque redressement pivotant qui fit défiler devant Gash en un demi-cercle vertigineux les bâtiments enduits de stuc jaune de l'aéroport jusqu'à ce qu'il ne voie plus rien que le ciel bleu ensoleillé et sente simultanément son repas prendre la direction inverse de la précédente.

Il serra les dents, ce qui eut pour résultat d'aggraver la situation. Il tenta de se tranquilliser en se disant que le pilote tenait autant que lui à la vie, mais le large visage du lieutenant Emmanuel Osita Ozegbe, qui mâchait son chewing-gum avec désinvolture, les yeux cachés derrière ses lunettes de soleil réfléchissantes, n'avait rien de rassurant. Ozegbe, qui ne paraissait pas plus de seize ans et accusait au moins trente kilos de trop, devait passer son temps devant la télé à fumer des joints en se gavant de chips mexicaines. Gash avait connu des quantités de types de ce genre à Baltimore : des assistés qui vivaient de l'aide sociale jusqu'à ce qu'on leur coupe la jambe pour cause de diabète et qu'ils puissent toucher une pension d'invalidité.

« Où vous voulez aller, aujourd'hui, patron ? s'enquit en patois sango le lieutenant, qui se mit à faire tourner lentement l'hélicoptère sur lui-même, forçant son passager à mobiliser toute sa volonté pour se retenir de vomir sur son pantalon et garder en même temps le contrôle de ses sphincters.

— Aux chutes de Kazaba, en amont, répondit laborieusement Gash, sans préciser que c'était là l'endroit où Limbani avait été aperçu, selon la rumeur.

— Pas de problème », assura Ozegbe.

Il fit pivoter l'appareil jusqu'au cap voulu puis, après l'avoir incliné de nouveau nez vers le sol en poussant le manche, il mit les gaz. Gash fut plaqué en arrière dans son siège et ils foncèrent à travers les airs trente mètres au-dessus du sol, le bruit assourdissant des grosses turbines Klimov couvrant tous les autres, sauf le halètement de sa propre respiration et l'éclatement des bulles de chewing-gum d'Ozegbe.

L'hélicoptère se pilotait comme dans un jeu vidéo, à partir d'un manche unique hérissé de boutons poussoirs, de manettes et d'interrupteurs qui lui donnaient l'aspect d'un arbre de Noël. Ozegbe manœuvrait l'engin à la manière d'un garçon de ferme conduisant un tracteur : rien dans son attitude n'indiquait qu'il avait entre les mains une machine extraordinairement complexe dont l'utilisation exigeait une finesse et un doigté particuliers.

Le manche, les trappes d'armement du plafond et les petits écrans de contrôle répartis devant lui devaient lui donner l'impression de jouer à un jeu virtuel, de se trouver aux commandes d'un simulateur de vol Microsoft un peu exotique et non d'un arsenal volant qui aurait permis à Gash de balayer en vingt minutes toute la concurrence présente sur le marché de la drogue de Baltimore avant d'aller fêter ça au KFC du coin.

« Depuis combien de temps pilotez-vous ce truc ? cria Gash dans son micro.

— Deux cents heures sur un simulateur, plus deux cents sur le grand simulateur de l'usine Ukhtomsky, près de Moscou, répondit le garçon, le regard rivé aux commandes.

— Combien d'heures de vol réel ?

— Trente avec l'instructeur. Quinze tout seul. J'effectue une patrouille de deux heures au-dessus de la frontière ouest une fois par semaine. Pas assez de carburant pour faire plus.

— Et l'armement ?

— Les missiles sont factices, mais pas les Shipunov. »

Ozegbe pressa un bouton sur le manche et les canons jumelés entrèrent en action, faisant trembler l'hélicoptère. De sa place, Gash vit les projectiles soulever d'énormes geysers d'eau et de boue sur la berge gauche de la rivière.

À l'instant où les deux derniers obus atteignaient un crocodile assoupi, le réduisant en lambeaux avant qu'il ait pu bouger, les chutes de Kazaba se dressèrent soudain droit devant, tel un mur fendu par les trois cascades voilées de brume.

Gash agrippa les bords de son siège, mais, d'un simple effleurement sur le levier de commande, le jeune pilote cabra l'appareil, qui sauta l'obstacle pour se retrouver filant à toute allure à cinq mètres de la surface de l'eau.

« J'en ai assez vu, dit Gash. Ramenez-moi.

— Pas de problème. »

Ozegbe poussa légèrement le levier vers la gauche et ils amorcèrent un long virage rasant au-dessus de la jungle. L'espace d'une fraction de seconde, Gash crut apercevoir une forme bizarre parmi les grands arbres. Pour rien au monde, cependant, il n'aurait ordonné au lieutenant de faire demi-tour.

« Vous patrouillez souvent par ici ? se contenta-t-il de demander.

— De temps en temps seulement. Tout le monde pense que les gens de Bangui finiront par nous attaquer en venant de l'ouest. Mais je n'y crois pas. »

Ils poursuivirent leur chemin vers l'aval, laissant les chutes derrière eux.

« Vous croyez qu'il nous a vus ? demanda Holliday,

trempé par les embruns qui montaient de la base des cascadcs.

— Je ne pense pas. Nous sommes masqués par le brouillard, répondit Limbani par-dessus son épaule en forçant sa voix pour couvrir le martèlement incessant des chutes.

— Ils viennent souvent patrouiller par ici ? s'enquit Eddie, qui fermait la marche.

— Presque jamais ! hurla Limbani. C'est ce qui m'inquiète. Ça et la nouvelle lune. Ils préparent quelque chose.

— C'est pour ça que vous nous avez amenés ici nous faire doucher ? » demanda Holliday.

Le médecin ne répondit pas. Les trois hommes continuèrent à progresser sur les dalles glissantes d'ardoise noire formant un étroit sentier entre la falaise verticale de soixante mètres et les eaux bouillonnantes où s'écrasaient les cascades. Soudain, Limbani se déporta légèrement sur sa droite, puis il disparut.

« Où est-il passé ? s'exclama Holliday.

— *Pfft !* dit Eddie. Ce type est un magicien !

— C'est à croire. »

Holliday n'était pas mécontent que Raffi et Peggy soient restés au village pour prendre des photos et se familiariser avec une nouvelle civilisation : si Peggy détestait une chose, c'était bien les tunnels sombres et étroits. Imitant Limbani, il fit deux pas et se retrouva tout à coup dans le noir. Un pas encore, et ce fut le silence, le bruit des chutes se réduisant à un battement sourd et déjà lointain.

« Eddie ? appela-t-il. Vous me suivez ?

— Je suis là, *compañero*, répondit le Cubain. Nous avons trouvé le chemin de l'enfer, on dirait.

— Un peu humide, pour l'enfer !

— Peut-être que le diable a le sens de l'humour. Il vous arrose et vous rafraîchit avant de vous faire rôtir pour l'éternité. »

Il y eut un bruit de frottement sur du métal rugueux puis une flamme jaillit. Limbani se tenait là, à deux mètres d'eux, une vieille lampe à pétrole à la main. Derrière lui, Holliday vit un panneau rouillé d'écoutille constellé de rivets et équipé d'un volant.

« Où sommes-nous au juste, docteur ?

— Sur le seuil du passé », répondit le vieil homme en souriant.

Il manœuvra le volant, poussa le battant et s'écarta pour laisser passer Holliday et Eddie.

« Nom de Dieu ! souffla le Cubain, stupéfait.

— Ça alors ! s'exclama Holliday avant d'éclater d'un rire nerveux devant le spectacle inédit qui s'offrait à sa vue. On peut dire que vous savez surprendre votre monde, Limbani ! »

Ils se trouvaient dans une immense caverne de la taille d'un terrain de football dont le plafond hérissé de stalactites culminait à plus de soixante mètres. La roche était striée de veines épaisses d'un métal qui ne pouvait être que de l'or, enchâssé dans une gangue minérale qui ressemblait à du quartz pur mais n'en était certainement pas.

« De l'or ? demanda-t-il.

— Oui. Dans des matrices de quartz et de diamant. Les grottes que cachent les chutes marquent la fin du filon principal situé sous les trois collines. Les mines du roi Salomon, un paradis pour les rapaces qui rêvent d'eldorado. »

Au milieu de la grotte, éclairés par des dizaines

de torches, au moins cent Peaux-Claires s'affairaient autour d'un gros bateau installé dans un batardeau et étayé de part et d'autre par de lourds troncs d'arbres.

« Incroyable ! murmura Holliday. C'est un *snekkja* viking ! Ce qu'on appelle improprement un drakkar. Qu'est-ce que vous mijotez, Limbani ? »

Bâti à clin avec des bordages rivetés dont les interstices étaient calfatés avec de la mousse, le bateau, presque terminé, mesurait au moins vingt mètres. Trente bancs de nage avaient été installés entre les plats-bords, ainsi qu'une plate-forme surélevée à l'arrière pour le timonier. Les plats-bords étaient d'une hauteur supérieure à ceux des navires similaires dont Holliday avait vu des répliques, mais il ne tarda pas à comprendre pourquoi. Entre les bancs de nage avaient été montées des balistes, sortes d'arbalètes géantes utilisées au Moyen Âge dans les guerres de siège, capables de transpercer des murs de pierre, de tuer des dizaines d'ennemis à la fois et même de lancer des feux grégeois.

« Une idée de La Roche-Guillaume ? demanda Holliday, montrant les engins.

— Sans doute, acquiesça Limbani. Le bateau, lui, est construit sur un modèle hérité de Ragnar Casse-Têtes, qui est resté ici jusqu'à sa mort. D'après le manuscrit de La Roche-Guillaume, il y avait déjà eu des mariages entre les habitants du cru et les Romains mille ans avant l'arrivée de Ragnar. Chaque explorateur semble avoir laissé ici quelque chose de sa propre culture. Le *snekkja* original de Ragnar lui a servi de cercueil quand il est mort d'une fièvre, mais sa forme se retrouve dans les pirogues que les gens d'ici utilisent depuis toujours pour pêcher ou se déplacer. Ce navire-ci, le *Havdragoon*, ou *Dragon de mer*, n'est rien de plus qu'une pirogue agrandie.

— Mais pourquoi l'avoir construit ? Et pourquoi maintenant ?

— Parce que la guerre est proche.

— Comment pouvez-vous affirmer cela ?

— Ainsi que je vous l'ai déjà expliqué, j'ai mes propres espions, et ils m'informent que la confrontation est pour très bientôt. Peu importe qui gagnera, de Kolingba ou de ses ennemis. Pour nous, le résultat sera le même : le vainqueur nous débusquera et nous serons massacrés. Nous nous sommes cachés assez longtemps. Nous frapperons les premiers, à la nouvelle lune. »

Limbani désigna le « drakkar » à la ligne élégante sur lequel un groupe d'hommes en pagne était en train de fixer une figure de proue représentant un serpent rouge sang.

« Cette grotte s'étend sur toute la largeur des chutes, reprit-il. Nous l'inonderons après avoir ouvert le batardeau, et le bateau sera éjecté dans la rivière avec soixante rameurs à bord, plus soixante hommes aux balistes. Cent pirogues nous rejoindront, montées par des pagayeurs tous armés d'une sarbacane et de cent fléchettes.

— Vous êtes fou ! s'écria Holliday. Vous conduisez votre peuple au suicide !

— Nous n'avons jamais cherché la guerre. Nous ne l'avons jamais voulue. Mais nous ne nous déroberons pas. Je sais quel genre d'homme est Kolingba. Je sais aussi ce que valent les gens qui s'apprêtent à l'attaquer. Combattre est peut-être suicidaire, mais est-il vraiment préférable d'attendre le génocide comme des moutons ?

— Vous avez raison, mon ami, murmura Eddie.

Mieux vaut mourir en combattant qu'en priant le bon Dieu.

— Est-ce une citation ?

— Oui. De Fidel, malheureusement.

— Eh bien, j'avoue que pour une fois je suis d'accord avec lui, dit Holliday. Nous combattrons à vos côtés, docteur. Je veux seulement que Peggy et Raffi ne courent pas de risques.

— Sur ce point, je crois pouvoir vous donner satisfaction.

— Quand est la nouvelle lune, exactement ?

— Ce soir. »

30

Le temps est un concept incertain sur un champ de bataille. Les rescapés du jour *J* racontent tous avoir eu l'impression que l'affaire n'en finissait pas, alors qu'il fallut en réalité aux forces américaines, britanniques et canadiennes combinées un peu moins de trois heures – de 6 h 29, début officiel de l'opération, à 9 h 17 – pour établir une tête de pont, soit, à peu de chose près, le temps que met un employé de bureau pour se lever, se préparer et se rendre à son travail. D'un autre côté, pendant ces trois heures, environ vingt mille soldats, tant alliés qu'allemands, furent tués ou blessés. Deux par seconde. Oui, la durée est une notion relative, au cœur du combat : survivre prend un temps infini, mourir une fraction de seconde.

La photographie du *Havdragoon* jaillissant à travers le rideau d'eau des chutes de Kazaba, avec sa croix de Templier caractéristique cousue sur sa grande voile carrée, ses soixante rames en position et sa tête de dragon rouge au regard furieux, devait un peu plus tard faire la une de tous les journaux de la planète et la couverture de tous les magazines, valant à Peggy fortune et contrats fabuleux pour avoir révélé au monde une civilisation inconnue. Mais tout cela était encore à venir.

Holliday et Eddie étaient tous deux à la barre quand le bateau flambant neuf, de conception plusieurs fois millénaire, surgit de la grotte pour tomber au milieu des tourbillons bouillonnants en contrebas. Deux Peaux-Claires, Baltazar et Kaleb, les aidaient à contrôler la lourde rame gouvernail, à laquelle tous quatre s'agrippèrent désespérément quand le *Dragon de mer* plongea sous la surface avant de se redresser, sa figure de proue rouge aux dents jaunes ruisselante d'écume, pour être soudain propulsé vers l'aval par une bourrasque de vent arrière qui gonfla brusquement sa voile alors que ses soixante avirons s'enfonçaient simultanément dans l'eau noire.

« Ouaouh ! souffla Holliday, trempé jusqu'aux os, mais en proie à une jubilation intense qu'il se croyait depuis longtemps incapable d'éprouver.

— *¡ Increíble !* rugit en écho Eddie.

— *Krigsanggen !* » s'écrièrent Baltazar et Kaleb.

Et, à cet instant, ce fut comme s'ils parlaient tous la même langue, même s'ils ne se comprenaient pas. Une force surgie des profondeurs du passé les poussait en avant sans retour possible.

Le *Havdragoon* se dégagea sans difficulté des remous au pied des chutes et glissa vers la berge de gauche, les rames bâbord se relevant sur un ordre du capitaine incontesté, Loki, un énergumène barbu aux yeux aussi sombres que la peau qui se tenait à la proue, son bras musclé entourant amoureusement le cou du dragon. Loki ne portait pas une, mais deux sarbacanes dans son dos. D'après Limbani, il pouvait se servir des deux à la fois, et à une vitesse telle qu'il était impossible de suivre ses gestes.

Une passerelle fut jetée de la rive et Limbani monta à bord, Peggy et Raffi sur ses talons. Vers l'aval, sur la rivière, le soleil déclinait rapidement.

« Il va bientôt faire nuit, dit le médecin. Nous devons vite embarquer les hommes et le matériel. Selon Loki, même avec ce vent portant, nous ne serons pas à Fourandao avant l'aube.

— Ça devrait aller, commenta Holliday. Peggy, as-tu apporté notre artillerie ?

— Oui, tout ce que nous avons pris aux petits garnements de Jérémie Salamango. »

Trois hommes traversèrent la passerelle en coltinant un brancard qui ployait sous un lot d'armes comprenant plusieurs AK-47, des bandes-chargeurs, deux RPG avec six roquettes pour chacun, et deux fusils automatiques Saïga à l'air bien féroce, accompagnés de vingt chargeurs de huit coups.

« *¡Bueno !* s'exclama Eddie avec un grand sourire tout en passant autour de son épaule la bandoulière d'un Saïga après avoir glissé une demi-douzaine de chargeurs dans sa ceinture. Dans l'armée, on les appelait *Fidelitos*, parce qu'ils sont petits, mais avec une grande gueule, comme Fidel.

— Bon, maintenant, écoute-moi, Peggy… commença Holliday.

— Je t'arrête tout de suite, Doc, dit la jeune femme. Je suis une grande fille, j'ai déjà fait tout un tas de reportages de guerre, et tu n'es pas responsable de moi. Donc, nous venons avec toi, mon cher cousin, que ça te plaise ou non.

— Vous n'avez pas votre mot à dire ? demanda Holliday, se tournant vers Raffi.

— J'ai déjà essayé de discuter avec elle pendant une heure, répondit l'archéologue. Elle n'a rien voulu entendre. Alors, comme il n'est pas question que je la laisse y aller seule, je viens aussi.

— Vous êtes vraiment dingues, tous les deux.

— Non, mon ami, intervint Eddie. C'est nous tous qui sommes dingues ! »

Après trois heures et demie sur le strapontin du navigateur, dans la cabine de pilotage du vieux Vickers Vanguard, Konrad Lanz commençait à avoir des fourmis dans les jambes. Devant lui, entre les sièges du pilote et du copilote, il n'y avait rien d'autre à voir que le velours noir du ciel nocturne et les lueurs vertes et jaunes des instruments. Ils volaient depuis une heure à moins de quinze cents mètres et personne ne leur avait demandé quoi que ce soit à la radio.

« Encore combien de temps ? s'enquit-il.

— Vingt minutes, peut-être vingt-cinq, répondit le pilote sud-africain, Janni Doke, un autre vieux de la vieille qui, à près de soixante ans, savait faire voler n'importe quoi, du Piper Cub au jumbo-jet.

— Je ferais mieux d'aller dire aux gars de se préparer, alors.

— Comme tu voudras, *baas*. Il m'en faudra juste deux ou trois pour m'aider à faire le plein. On est presque à sec, dit l'Afrikaner bourru.

— D'accord.

— Tu es bien sûr que la piste sera éclairée ?

— Absolument. Le balisage lumineux reste allumé toute la nuit pour le fret. Il n'y a qu'une piste de deux mille cinq cents mètres, comme je te l'ai indiqué pendant le briefing. Elle est alignée sur la tour de contrôle. Tu ne peux pas la manquer.

— Les hélicoptères ? Même au sol, ils pourraient nous réduire en miettes.

— On leur opposera trois RPG lance-roquettes. Un pour chacun des deux Kamov, un pour la tour. Il y a aussi un vieux transport de troupes blindé, mais sans équipage la nuit. Ses pneus sont à plat. Il est là pour la galerie.

— Bien… Contact radio toutes les dix minutes, on est bien d'accord ? demanda le pilote après s'être retourné pour dévisager Lanz dans la pénombre. Pas de contact, je décolle. Pas question pour moi de finir dans la marmite des sauvages, si tu me suis.

— Entendu. Toutes les dix minutes », acquiesça Lanz, qui se leva et gagna la cabine passagers.

Les vingt-huit rangées de doubles et triples sièges d'origine avaient été remplacées par vingt-cinq doubles rangées de sièges baquets pillés sur de vieux Douglas C-47 un peu partout en Europe et en Afrique du Nord.

Les escaliers pneumatiques pliants avant et arrière du Vanguard ayant été jugés trop lents à manœuvrer, ils avaient été ôtés sur l'aéroport de Mopti et Janni Doke, assisté de quelques hommes, avait bricolé à partir de toiles usagées de parachutes des toboggans qui permettraient de faire sortir très vite les deux compagnies et leur matériel.

La plupart des hommes dormaient ou faisaient semblant quand Lanz se mit à parcourir l'étroite allée centrale en leur secouant l'épaule pour leur annoncer l'arrivée imminente. Après avoir réveillé tout le monde, il se posta en attente près de la portière arrière avec les trois équipes armées de RPG.

Le système de sonorisation crachota.

« Trois minutes, avertit Janni Doke de sa voix sèche. Piste en vue. »

L'appareil sembla s'affaisser dans l'air puis fit une embardée sur la gauche qui déséquilibra Lanz et l'envoya contre une cloison.

« Approche finale, deux minutes. Extinction de l'éclairage. »

Les lampes s'éteignirent, plongeant la cabine dans l'obscurité.

Si les Kamov devaient décoller pour mitrailler l'avion et en faire de la charpie, c'était maintenant.

« À l'approche. Atterrissage, une minute. Piste dégagée. »

Pas de Kamov en vue, du moins pour l'instant. Mais il pouvait se passer beaucoup de choses en trente secondes. La tension était palpable. Les derniers instants avant l'action étaient les pires.

« Contact ! »

L'avion toucha le sol dans un hurlement de pneus et s'inclina légèrement. Janni le redressa, les deux pieds sur les freins, tandis que les moteurs rugissaient sous l'effet des inverseurs de poussée. Lanz commença à compter : dix, neuf, huit… À zéro, il donna son ordre :

« Ouverture des portières ! »

Aidé par un des servants de RPG, il tourna le volant de fermeture jusqu'au bref sifflement d'air indiquant le déverrouillage du système puis poussa le lourd battant, qui se rabattit à gauche contre le fuselage. La première équipe affectée aux lance-roquettes laissa tomber à l'extérieur le toboggan, qui se gonfla sans problème dès que Lanz actionna la valve de la bombonne de CO_2 en tirant sur le cordon.

« *Go ! Go ! Go !* »

Les trois équipes de trois hommes sautèrent les premières et se déployèrent à quelques mètres de l'aile du Vanguard afin d'avoir une ligne de mire dégagée. Les trois roquettes de fabrication russe partirent en même temps, laissant derrière elles une longue traînée sinueuse de fumée qui se perdit dans le noir.

Trois explosions illuminèrent la nuit à l'impact des premiers projectiles alors qu'une nouvelle volée de roquettes tirée par les RPG rapidement rechargés s'élevait déjà dans l'air en hurlant. Des deux Kamov, un seul avait été approvisionné en carburant et en munitions. Une spectaculaire bulle jaune et noire de feu et de fumée s'éleva lourdement dans les airs quand il fut touché. La première roquette destinée à la tour de contrôle éclata dans la salle des écrans, située sous la structure ; la seconde frappa le bâtiment lui-même, coupant l'électricité.

La bataille du Kukuanaland venait de commencer.

À peu près certain que le coup d'État serait déclenché dans la nuit, Oliver Gash s'était arrangé pour que les trois derniers rhums-Coca que boirait le général Kolingba ce soir-là soient agrémentés chacun de deux milligrammes de Rohypnol – la fameuse « drogue du viol ». À la moitié du deuxième verre, le général s'endormit devant son écran de télévision géant en regardant *Opération jupons*, son film préféré avec Cary Grant.

Si tout se passait pour le mieux, Kolingba demeurerait hors circuit jusqu'au moment où quelqu'un viendrait lui loger une balle dans la tête, mais Gash ne voulait prendre aucun risque. Dès que le mastodonte fit entendre ses premiers ronflements, il descendit jusqu'au bureau du dictateur, où il pénétra à l'aide d'une clé confectionnée depuis longtemps en prévision de ce moment, et entreprit de pratiquer un trou de la taille d'une baie vitrée dans une des cloisons en plaques de plâtre tapissées de papier à fleurs.

Il lui fallut un quart d'heure pour mener à bien son ouvrage et mettre au jour plusieurs milliers de liasses de cent dollars américains emballées sous vide. Si sa mémoire était bonne, chaque liasse comportait cent billets, soit dix mille dollars. Cent de ces liasses, ou un million de dollars, tenaient dans la moitié d'une valise Samsonite ordinaire, qui, entièrement pleine, pesait environ vingt-deux kilos. Il lui fallut quatre heures pour remplir douze valises de ce type d'un poids total de deux cent soixante-quatre kilos.

Vingt-quatre millions de dollars en liquide étaient loin de compenser les humiliations et les inepties qu'il avait dû supporter pendant ses années au service de Kolingba, mais cette somme lui permettrait d'accéder à la véritable fortune qu'il avait mise à l'abri dans différentes banques, à Chypre, San Remo ou autres obscurs territoires lointains spécialisés dans la dissimulation de fonds douteux.

Son travail terminé, il aligna les valises devant la porte du bureau et demanda à deux gardes de les charger dans l'un des Land Rover bariolés. Il leur glissa un billet de cent dollars en leur expliquant qu'il devait exécuter une mission de nuit à l'aéroport pour le général. Habitué à ce genre de pratique, aucun des deux hommes ne se fit tirer l'oreille pour obéir.

Gash remonta à l'étage pour contempler une dernière fois le monstre, à qui, par facétie vengeresse, il déroba la Rolex incrustée de diamants qu'il portait à son poignet boudiné. Sur l'écran, Cary Grant et Tony Curtis cherchaient un moyen de chasser cinq infirmières de leur sous-marin peint en rose.

Gash s'attarda un instant à regarder le film, émerveillé par le talent des Américains à rendre la guerre amusante. L'idée lui traversa l'esprit d'abattre lui-même Kolingba avec son propre Colt en plaqué argent, mais il se contenta de glisser l'automatique dans sa ceinture. Un coup d'œil à la Rolex l'informa qu'il était 4 h 15. Il était temps de déguerpir s'il ne voulait pas être pris entre deux feux. Fermant son coupe-vent de façon à cacher le pistolet, il redescendit dans la cour, grimpa dans le Land Rover et fit un appel de phares aux sentinelles, qui se précipitèrent pour ouvrir le portail.

En sortant du palais, il prit à gauche sur la place en direction de la rivière, et non à droite vers l'aéroport, mais personne ne parut s'en soucier. Alors qu'il était à mi-chemin du port, toutes les lumières de la ville s'éteignirent et il entendit une explosion lointaine du côté de l'aéroport. Il l'avait échappé belle ! À moins que… Il accéléra légèrement tout en réfléchissant. Il avait bien prévu que l'attaque se produirait à l'aéroport, où se trouvaient tous les centres de communication, mais il ne lui était pas venu à l'esprit jusqu'ici qu'une action simultanée pourrait être menée à partir de la rivière, prenant en tenaille quiconque chercherait à fuir !

Jurant entre ses dents, il sortit son téléphone portable et l'alluma. Pas de signal. Les relais hyperfréquence étaient déjà détruits. Il jura de nouveau. Il atteignit enfin le port et la bifurcation pour Bangui. Quatre heures de trajet en perspective. Si des attaquants arrivaient le long de la rivière, il serait coincé. Et il était inutile de prendre la route de gauche, qui se transformait en vague piste de brousse au bout de quelques centaines de mètres.

Les détonations se multipliaient dans le secteur de l'aéroport. Il passa la tête par la vitre baissée et se tordit le cou pour regarder en arrière. Le ciel était en feu. Soudain, un bruit familier lui parvint par la fenêtre ouverte. Des moteurs hors-bord ! Et en quantité !

« Nom de Dieu ! » murmura-t-il.

Ils remontaient la rivière ! Droit devant lui, il aperçut à travers le pare-brise le Zodiac équipé d'une mitrailleuse qui constituait à lui seul toute la marine de guerre du Kukuanaland. Sans prendre le temps de raisonner, il franchit les derniers mètres qui le séparaient du quai, bondit hors de la voiture et entreprit de transférer les valises du 4 × 4 sur le bateau, l'oreille tendue vers l'aval, d'où provenait le bourdonnement des moteurs.

À la huitième valise, alors qu'il était en nage et que le bruit se rapprochait dangereusement, il abandonna le reste de son butin, défit l'amarre du Zodiac et mit le contact. Le moteur toussa plusieurs fois, puis cala. En aval, le vacarme des hors-bord grandissait chaque seconde.

« Tu vas démarrer, saloperie ? » siffla-t-il en enfonçant rageusement le bouton d'allumage.

Cette fois, après un crachotement glaireux, le moteur démarra. Son visage ruisselant de sueur éclairé d'un grand sourire, Gash mit les gaz et, d'un brusque coup de volant, tourna l'embarcation vers l'amont. Il n'y avait rien d'autre dans cette direction que la jungle et la brousse. Il y resterait caché une nuit ou deux puis redescendrait discrètement la rivière vers la liberté. Rasséréné, il réduisit sa vitesse pour aborder une longue courbe que décrivait la rivière aux eaux noir de jais.

Ce fut alors qu'il se trouva soudain face à une vision de cauchemar. Devant, à moins de cent mètres, un monstrueux navire à tête de dragon venait en plein sur lui, propulsé par une immense voile ballonnante que marquait une croix et par des rames qui plongeaient en cadence telles les pattes géantes de quelque invraisemblable insecte aquatique.

« Non », murmura-t-il, les yeux écarquillés.

Un bateau viking ? Ici ? Sur la Kotto ? Au XXIe siècle ? Impossible !

Et il comprit à cet instant précis que sa vie s'arrêtait là.

La fléchette à empennage blanc le frappa à la base de la gorge. La neurotoxine parvint à son cerveau deux secondes plus tard. Il eut tout juste le temps de regarder la Rolex à son poignet avant de mourir sans avoir vu le *Havdragoon* franchir à pleine vitesse la courbe de la rivière, ni entendu l'air que fredonnait Edimburgo Vladimir Cabrera Alfonso, debout au côté de Holliday à la proue, son *Fidelito* en main, prêt à tirer.

La courbe passée, le *snekkja*, rames hors de l'eau à présent, poursuivit sa route à toute allure, porté par la seule force du courant. Comme les premières lueurs teintaient de rose le ciel en amont, ils virent l'orgueilleuse flotte de vingt Zodiac qui avançait vers eux en ligne, barrant la rivière d'une berge à l'autre. Debout à la barre du *Havdragoon*, Loki lança un ordre bref d'une voix forte : « *Strybord !* »

Avec un ensemble parfait, les trente avirons tribord

plongèrent dans l'eau, où les rameurs les maintinrent immobiles contre le courant, forçant le bateau à pivoter sur lui-même pour présenter son flanc aux canots gonflables qui approchaient, chargés d'hommes armés jusqu'aux dents.

Holliday et Eddie ouvrirent le feu et les sinistres cliquetis de ferraille de l'AK se mêlèrent aux claquements de porte retentissants du *Fidelito.*

« *Brand ambroster !* » hurla Loki.

À cinquante mètres, les traits lancés par les balistes touchèrent tous leur cible, transperçant les Zodiac et leurs occupants, et envoyant par le fond les trois quarts des embarcations. Les hommes, alourdis par leur équipement, coulaient et se noyaient. Des crocodiles à l'affût sur les berges glissaient silencieusement dans l'eau pour massacrer ceux qui surnageaient. Les rares Zodiac qui avaient échappé au tir de barrage furent éperonnés par le *Havdragoon* et broyés sous sa coque. Les sarbacanes vinrent à bout des derniers survivants.

« *Adios*, les baroudeurs », murmura Eddie tout en éjectant le chargeur vide de son fusil.

Sur un nouvel ordre de Loki, les rameurs se remirent en action et le *Havdragoon* se dirigea vers la rive.

À première vue, la victoire était totale. Pas un des défenseurs de l'aéroport n'avait survécu, et les assaillants ne déploraient aucune perte. Lanz était néanmoins inquiet. D'après les informations transmises par Zodiac A et Zodiac B, les deux canots restés près des hydravions, tout s'était déroulé comme prévu jusqu'au moment où la deuxième composante de l'attaque devait débarquer et entamer sa progression vers le palais. Les équipages des deux Zodiac avaient alors reçu une série d'appels confus ponctués de tirs sporadiques, puis un dernier message incompréhensible faisant état d'un dragon viking.

Quand Lanz et ses hommes atteignirent le palais, il leur parut évident que la situation était en train de dégénérer. On entendait des habitants hagards parler de fantômes ou de mort silencieuse, et, loin de se défendre en obligeant les mercenaires à prendre l'enceinte d'assaut avec l'appui des mortiers, la garnison ouvrit toutes grandes les portes et se rendit, ce qui n'était pas du tout prévu au programme.

Lanz trouva Kolingba en train de ronfler comme un sonneur au fond de son lit, manifestement drogué, et, faute d'instructions précises de la part de Matheson, il se contenta d'attacher le dictateur à une colonne du baldaquin avec des menottes.

Il tenta ensuite sans succès de joindre par radio l'équipe de Nagoupandé, censée arriver par hélicoptère de Maiduguri, dans le nord-est du Nigeria. En désespoir de cause, il laissa partir les prisonniers après les avoir désarmés, puis posta des sentinelles et attendit l'arrivée de Matheson et du nouveau despote.

À 5 heures du matin, les deux cents commandos de la rivière n'avaient toujours pas donné signe de vie, et cela commençait à inquiéter les deux cents autres, qui parlaient déjà, et cela ne présageait rien de bon, de se replier sur l'aéroport.

Une demi-heure plus tard, les premiers décès mystérieux furent signalés à Lanz, occupé à extraire des murs du bureau de Kolingba ce qui restait d'argent liquide pour le fourrer dans son paquetage à titre de bonus. Des gardes étaient paraît-il retrouvés morts un peu partout autour de la Grand-Place, lardés de ce qui ressemblait à de grosses fléchettes de sarbacane, mais sans autres blessures apparentes. Lanz refusa d'ajouter foi à ces histoires jusqu'à ce qu'un des mercenaires survivants lui apporte un corps.

« Ton avis, Pierre ? dit-il en se tournant vers son vieux camarade Laframboise.

— En toute honnêteté, Konrad ?

— Comme d'habitude.

— Nous avons affaire à ton fameux fantôme, Limbani. J'ai envoyé une patrouille de six hommes à la rivière. Deux seulement sont revenus. L'un bredouillait de fièvre après avoir été égratigné par une fléchette qui a traversé la jambe de son pantalon ; l'autre affirmait avoir vu un bateau avec une tête de dragon comme ceux des Vikings.

— Mais c'est du délire !

— Écoute, ces gars m'ont dit qu'il y avait un bateau viking sur la rivière, or nos Zodiac ont bel et bien disparu. Ils m'ont aussi rapporté que des fantômes et des griots masqués se promènent en tuant nos hommes à coups de fléchettes, et ces fléchettes sont bien réelles, rappela Laframboise en désignant celle qu'il avait posée sur l'ex-bureau de Kolingba.

— Que suggères-tu ?

— Combien d'argent as-tu déniché derrière le Placoplâtre ? Vingt millions ? Trente ?

— Quelque chose comme ça.

— Alors on dégage avec ce qui nous reste de troupes tant que c'est encore possible. On sort de l'enceinte drapeau blanc en tête en priant pour ne pas nous faire assassiner en route.

— Et Matheson ? Nagoupandé ?

— Comme on fait son lit, on se couche. »

À 6 h 30, quand le Sikorsky UH-60 Black Hawk effectua son atterrissage au centre exact de l'enceinte qui avait abrité la garnison de Fourandao, l'endroit était désert. Le général de brigade François Nagoupandé en grand uniforme et sir James Matheson descendirent de l'appareil, escortés par les huit agents de la Blackhawk Security lourdement armés qui leur servaient de gardes du corps.

Des papiers voletaient çà et là, balayés par le vent, au nombre desquels bon nombre de billets de cent dollars américains. Plusieurs cadavres jonchaient le sol, mais on ne voyait pas âme qui vive.

« Allez voir ce que signifie ce bordel ! » aboya Matheson à l'adresse des agents de sécurité.

Ceux-ci s'égaillèrent aussitôt dans toutes les directions pour inspecter les lieux et l'un d'eux reparut au bout d'un moment.

« Oui ? demanda sèchement l'industriel.

— Il y a un gros type qui dort, là-dedans. Peut-être drogué. Il est menotté à son lit.

— Ah ! dit Nagoupandé. Montrez-moi où il est. »

Il suivit l'homme à l'intérieur du bâtiment principal, d'où provint quelques instants plus tard l'écho d'un unique coup de feu.

Nagoupandé ressortit en rangeant son Colt.45 dans l'holster attaché à son ceinturon de toile. Des gouttelettes de sang mouchetaient le bas de son visage et le devant de sa vareuse.

« Le roi est mort, déclara-t-il.

— Vive le roi ! » répondit une voix depuis le portail ouvert de l'enceinte.

Limbani s'avança, flanqué de Holliday et d'Eddie.

Derrière eux venaient Jean-Luc Saint-Sylvestre et plusieurs membres de la police secrète du Kukuanaland en uniforme. À la vue de Limbani, Nagoupandé essaya fébrilement de dégainer de nouveau son arme, mais Saint-Sylvestre fut plus rapide.

« Mais faites quelque chose ! hurla le candidat dictateur en se tournant vers Matheson.

— Désolé, je ne m'intéresse qu'aux vainqueurs, répondit tranquillement Matheson. Reste à savoir qui ils sont. »

Limbani se planta devant le fantoche en uniforme de général de brigade qui fulminait des imprécations.

« Tu as l'air parfaitement ridicule, déguisé comme ça, François, dit-il. Un vrai mirliflore… C'est bien le mot, sir James ?

— Vous savez qui je suis ? demanda Matheson, visiblement ébranlé.

— Bien entendu, acquiesça le médecin, qui posa sa main sur l'épaule de Saint-Sylvestre avant de poursuivre : Mon neveu ici présent m'a rapporté bien des choses sur votre compte et sur ce que vous souhaitez faire de mon pays.

— Votre neveu ? répéta l'Anglais, abasourdi, dont les épaules s'affaissaient au fur et à mesure que les éléments du puzzle se mettaient en place dans sa tête.

— Le fils de ma sœur, oui », précisa Limbani.

Nagoupandé se mit à tempêter en serrant les poings comme un enfant qui pique une colère.

« Ce pays n'est pas à toi, Limbani. Il est à moi ! C'est moi le président du Kukuanaland !

— Tu n'es le président de rien du tout », affirma Saint-Sylvestre.

Il lui appuya le canon de son Glock sur le front

et pressa la détente. Nagoupandé s'affaissa sur le sol comme une baudruche qui se dégonfle.

« Bon, eh bien, j'ai l'impression que c'est avec vous que je suis appelé à traiter, maintenant, dit Matheson d'une voix qu'il voulait cordiale.

— Non, répliqua Limbani. Vous traiterez le moment venu avec mon ministre de l'Aménagement, des Ressources et des Affaires étrangères, qui se trouve aussi être mon neveu. Pour l'heure, vous allez remonter dans votre hélicoptère avec votre petite bande de mauvais drôles et retourner en Angleterre. Une fois là-bas, vous fonderez une association à but non lucratif appelée Kukuanaland National Trust et présidée conjointement par mon ami le colonel Holliday, que voici, par sa cousine, Mlle Peggy Blackstock, et par le mari de celle-ci, le docteur Raffi Wanounou.

« Cette association aura pour objectif d'imaginer quels usages faire du don de trois cents millions de livres que vous aurez effectué en sa faveur dans le but d'améliorer le sort des citoyens du Kukuanaland, particulièrement dans des domaines comme l'éducation ou l'aménagement du territoire. Si vous deviez choisir de ne pas créer cette association, mon neveu rassemblerait toutes les informations fiables dont il dispose sur vous personnellement et sur plusieurs de vos collaborateurs en matière de violation des lois antitrust et des droits de l'homme, pour les divulguer aux organes de presse du monde entier selon sa convenance. Ensuite seulement, nous pourrons envisager d'aborder le sujet des terres rares qui vous intéressent. Sommes-nous bien d'accord ?

— Je reste en contact », répondit Matheson, glacial et blême de rage.

Sans ajouter un mot, il fit signe à ses hommes de main de regagner l'hélicoptère, dans lequel il monta à leur suite avant de claquer la portière derrière lui. Limbani et ses compagnons s'écartèrent quand le rotor se mit à tourner. Quelques instants plus tard, le Black Hawk quitta le sol, s'éleva en biais et disparut dans le ciel matinal.

« Vous êtes le neveu de Limbani ? demanda Holliday à Saint-Sylvestre.

— Un espion dans la maison de l'amour, pour paraphraser Anaïs Nin, répondit le policier en haussant les épaules. Les forces étaient trop disproportionnées, il avait besoin d'un coup de pouce… »

Holliday toucha du bout du pied le corps avachi de Nagoupandé, qui achevait de perdre son sang sur la terre compactée.

« Il faudrait nettoyer un peu, ici, suggéra-t-il.

— Oui, approuva Peggy. Et quand ce sera fait, je suis sûre que nous allons passer une journée très agréable.

— Tu es vraiment une incorrigible optimiste, commenta Raffi en souriant tendrement à sa femme.

— Mieux vaut ça que le contraire », dit-elle après avoir contemplé un instant le cadavre à ses pieds.

Épilogue

Eddie et Holliday passèrent près de trois mois au Kukuanaland avec Peggy et Raffi. L'automne était venu quand l'inimitable Mutwakil « Donny » Osman les conduisit à Khartoum à bord de son Catalina rafistolé. Ni Eddie ni Holliday ne savaient où les mèneraient leurs pas, ni ce que l'avenir leur réservait, mais les heures passées récemment à se battre de nouveau pour une vraie cause les avaient profondément ébranlés, faisant naître en eux une étrange soif d'aventure qu'ils n'imaginaient pas pouvoir assouvir un jour. Seule certitude pour Holliday, il voulait retourner aux États-Unis pour un temps et peut-être se remettre à enseigner. Quant à Eddie, qui aurait sans doute pu obtenir facilement le statut de réfugié avec l'appui de Holliday, il restait trop cubain dans l'âme pour renoncer à sa nationalité.

« Les choses s'arrangeront peut-être après le départ de Fidel », disait-il à Holliday, comme il le répétait depuis des années à qui voulait l'entendre tout en sachant qu'il se leurrait.

Assis dans le salon d'attente flambant neuf de l'aéroport international de Khartoum, tout de verre et de marbre blanc, ils buvaient un café offert en attendant l'heure d'embarquer, Holliday pour New York *via* Paris, Eddie pour l'Amazonie, avec une demi-douzaine d'escales.

« Tu penses vraiment trouver du travail, là-bas ? s'enquit Holliday.

— L'Amazone est un fleuve, et je suis un marin d'eau douce, *amigo*. C'est mon métier, répondit le Cubain.

— Je me demande si nous n'aurions pas dû rester un peu plus longtemps avec Limbani et ses gens. C'était fascinant, tu admettras.

— Fascinant pour Peggy et Raffi, Doc, pas pour nous. Ils sont passionnés par ce qu'ils font, et il y a là-bas de quoi les occuper pendant des années, peut-être même jusqu'à la fin de leurs jours. Nous ne sommes pas comme eux.

— Nous n'avons peut-être plus l'âge des passions.

— Arrête ! Tu parles comme si tu avais déjà un pied dans la tombe.

— C'est que je commence à avoir mal à mes vieux os. Je ferais peut-être mieux de prendre ma retraite.

— Allons donc ! La vieillesse, c'est dans la tête.

— Et ma tête me dit que je suis un vieux croûton », répliqua Holliday en riant.

Un homme de grande taille, d'allure distinguée, rôdait autour d'eux depuis quelques minutes et Holliday se demandait à quel moment il se déciderait à venir quémander quelques pièces. En effet, si ses lunettes cerclées d'acier et sa cravate mal nouée lui donnaient l'air d'un universitaire, son costume bleu bon marché style années soixante, élimé tant aux poches qu'aux manches, et ses chaussures qui auraient pu être en carton bouilli évoquaient plutôt le dénuement.

Il finit par venir vers eux.

« Pardonnez-moi, dit-il, s'adressant à Eddie dans un anglais teinté d'un fort accent étranger. Vous êtes bien cubain ?

— *Sí.*

— Je ne parle presque pas l'espagnol. Peut-être parlez-vous le russe ?

— *Da*, répondit Eddie.

— *Otlichno !* » s'exclama l'inconnu avec un grand sourire.

Ce qui devait signifier « parfait », ou « excellent », imagina Holliday. L'homme se mit à parler à toute vitesse tout en tiraillant la manche d'Eddie, qu'il entraîna à l'écart au bout d'un moment pour lui dire quelque chose à l'oreille et lui glisser dans la main un papier plié. Paraissant revenir de sa surprise, Eddie haussa les épaules, tapota le bras de son interlocuteur, puis retourna s'asseoir.

« Qu'est-ce qui se passe ? lui demanda Holliday tandis que l'inconnu les regardait d'un air angoissé.

— Je n'ai pas tout compris. Il dit s'appeler Victor Ostrovski et travailler comme conservateur au musée de l'Ermitage. Il a fait allusion aux bijoux des Romanov et aux œufs de Fabergé impériaux, je crois. Il prétend qu'il s'est passé quelque chose de très grave et il insiste pour que nous partions avec lui tout de suite.

— Nous deux ?

— Tu ne parles pas russe. Il veut que je te serve

d'interprète. Il m'a demandé si j'avais confiance en toi. J'ai répondu que oui. Après ça, il m'a demandé si j'avais confiance au point de remettre ma vie entre tes mains. Là aussi, j'ai répondu oui.

— C'est très aimable à toi, mais où veut-il nous emmener, au juste ?

— Dans une église. À Constantinople.

— À Istanbul ? Qu'est-ce que c'est que cette histoire de fou ? D'abord, on ne parle pas russe à Istanbul !

— Il avait prévu que tu réagirais comme ça. Il m'a prié de te remettre ceci. »

Il tendit à Holliday le papier que lui avait donné Ostrovski. Le vieil homme y avait griffonné un nom dans une écriture en pattes de mouche :

Helder Rodrigues

Le passé ressurgit soudain dans l'esprit de Holliday : le sang du prêtre sur ses mains, la petite île des Açores, le carnet dont les pages tachées de sang recelaient dix siècles de secrets... Quelles paroles avait prononcées Rodrigues avant d'expirer entre ses bras ? « Le flambeau est transmis. *Alea jacta est. Vale, amici.* – Le sort en est jeté. Adieu, mes amis. » Puis, dans un dernier souffle, alors que la vie le fuyait au milieu du terrible orage, ces mots terrifiants : « Trop de secrets... Trop de secrets. »

« Il m'a informé qu'il y avait un vol dans vingt minutes, reprit Eddie, qui leva un sourcil avant d'ajouter : il a aussi dit autre chose, en latin je suppose : *Ferrum Polaris.* »

Grands dieux ! *Ferrum Polaris*. L'Épée du Nord ! Froissant le papier dans son poing, Holliday se leva.

« Dépêchons-nous ! Nous avons encore une petite chance de prendre cet avion. »

POCKET N° 15993

« Entre faits historiques avérés et imagination débordante, l'intrigue captivante se révèle drôle et entraînante. »

Le Progrès

William DIETRICH

LA SAINTE COURONNE

1239. Saint Louis reçoit de l'empereur de Constantinople des reliques sacrées, qu'il fait entreposer à Notre-Dame. Parmi celles-ci, des morceaux de la sainte croix, de la sainte lance, et la couronne d'épines portée par Jésus avant sa crucifixion.

1804. Ethan Gage, qui tient Bonaparte pour responsable de la mort de sa femme et de son fils, conspire à sa chute. Au cœur du complot qu'il imagine : la sainte couronne du Christ...

Retrouvez toute l'actualité de Pocket :
www.pocket.fr

Composé par Nord Compo
à Villeneuve-d'Ascq (Nord)

Imprimé en France par CPI
en mars 2017
N° d'impression : 3021704

POCKET - 12, avenue d'Italie - 75627 Paris Cedex 13

Dépôt légal : avril 2016
S26038/02

PAUL CHRISTC

LA LÉGENDE DES

5. LA LÉGION P

En Éthiopie, un explo
de Julien de La Roche-Guillaume, un templier ayant eu accès, lors des croisades, à certains des manuscrits perdus de la bibliothèque d'Alexandrie. Peter Holliday, professeur d'histoire à West Point, décide de se rendre en Afrique pour décrypter les énigmes de la sépulture. Bien vite, ce qu'il découvre se révèle lié au sort de la neuvième légion romaine, la fameuse « légion perdue » de Marc Antoine, disparue dans les sables d'Égypte. Dans un pays dont la situation politique est plus qu'instable, Peter comprend bientôt qu'il est sur la piste d'un secret légendaire...

Également chez Pocket, dans le cycle *La Légende des Templiers* : *L'Épée*, *La Croix*, *Le Trône*, *La Conspiration* (tomes 1 à 4) et *La Clé* (tome 6).

Thriller

ISBN 978-2-266-26038-1

9 782266 260381

CATÉGORIE 8

Texte intégral

Traduit de l'anglais (États-Unis)
par Philippe Szczeciner

www.pocket.fr